生涯スポーツの
社会経済学

池田　勝　編著

株式会社 杏林書院

執筆者

海老原　修（えびはら　おさむ）	横浜国立大学
小倉　乙春（おぐら　おとはる）	コナミスポーツ(株)
川西　正志（かわにし　まさし）	鹿屋体育大学
工藤　保子（くどう　やすこ）	(財)笹川スポーツ財団
小松　直行（こまつ　なおゆき）	The Golf Channel
佐々木　康（ささき　こう）	名古屋大学
長ヶ原　誠（ちょうがはら　まこと）	神戸大学
永松　昌樹（ながまつ　まさき）	大阪教育大学
永吉　宏英（ながよし　ひろひで）	大阪体育大学
原田　宗彦（はらだ　むねひこ）	大阪体育大学
藤本　淳也（ふじもと　じゅんや）	大阪体育大学
松永　敬子（まつなが　けいこ）	大阪体育大学
師岡　文男（もろおか　ふみお）	上智大学
山口　泰雄（やまぐち　やすお）	神戸大学

（五十音順）

まえがき

　はじめに，生涯スポーツについてふれておこう．生涯スポーツという用語は，いうまでもなく生涯教育，生涯学習から転じて用いられるようになった比較的新しい言葉である．そして，一般的には，幼児期から高齢期まで生涯を通じてスポーツを楽しむことと単純に理解されている．このこと自体は誤りではない．しかし，生涯学習，生涯スポーツといっても，それはひとつの理念であり，今日の社会は，そのような理念実現のための移行過程にあるのである．

　そして，その理念の実現のために，現在ある学校体育，社会体育の制度，システムを精査，検討し，すべての国民（高齢者，障害者を含めて）が生涯を通じてスポーツを楽しむことができるようどう再編成，再構築・創造していくかを目指す一大運動なのである．しかし，わが国の場合，学校体育，社会体育の相互関連を考え，それを一体のものとして生涯スポーツ社会実現のためにどれほど大きな制度改革がなされたのであろうか．

　文部科学省では，スポーツ振興計画の重要施策のひとつとして「総合型地域スポーツクラブ」の育成を提唱しているが，これが生涯スポーツ施策の中心だとしたら淋しい限りである．本来，スポーツクラブの育成ということは，行政のするべきことなのであろうか．クラブというものは，官にたよらない，民間の同好の士が集って自ら，自発的，自主的に結成し，自らの力で運営していくのが本来の姿ではあるまいか．されば，わが国では，行政が唱える前に，すでに，多くのスポーツクラブ，アスレティッククラブ，フィットネスクラブ，スイミングクラブ等，多彩な形で形成され，市民は，それぞれの興味，関心に応じて，これらのクラブで運動を楽しんでいる．

　文部科学省の唱える総合型地域スポーツクラブは，既存の民間の多彩なスポーツクラブとどう連絡調整，調和をはかっていくのであろうか．また，学校体育の延長上につくられたスポーツ少年団とはどう協調を，あるいは包含を考えていくのであろうか．官製のクラブでは，既存の民営の各種クラブを圧迫することにはならないのであろうか．

　また，なぜ単一スポーツクラブでは駄目で，総合型地域スポーツクラブでなけ

ればならないのか．河川や湖水を中心に結成されているヨット・クラブや漕艇クラブは対象にならないのであろうか．

　要するに，行政として，現行の学校体育，社会体育の現状を精査，再検討し，生涯スポーツを実現できるよう現状を再編成し，再構築していく営みが不十分なのではあるまいか．多彩なスポーツクラブが生まれてくること自体は，歓迎されるべきことであろう．問題は，行政の仕事ではなくして，民間の創意工夫，自発的，自主的努力にまかせるべきであり，前述のように，生涯スポーツという観点にたって，日本全体のスポーツのあり方を検討し，学校体育，社会体育を総合的に再編成していく営みこそ行政に求められているのではあるまいか．

　わが国におけるスポーツ界のひとつの特徴をあげれば，それは，スポーツ全体を総合的に把握することなく，個々のスポーツ種目を中心に発展してきたことである．いうまでもなく，わが国古来の武道を除いて，他のほとんどの種目は欧米より輸入紹介されたものである．スポーツ界の先達，あるいは，いわゆるお雇外国人教師たちによって，それぞれの種目は紹介され，それに関心をもつ人々によって支えられ，次第に普及していった．種目名をあげるまでもなく，いわゆるメジャー・スポーツといわれている種目は，いずれもその轍を踏んでいる．

　このことは，施設の面からもうかがえる．わが国のスポーツ施設は，地域社会に住む人々の生活圏の拡大に対応して配置されているのではなく，種目中心に設けられている．もちろん，各スポーツ種目は，固有のスポーツ施設を必要とする場合もある．しかし，本来は，そこに住む人々の需要に応じて設置されるべきであるのに，一部のスポーツ愛好者たちの要求によって設けられている．その最たるものは陸上競技場であり，スタンドつきの立派な陸上競技場ほどあまり市民には活用されていないのが現状ではあるまいか．そして，陸上競技が先に紹介され，サッカーはそれより後であったため，サッカーは，陸上競技場内のフィールドで行なわれ，観客とプレイヤーの親近感を遠ざけている．

　なお，今回のワールドカップの開催を機に，ようやくサッカー専用競技場もいくつか造られたが，その多くは取得用地の関係もあって交通不便であり，今後の活用をどうするのか，すでに地域のお荷物になりかけている．

　要は，施設がスポーツ種目中心に考えられ，地域社会に住む人々の生活中心に考えられていないため，日本人にとってスポーツはマスコミにも取り上げられ，一見盛んであるようではあるが，必ずしも身近な存在とはなっていない．

以上，わが国のスポーツのありようについて，一，二の点に触れたのであるが，要は，国民の生活意識，ライフスタイルの変化をあまり考慮せず，スポーツ種目中心に，一部のスポーツ愛好家を除いては国民に押しつけられて今日に及んでいるといっても過言ではない．

　以上のようなわが国のスポーツのありように対して，いち早く社会科学的観点にたって，光を与えた1人は，大阪体育大学の故池田勝教授である．

　池田教授は，中京大学の守能信次教授とともに，わが国では，はじめてのスポーツ社会科学叢書の編纂を企て，「スポーツの社会学」，「スポーツの経済学」，「スポーツの経営学」，「スポーツの政治学」の4分冊を1999年に刊行した．そして編集にあたっての言葉のなかに，「今日，スポーツは単に個人のレクリエーションとしての楽しみ，健康の維持増進，あるいは学校体育の一活動領域に留まらず，国際政治や経済の動向にも大きなインパクトを与え，さらに新しい文化を創造する動因力ともなってきた．それだけに，現代社会におけるスポーツのダイナミズムを的確に分析し，新しい世紀へ向けてのスポーツの変革を促していく社会科学の視点とその研究成果の蓄積が強く要請されている．」と述べ，新しい分野，体系的な開拓に積極的な意欲を示された．

　しかし，残念なことに先駆的な役割を果たされたが，集大成することなくこの世を去られてしまった．今日，故教授の指導の下に，東京大学，筑波大学，鹿屋体育大学，大阪体育大学，中京大学等で研究教育をともにされた若き学徒の手によって，先生の遺された道をさらに発展させるため，目次に示されたような5つの柱にもとづきまとめ「生涯スポーツの社会経済学」というタイトルで刊行されることとなった．

　スポーツも多面的な存在である人間的な営みであるため多角的な検討を必要とするが，このような社会科学的なアプローチによって，他の諸科学分野の研究成果を生かし，日本のスポーツの調和のとれた発展のための究明が進められることを期待したい．

　本書の刊行が，生涯スポーツは通俗的な観念ではなく，科学的基礎にたって，統合的全体の観点からすべての人々のためのスポーツとして，再編成されていく上での良き指針となることを願っている．

　2002年7月

江橋慎四郎

Contents

まえがき ……………………………………………………江橋慎四郎

1部　生涯スポーツの社会学的研究

1章　生涯スポーツの現在・未来—＜みんなのスポーツ＞から＜個のスポーツ＞の時代への変化—………………［池田　勝］…2

1. Sport for All とEveryone ………………………………………2
2. ヨーロッパ諸国のSport for All運動 ……………………………3
3. オーストラリア方式とカナダ方式 ………………………………5
4. 「個のスポーツ」への志向 …………………………………………7
5. 生涯スポーツ研究の現在・未来 …………………………………9
6. 生涯スポーツ学会への期待と結びにかえて …………………18

2章　世界の生涯スポーツの潮流 …………………［山口　泰雄］…20

1. Sport for Allムーブメントの理念と背景 ………………………20
2. 生涯スポーツの制度化 ……………………………………………21
3. 世界の生涯スポーツの現状と組織 ………………………………24
4. アジア・オセアニアにおける生涯スポーツの発展 …………26

3章　異文化理解ににほふスポーツ文化のかほり ……［海老原　修］…31

1. 食生活が豊かになったとは ………………………………………31
2. 食ほどにスポーツは生活に浸透しているか ……………………32
3. 子どものスポーツに中心と周辺は準備されているか ………36
4. スポーツは文化たりえているか：他動詞と自動詞 …………40

4章　体育・スポーツ社会学分野における生涯スポーツ研究の動向 ………………………［川西　正志］…43

1. 日本体育学会での発表数の推移 …………………………………44
2. 発表キーワード内容 ………………………………………………45

3. 地域社会研究から生涯スポーツ研究へ……………………………………47
4. 研究ステージの特性と課題……………………………………………50
5. 新しい幕開けと生涯スポーツ研究への期待……………………………53

2部　生涯スポーツの経済学研究

5章　体育活動の経済的価値……………………………[池田　勝]…56
1. 健康づくり運動の社会経済的意義……………………………………56
2. 体育活動の経済的メリットの分析……………………………………57
3. 企業内健康づくり運動の経済的効果…………………………………59
4. 体育経済学の提唱………………………………………………………63

6章　健康づくりの経済学的研究………………………[池田　勝]…65
1. 経済的メリットの分析…………………………………………………66
2. 企業フィットネスの経済的効果………………………………………68
3. 今後の課題………………………………………………………………70

7章　スポーツ経済論のパースペクティブ
　　　―ライフライン・アプローチ………………………[佐々木　康]…72
1. 社会資本としてのウオーキング空間…………………………………72
2. スポーツ・健康増進の費用便益効果…………………………………75
3. 身体をインターフェイスとしたスポーツ経済システム：
　　ライフライン・スポーツ………………………………………………77

8章　生涯スポーツイベントの経済効果
　　　―秋田ワールドゲームズ2001の事例―………………[師岡　文男]…78
1. ワールドゲームズとは何か……………………………………………80
2. 参加国・後援団体………………………………………………………82
3. 観客とその反応…………………………………………………………83
4. 報道・放送………………………………………………………………84
5. 経　費……………………………………………………………………86
6. 理　念……………………………………………………………………87

3部　生涯スポーツの政策学研究

9章　日本の体育・スポーツ，国際化への提言
―新ヨーロッパ・スポーツ憲章に学ぼう―……………［池田　勝］…92
1. 新ヨーロッパの誕生とスポーツ………………………………………92
2. 「ヨーロッパ・スポーツ・フォア・オール憲章（1975年）」の見直し……93
3. 新ヨーロッパ・スポーツ憲章の理念と内容…………………………95
4. 「スポーツ倫理綱領」の採択…………………………………………96
5. 21世紀に向けてのスポーツ環境の指針………………………………97

10章　スポーツ政策研究の国際動向………………………［池田　勝］…99
1. 緒論―問題の所在………………………………………………………99
2. スポーツ政策研究の発展……………………………………………101
3. スポーツ政策に関するデータベースの開発………………………104
4. 研究方法論吟味，検討………………………………………………107
5. 結語―「政策研究」から「政策科学」へ…………………………108

11章　地域スポーツ振興政策からみた「スポーツ振興法」と「保健体育審議会答申」の今日的意義…………［永吉　宏英］…113
1. 「スポーツ振興法」とその法的隘路…………………………………113
2. 1972年「保健体育審議会答申」のスポーツ政策的意義……………117
3. スポーツ振興法と1972年「保健体育審議会答申」からみた生涯スポーツ振興の現状………………………………………………119

12章　わが国の生涯スポーツ政策と自治体におけるスポーツ行政の現状…………………………………［松永　敬子］…122
1. わが国のスポーツ政策とその体制…………………………………123
2. わが国のスポーツ振興計画…………………………………………127
3. 各自治体における生涯スポーツ行政の現状………………………132
4. スポーツ振興のための財源確保……………………………………134

13章　スポーツ人口増加を目指したキャンペーン政策…［長ヶ原　誠］…139
1. スポーツ人口増加を実現した諸外国のキャンペーン政策………139

2. キャンペーン・シナリオの重要性 ……………………………………143
　　3. キャンペーン効果の到達性（キャンペーン・パッケージとチャンネル）……147

4部　生涯スポーツの人的資源研究

14章　海外指導者事情―アメリカ，カナダ，オーストラリア，イギリス，ドイツ―　　　　　　　　　　　　　　　　［池田　勝］…152
　　1. フィットネス先進国＝アメリカ合衆国 ……………………………152
　　2. 健康づくり運動推進国＝カナダ ……………………………………155
　　3. "みんなのスポーツ運動"＝オーストラリア ………………………156
　　4. 近代スポーツ発祥の国＝イギリス …………………………………157
　　5. 国民スポーツ振興運動"トリム"＝ドイツ …………………………158

15章　フィットネス指導者に求められる新しい身体運動観　　　　　　　　　　　　　　　　　　　　［小松　直行］…161
　　1. カラダ・健康・体力問題の背景 ……………………………………161
　　2. 美と健康の病理的部分 ………………………………………………171
　　3. スポーツとフィットネスのパラダイム ……………………………177

16章　スポーツ・ボランティアの動向と今後の可能性を探る　　　　　　　　　　　　　　　　　　　［工藤　保子］…183
　　1. 「スポーツ・ボランティア」とは …………………………………183
　　2. スポーツ・ボランティアの現状 ……………………………………184
　　3. イベント・ボランティア ……………………………………………185
　　4. クラブ・団体ボランティア …………………………………………187
　　5. アスリート・ボランティア …………………………………………187
　　6. スポーツ・ボランティアの潜在人口と今後の可能性 ……………188

17章　指導者の資質向上論―公益に資する"人財"育成の再考―　　　　　　　　　　　　　　　　　　　　　　　　　　　　　　　　　　［永松　昌樹］…191
　　1. スポーツ指導者と社会化―significant othersとしての存在意義― …191
　　2. 指導者参与の概念モデル―指導内容の多様化とその生産性― ……194
　　3. 資格制度の課題―運用改善と方向性― ……………………………197
　　4. 資質の向上策―文化的な価値観と情報術の獲得― ………………200

5. 指導者養成システムの再考―スポーツの公益性― ……………………202

5部　生涯スポーツの経営学的研究

18章　運動プログラム参加の促進条件 ……………[池田　勝]…208
1. 運動プログラムの重要性 ……………………………………………208
2. adherence/compliance（運動プログラム参加のキーワード）………209
3. Complianceに関する研究動向 ………………………………………210
4. 参加意欲（adherence）に影響する要因……………………………212
5. 参加意欲を高める方法 ………………………………………………212

19章　生涯スポーツにおけるクラブ事業の課題 ……[原田　宗彦]…215
1. 変化するスポーツの推進母体 ………………………………………215
2. 生涯スポーツ時代のクラブ事業 ……………………………………217
3. クラブ事業のマネジメント …………………………………………219

20章　スポーツ・スポンサーシップ ………………[藤本　淳也]…225
1. スポーツ・スポンサーシップとは …………………………………225
2. スポーツ・スポンサーシップの発展と動向 ………………………226
3. スポーツ・スポンサーシップの効果 ………………………………227
4. スポンサー獲得の考え方 ……………………………………………229
5. 生涯スポーツにおけるスポーツ・スポンサーシップ ……………232

21章　フィットネス産業動向 ………………………[小倉　乙春]…235
1. 日本のフィットネスクラブ市場 ……………………………………235
2. 米国フィットネスクラブ市場 ………………………………………239
3. 世界のフィットネス市場 ……………………………………………241
4. 主要企業の海外進出 …………………………………………………243
5. 米国を中心としたフィットネス業界におけるIT …………………245

あとがき ……………………………………………………………[守能　信次]
索引 …………………………………………………………………………251

1部 生涯スポーツの社会学的研究

1章　生涯スポーツの現在・未来
2章　世界の生涯スポーツの潮流
3章　異文化理解ににほふスポーツ文化のかほり
4章　体育・スポーツ社会学分野における
　　　生涯スポーツ研究の動向

1章
生涯スポーツの現在・未来

〈みんなのスポーツ〉から〈個のスポーツ〉の
時代への変化

1. Sport for AllとEveryone

　本論文では，生涯スポーツの現在・未来を描写するために，メインタイトルの「生涯スポーツの現在・未来」についてよりも，むしろサブタイトルの「＜みんなのスポーツ＞から＜個のスポーツ＞の時代への変化」というテーマに重点を置いて議論をすすめたい．

　なぜ，＜みんなのスポーツ＞から＜個のスポーツ＞について触れるのかについて簡単に説明したい．「All」と「Every」ということであるが，一冊の辞書をみると，「All」は「全体を集合的に捉えている」一方，「Every」は「各個体に重きをおく」とされている（**図1−1**）．国立の最初の体育大学である鹿屋体育大学が開校した1984年は，ロサンゼルス・オリンピックの年であり，その開会式の直前に国際会議「International Symposium on Sport for Everyone」が開催され

all	every
全体を集合的に見る	各個体に主眼を置く
〈all＋複数名詞〉 ・all children ・すべての子どもたち	〈every＋単数名詞〉 ・every child ・どの子どももみな

図1−1　Sport for AllとSport for Everyone
（学習研究社（1996）：スーパー・アンカー英和辞典より作図）

た．その時著者は，鹿屋体育大学の指導者養成について紹介するために招かれたが，その会議のタイトルが「Sport for All」ではなく，「Sport for Everyone」であったことが非常に印象深く記憶に残っている．その会議の組織委員長であったK.C.コンラッズ氏は，アメリカの大統領体力・スポーツ審議会の専務理事であり，ケネディ大統領から5名の歴代大統領のもとで仕事を行なった．彼は，近年盛んに行なわれている「アクアスイミング」を考案したことで有名であり，当時は「アクアダイナミクス」という表現を使っていた．彼は，サクラメントにある実家のすぐ隣の市営プールでいつも自らが実践していたが，77歳の時に，運動中の心臓発作で亡くなった．生前のコンラッズ氏に対して，「アメリカではなぜ『Sport for All』でなく，『Sport for Everyone』なのか」とたずねたところ，彼は「アメリカでは『Sport for All』の『All』なんて通用しない」といった．著者の語学力不足かもしれないが，その時はあまり詳しくたずねなかった．しかし，最近ようやくその意味がわかってきたように思う．すなわち，アメリカ人は「個」を大切にする国であるため，「All」というように人を「集合的」にみない．それぞれの「個性」，あるいは「一人ひとりに合った」スポーツという考え方があるのではないだろうか．「Sport for All」から「Sport for Everyone」という流れは，言葉遊びではないが，これからの生涯スポーツが向かうべき方向性を暗示しているように思われる．

2. ヨーロッパ諸国のSport for All運動

「Sport for All」という生涯スポーツの考え方は，1969年，ノルウエーのスポーツ連盟が最初に「トリム」という運動をはじめたのがきっかけである．「トリム」とは，「バランスをとる」という船舶用語である．その当時，一般の人々はスポーツという言葉に対し，大変抵抗があった．というのは，スポーツというものは，たとえばオリンピック選手が行なうものとして，あるいはプロのサッカー選手が行なうものとして捉えられ，一般の人々は彼ら自身のことを観戦者やファンとして捉えていた．このような考え方が強かったため，「スポーツ」という言葉を使うと「運動する」にならない．そこで，新しく「トリム」という用語を使ったのである．

1970年にドイツのスポーツ連盟が「トリムアクション」という運動（ムーブ

メント）をはじめ，その後急速に世界に広まった．日本も余暇開発センター（現・財団法人自由時間デザイン協会）が取り入れ，電通と組んで国民キャンペーンをはじめた．「トリム」というそのキャンペーンは，スポンサーがあり，体協やスポーツ連盟等の推進機関が，地域社会，学校，職場，民間機関を通じて，個人にアプローチするというもので，その時代の特色としてメディアがフルに用いられ大々的に運動が展開された．スポーツを行なわない人にいかに行なわせるか，そこにはスポーツ人口の増大というねらいがあった．

　このような生涯スポーツ推進のキャンペーンのその他の例として，イギリスの「What's your sports？」を紹介したい．これは，イギリスの牛乳会社とスポーツ・カウンシル（日本の文部科学省スポーツ・青少年局にあたる）が提携したキャンペーンで，図1-2における「支援機関」が「牛乳会社」，「推進機関」が「スポーツカウンシル」である．TVコマーシャルを1987年5月に大々的に流し，ターゲットを13歳から24歳の青少年，45歳から59歳の中高年，そして婦人という3つの層に絞った．その流れとしては，まずTVコマーシャルを流し，「関心のある方はぜひお電話を下さい」と呼びかけ，電話をかけてきた人に対してはすぐ"sportback（スポーツバック）"をする．つまり「What's your sports？」は，「あなたはどのようなスポーツをしていますか？」，「どのようなスポーツをしたいですか？」という投げかけであった．そこで，「こういうスポーツを行ないたい」という回答が届いた時点で，その種目に関するスポーツ・パッケージを送り，同時に電話をかけてきた人（消費者）のデータ，つまり，名前，住所，スポーツへの関心，どのようなスポーツを行ないたいのか，あるいは行なっているのかと

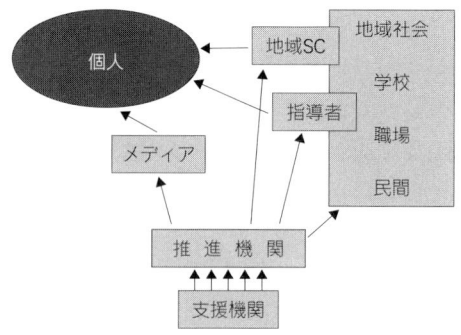

図1-2　生涯スポーツ推進の方法

いう情報をスポーツカウンシルに送る．スポーツカウンシルはそれを受け，地方支部にその個人データを送り，そこで地方支部からその消費者に対し，「あなたがそういうことに関心があるのでしたら，是非最寄りのスポーツクラブあるいはスポーツセンターでスポーツをしませんか？」と呼びかけるのである．これが当時のひとつの典型的な手法であった．このようにしてイギリスは「Sport for All」キャンペーンによってスポーツ人口の拡大を図ってきたのである．

3．オーストラリア方式とカナダ方式

　もうひとつ国際的に有名なものに，オーストラリア方式とカナダ方式がある．
　1970年代，カナダでは「ParticipACTION（パーティシパクション）」という団体が設立された．これはスポーツ・プロダクションあるいはスポーツ・キャンペーンを専門的に行なう第三セクターのようなところで，トロントのダンダス通りという一番の中心部に事務所を置いており，ラス・キスビー氏（ParticipACTION会長）が活動を強力に推進していた．「ParticipACTION」とは，「participation（パーティシペイション）」と「action（アクション）」，すなわち参加して，実践，行動に移すという意味の造語である．
　一方，オーストラリアでは，同時期に，ビクトリア州を中心に「Life, be in it（ライフ・ビー・イン・イット）」という，日本語に訳しにくいが，すなわち「生活を生き生きとしよう」というキャンペーンを行なった．今の言葉でいえば，「QOL：Quality of Life」のモデルであり，人々が自分自身の身体の状態，あるいはライフスタイルを自覚し，いかにスポーツに参加するか．そして，参加した状況を評価する．その評価というのは，身体がよくなったかどうかということも含むが，最終的には自分自身の日常的な行動がいかに変容したかという評価である．つまり，オーストラリアでは，一般の人々に対して，「行動変容」のための一連のマーケティング活動を行なったわけである．
　両国ともにメディアを積極的に活用したが，1970年代当時，カナダではごくありきたりの一般的な人をモデルとして使い，オーストラリアではアニメを使った．また，プログラムも複数（チーム）でなければできないというものではなく，日常生活の中でひとりでも行なえるようなものを提示した．日本でいう，ニュースポーツ，モディファイゲーム，ファミリーゲームといったところであろうか．

そのようなプログラムをカナダでは，政府，あるいは企業，教育機関の支援を受け，公的な推進機関が進めていった．その推進機関が，現在は株式会社となっているが，上述したカナダでの「ParticipACTION」，オーストラリアでの「Life, be in it」にあたる．さらに，どのような行動変容があったのか，評価方法をどのようにするのかということを，研究者や大学等に委託した．このような流れの下に，キャンペーンが行なわれたのである．

　図1−3にある左図が「ParticipACTION」のパンフレットである．たとえばこれは，腰痛に対するマニュアルが図示され，わかりやすく書かれてある．また図1−3の右図は「Life, be in it」のパンフレットであるが，このキャンペーンの対象が一般の人々，すなわちごく当たり前の人々という意味で"normal（ノーマル）"から由来している「ノーム君」を含む4人家族がモデルとなっている．この4人家族がいろいろと実践する様子がテレビで放映され，さまざまな運動参加を呼びかけた．そのなかで当時話題になったのは，その際に「テレビを消して外で運動をしよう」といったメッセージを送っていることである．つまり，テレビで放映しておきながら，「テレビを消して外で運動しよう」というユニークな狙いである．

図1−3　「ParticipACTION」と「Life, be in it」のパンフレット

4.「個のスポーツ」への志向

　ここで，イギリス，カナダ，オーストラリアのモデルを紹介したのは，いかにしてスポーツ人口を拡大していくか，いかにして多くの人にスポーツを行なってもらうかという，まさに「Sport for All」に関する大衆キャンペーンの考えと方法を理解するためである．

　しかしこれからは，そうした「Sport for All」ではなく，一人ひとりのスポーツに対してどのようにアプローチしていくかという時代にさしかかっているのではないだろうか．

　文部科学省が2000年9月に発表した「スポーツ振興基本計画」の政策目標のなかで，現在35％である成人の週1回のスポーツ実施率を，（2010年までに）欧米並みの50％（2人に1人）に伸ばそうと，はじめて数値で提示している．そのデータの基になったのは，SSF笹川スポーツ財団が刊行している「スポーツ白書」である．

　最近ヨーロッパで行なわれた共同調査によると，運動やスポーツを行なっている率が極めて高い．これには，日本が20歳以上を調査対象とする総理府のデータを用いている一方，ヨーロッパは16歳以上を対象としていることも影響しているものと考えられるが，それぞれの数値をみると，フィンランドで88％，カナダで83％，ニュージーランドで80％，オランダで70％，スウェーデンで66％となっており，日本が目標としてあげている50％を大きく超えている（図1－4参照）．後述するが，国によって「スポーツ」あるいは「運動」の定義が異なる．たとえば「ガーデニング」についてであるが，日本ではガーデニングが身体運動であるということはまずない．われわれの猫の額のような庭では，そんなことはあり得ない．一方，大きな芝刈り機で，2時間もかけて芝を刈れば，大変な運動量になる．わが国では残念ながらガーデニングが，運動・スポーツであるといった発想は，おおよそ出てこない．西洋社会ではそれがあたり前であり，それらの活動を含めるとこのように高くなる．

　SSF笹川スポーツ財団が2年に1度行なっている調査のなかで，最近のデータ（スポーツライフ・データ2000）によると，運動・スポーツの実施率は40.8％であり，目標である50％に近づいている．したがって，50％という10年後の目標は達成可能ではないかと思う．問題は，50％に達した時に，それをさらに増や

8　1部　生涯スポーツの社会学的研究

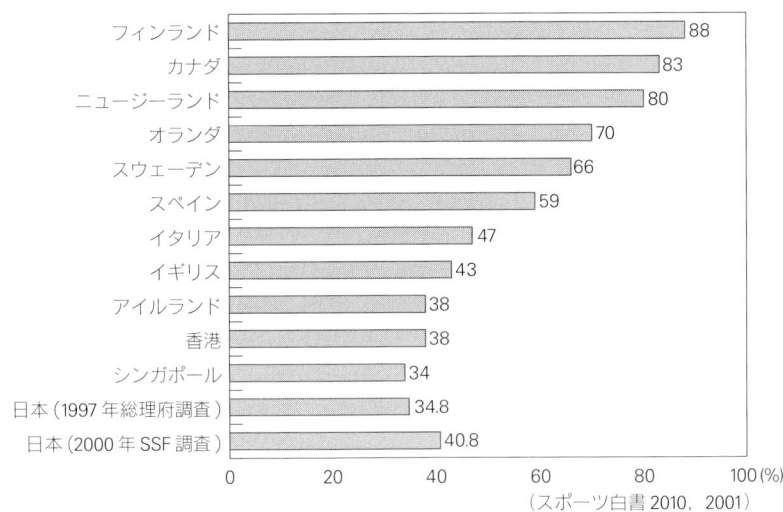

図1-4　運動・スポーツ人口の国際比較（成人人口の週1〜2回以上実施者の割合）
(Canadian Fitness and Lifestyle Institute (1995) : Physical Activity Monitor., Hillary Commission (1997) : Sport and Physical Activity Survey., Singapore Sports Council (1997) : National Sports Participation Survey., UK Sport,Comitato Olimpico Nazionale Italiano(CONI),Sport England (1999) : Sports Participation in Europe:COMPASS., Hong Kong Sports Development Board (1999) : Participation Survey., 総理府（1997）：体力・スポーツに関する世論調査., SSF笹川スポーツ財団 (2000)：スポーツ活動に関する全国調査.）

すことに集中するのか，それよりも50％を超えた人々に対して，そのスポーツをどのようにして行なっていけば，より彼ら自身のライフスタイルに取り込むことができるのか，より強力に行なうことで本当に健康が増進するのか，そういった視点がこれから必要になってくるのではないだろうか．

次に，「個のスポーツ」という考え方が重視されることについてふれたい．**表1-1**は，6カ国における全国調査の上位10位に入る過去における運動・スポーツの実施種目である．これをみてもわかるとおり，「ウォーキング」が全般的に上位を占めている．次は「体操」で，諸外国では運動としてのエクササイズ，あるいはホーム・エクササイズという．続いて，「ジョギング」や「ハイキング」が上位を占めている．そして，先述した「ガーデニング」はニュージーランドやカナダでは，非常に高い実施度を示す．

このようにみても，スポーツクラブに入らずとも，自分で手軽に，自分の能力や自分の時間の都合に応じて行なうことができる，そういう「アンストラクチャード」（unstructured）で，お膳立てをあまりせずとも行なえるスポーツが，日本

表1−1 過去に実施された運動・スポーツ種目の国際比較（上位10位）

	日本 20歳以上 過去1年間(2000年)	香港 15歳以上(2,999人) 過去3カ月(1999年)	シンガポール 15歳以上(8,161人) 過去3カ月(1997年)	ニュージーランド 18歳以上(5,470人) 過去1年間(1997年)	カナダ 16歳以上(4,689人) 過去1年間(1999年)	イギリス 16歳以上(15,696人) 過去1年間(1996年)
1	ウォーキング・散歩	水泳	ジョギング	ウォーキング	ウォーキング	ウォーキング
2	体操（軽い体操など）	バドミントン	水泳	ガーデニング	ガーデニング	水泳
3	ボウリング	バスケットボール	ウォーキング	水泳	水泳	サイクリング
4	水泳	サッカー	サッカー	ホームエクササイズ	サイクリング	体操・エアロビクス
5	釣り	ウォーキング	バドミントン	釣り	ホームエクササイズ	スヌーカー・ビリヤード
6	海水浴	ジョギング	バスケットボール	運動教室・ジム	社交ダンス	テンピンボウリング
7	ゴルフ（コース）	ハイキング	サイクリング	エアロビクス	ランニング・ジョギング	ゴルフ
8	ゴルフ（練習場）	ホームエクササイズ	テニス	サイクリング	ウェイトトレーニング	ウェイトトレーニング
9	ハイキング	テニス	ゴルフ	ランニング・ジョギング	スケート	ダーツ
10	スキー	ウェイトトレーニング	ジムでの運動	ハイキング	ボウリング	サッカー

（スポーツ白書2010，2001）

だけではなくどこの国でも非常に高い割合を占めている．これはまさに，「Sport for All」の時代から，「Sport for Everyone」の時代への移行であるといえるのではないだろうか．

そうすると，ウォーキングを行なう際に，一体どれくらいのペースで歩けばよいのか，どれくらいの頻度で歩けばよいのか，そういったことが問われてくるのではないだろうか．「歩く」ということは，運動そのもののためだけに歩くわけではない．健康づくりという観点からすると，「ペース」や「頻度」といったような情報の一人ひとりに対する提供が，これから非常に重要なことになっていくのではないだろうか．

5．生涯スポーツ研究の現在・未来

1）Health, Socialization, Economy

「Sport for All」から「Sport for Everyone」への流れについて述べてきたが，生涯スポーツの研究が，これからどのような方向性をもつべきなのかについて述べたい．

ヨーロッパでは，スポーツの担当大臣が集まり，3年に1度スポーツに関する会議を開催している．1995年に行なわれた会議では，「スポーツが社会にどのような貢献を果たしているのか」をテーマとし，キーワードを3つあげている．ひ

表1−2 スポーツの社会的意義− Health, Socialization, Economy −に関する宣言（リスボン宣言，1995年）

ヨーロッパ・スポーツ閣僚会議(1995年5月17-18日リスボンで開催)で採択
1. スポーツは，社会の健康と福祉の向上を促す．
2. スポーツは，すべての人びとに対して，教育と社会化の重要な場としての機能を果たし，個人の楽しみ，社会的関係・融合の貴重な機会を提供する．
3. スポーツは，もっとも自発的な団体活動として，活力ある市民による民主社会の発展と維持に寄与する．
4. スポーツは，ヨーロッパ諸国の経済活動に今後ますます重要な役割を果たし，経済発展の可能性を秘めている．
5. したがって，スポーツはわれわれの社会にとって欠くことのできないパートナー(a full partner)であり，今後の政策決定，とくに健康，社会，経済政策に関連する分野において不可欠の要素として重視すべきである．

とつは「Health」，もうひとつが「Socialization」，そしてもうひとつが「Economy」である．3つに絞られたこれらのキーワードに関する研究がどこまで進んでいるのか，あるいはどういう結論が導き出されているのかについて，ヨーロッパにおけるその関連分野の人々が集まって発表を行なった．その閣僚会議で，これら3つのキーワードに基づいて，**表1−2**のような結論が出されている．

　まず，「Health」は健康であるが，その重要性は周知のとおりである．次に，「Socialization」であるが，これは「社会化」と訳されている．子どもがスポーツを通じて社会のルールやフェア・プレー，あるいは仲間づくりについて学ぶというのが，一般的に「Socialization」である．今，この「Socialization」がヨーロッパにおいて非常に重要な意味をもっている．シドニー・オリンピックの開会式の際に，IOCのサマランチ会長が述べた言葉が大変印象に残っている．「スポーツは社会の理解および社会の融合—social understanding and social integrity—にとって，非常に重要である．」まさに，「Socialization」とは，そういうことなのである．いろいろな民族，人種が集まり，民族間の紛争が絶えないなか，スポーツを通じて，あるいはスポーツ交流によって，社会の理解，社会の融合を高めていこうということは，非常に重要な政策として位置づけられている．1998年のFIFAワールドカップ杯フランス大会では，開催国のフランスが優勝した．その中心選手はモロッコからマルセイユに移民してきたジダン選手であった．フランスは，人種差別政策をずいぶんとっていた国だが，あの優勝以来方針を変え，いろいろな民族と融合しようという政策をとりはじめた．スポーツ

表1−3 生活習慣と医療費の関係

喫煙	肥満	運動不足	医療費(万円)	増加率
×	×	×	44.3	1.00
○	×	×	47.6	1.07
×	○	×	45.2	1.02
×	×	○	55.6	1.26
○	○	×	53.2	1.20
○	×	○	59.4	1.34
×	○	○	60.6	1.37
○	○	○	59.7	1.35

肥　　　満：BMI 25以上．
運動不足：1日の歩行時間60分未満
対　　　象：宮城県大崎保健所管内住民（40〜79歳）．国民健康保険加入者56,000人
医療費：1995年1月〜1996年11月（23ヵ月）までの1人当たりの累積医療費
（朝日新聞，1999年9月17日）

が「Socialization」に果たしている役割は非常に大きいのである．

　最後に「Economy」である．2000年8月に出された保健体育審議会の答申，あるいは先述したスポーツ振興基本計画のなかに，「スポーツの意義」というものがある．はじめてのことではないが，このなかで日本でもようやくスポーツが国民経済に果たす役割ということが謳われた．つまり，それほど経済とスポーツの関係が大きくなってきているということである．オリンピックを開催すれば経済波及効果がどうだとか，あるいはワールドカップを誘致すればどれだけ儲かるかとか，そういったことではなく，日本の国民経済にスポーツがどれぐらいの貢献を果たすのか，というようなメリットからスポーツを見直そうということも重要な政策である．

　しかしながら，今問われていることは，どのようなデータが，どれだけ集まって，信頼性や妥当性についてはどうなのかということではないだろうか．われわれは，果たして，そういったデータを今日まで集積してきたのだろうか．それがこれからの課題であろう．

　表1−3は，生活習慣と医療費の関係を示したもので，厚生省（現・厚生労働省）のプロジェクトとして，宮城県大崎保健所管内の40〜79歳の国民健康保険加入者5万6,000名が対象とされた．これは，1995年1月から1996年11月までの23カ月間において，1人当たりの累積医療費と生活習慣に関して行なわれた調査であり，その結果は膨大なデータがもとになっている．このなかでは，生活

習慣，つまり喫煙，肥満，運動不足と，医療費がどのように関係するのかが調査され，（当然であるが）これら3つの項目に適合していない人（煙草を吸わず，適正な体重を保ち，毎日1時間以上歩いている）の医療費が最も少ないことが明らかにされた．具体的にデータをみると，この3つの項目に適合していない人の23カ月間の医療費は合計44.3万円である．これを基準値1.0とする．3項目とも当てはまる人は59.7万円で，増加率はおよそ1.35である．注目すべき点は，いずれにしても運動不足であることが非常に関係が深いということである．肥満の人や，喫煙習慣がある人に比べて，運動不足の人は1.26と値が高い．運動不足が絡むと，医療費はさらに高くついてくるということがこのデータからわかる．

　このようなデータの集積が必要であるということがわかっていても，果たして，われわれはどれだけ集めることができているのだろうか．生涯スポーツ研究のなかでは，医療費と運動や健康との関係は，非常に重要なトピックである．しかしながら，そういうものはあまり見かけない．これには，データを集めることの困難さも影響しているだろう．たとえば，レセプトひとつ見せてもらうにも，大変難しい問題がある．かつて，著者も大阪のある大企業の電機メーカーでこの種の調査を行なおうとしたが，なかなか資料やデータを出してもらえなかった．担当者に聞くと，精神的な病気のデータも含まれているうえに，個人のプライバシーの問題にもなる．このような理由から，データ収集の難しさは存在するが，政策を提言してくためにはこうしたデータの集積は不可欠である．運動をしたら，どのような効果があるのか．確実に健康になったということよりもむしろ，運動をして健康になることが国民経済に果たす役割は大きいという方が，財務省に対しても，より説得力をもつことになる．この種のデータの集積は諸外国ではわが国以上に行なわれており，ある結論が出されている．ここに，これからの課題があるのではないだろうか．

2）ナレッジマネジメントの重要性

　最近,「ナレッジマネジメント」(knowledge management) という考え方が経営学のなかでいわれている．生涯スポーツ研究においても，われわれの知識が，どのレベルのものが多くて，どういう状況に位置しているのかを判断するひとつの材料として考えることができる．

　ハンガリー系の哲学者ミシェル・ポラリーが,「暗黙知」と「形式知」という

図1-5　ナレッジマネジメントのSECIプロセス

概念を提示した．「暗黙知」とは，言語化し得ないあるいはし難い，数字では表せない知識のことである．これらはスポーツには多い．つまり，3Kといわれるものである．「きつい，汚ない，危険」といった学生が嫌うKではない．この3Kとは，「経験，勘，コツ」のことであり，スポーツの世界では比重が大きい．こういったことは，その指導者またはその当事者しかわからない．たとえば，巨人の長島前監督は，「カン（勘）ピュータ」であるといわれ，また一方で阪神の野村前監督は，「経験」に基づいて指揮をとるデータ野球である．われわれはこのように使うが，しかしながら，それらは言語化し得ない「暗黙知」である．

もうひとつは「形式知」である．言語化された，数字で表される知識である．さまざまな情報が集められ，そういった知識となる．後でもふれるが，学会では，こうした情報，あるいはさまざまな状況にある情報をもちよって，共有し，活用し，そして新たな「知」を創造していく場であるということが重要ではないだろうか．われわれの現在の研究について，今行なっていることは一体どういう状況に位置するのかということを，もう一度レビューしてみる必要があるだろう．

わが国の「ナレッジマネジメント」の第一人者である野中郁次郎の生み出したSECI（セキ）プロセスをみてみよう（図1-5参照）．誰もが運動すれば医療費の削減につながるということをわかっている．これを発表することによって，はじめて知識や経験を共有し，暗黙知を創造する．これが共同化（Socialization）

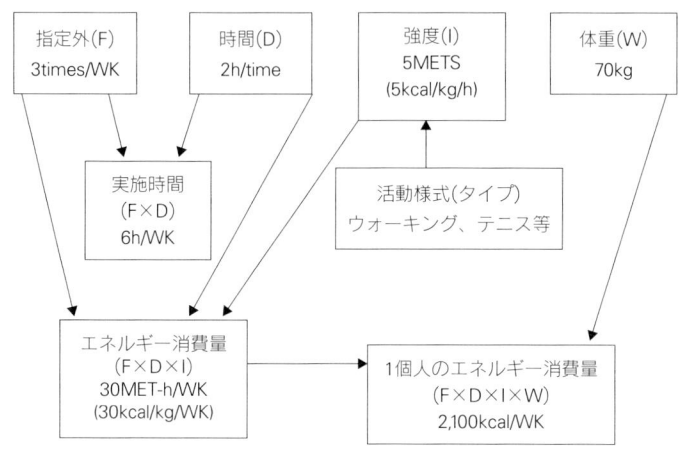

図1-6 身体活動量の求め方
(Kriska AM and Casperson CJ (1997)より1部加筆)

というプロセスである．次に，この誰もが言葉では言いにくい，あるいは数字では表しにくい，そういった暗黙知を，たとえば数字や仮説といった形式知として表現していくプロセスに続く．これを表出化（Externalization）という．さらに，集められた知識である形式知を整理，統合する．このプロセスを統合化（Combination）という．そして，統合化の過程でまとまったものをさらに次の段階の暗黙知とする．すなわち，行動による学習を通じて，個々人の体験が暗黙知として他人に移転する．このプロセスを内面化（Internalization）という．これら4つのプロセスの頭文字S，E，C，Iをとって，「SECI（セキ）理論」である．このスパイラルに知識を増やしていくという過程が必要ではないだろうか．

3）物差しの統一

次に，生涯スポーツ研究を今後進めていく上で大事なこととして，先にも少しふれたが，知識の共有化が非常に大事だと思われる．そこで，「暗黙知」としては誰もが納得している知識を，いかに共通にもつ「形式知」に高めていくか，ということである．これに対しては，たとえば人々が運動・スポーツをどの程度行なっているのかを測るための共通の物差しづくりが必要になってくる．

　図1-6は，アメリカ，カナダ，オーストラリア，あるいはニュージーランドでとられている身体活動量の求め方である．見てもわかるとおり，「頻度」，「強

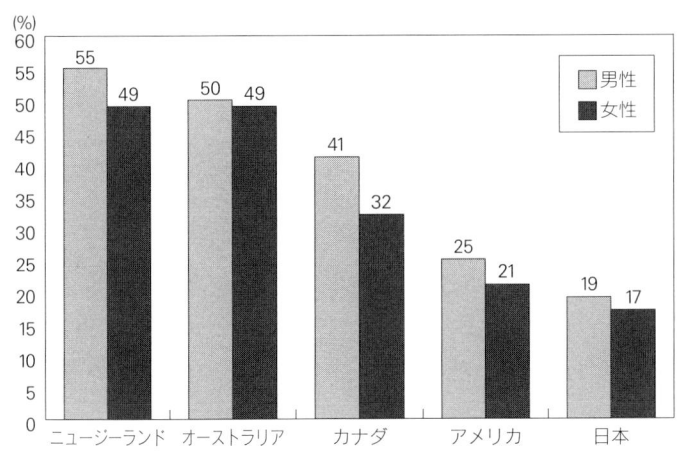

図1-7 アクティブ・スポーツ人口の国際比較
アクティブ・スポーツ人口とは，健康の維持・増進に必要とされる運動所要量で，「頻度」「強度」「時間」によって規定される．各国によってその定義は多少異なる．

度」，「時間」から運動の活動量を求めている．これは，カナダのひとつの式になるが，1週間に2,100kcal，すなわち1日に300kcal程度の運動をすれば，身体健康の維持増進につながるということなのである．このような物差しによって，運動量を求めていくということ，これは徐々に一般的になってきたようである．1週間に何回運動を行なったのか，あるいは，1年に何日運動を行なったのかということではなく，運動を行なっていることが健康の維持増進にいかにつながっているのかという観点に立つと，少し違った視点，共通の物差しが必要になってくるのではないだろうか．

たとえば，共通の物差しがあれば，日本のある年齢層，あるいは特定都道府県の特定の市や町の住民の身体活動量はどれほどなのかという比較が可能になる．**図1-7**はアクティブ・スポーツ人口の国際比較を示しているが，このなかで取り上げているニュージーランド，オーストラリア，カナダ，アメリカのいずれの国においても，「頻度」，「強度」，「時間」から運動量を求める方法を採用している．わが国ではまだ，最大酸素摂取量を求めるなどの大規模な調査はできておらず，質問紙調査による推定を行なっている．これを前提とした比較では，アクティブ・スポーツ人口において，わが国の成人で20％未満の段階である．一方，オーストラリアやニュージーランドの成人で50％である．いわゆる健康保持増進に必要な運動量をこなしていることがわかる．そこで，この目標値をどこまで

高めるのか，という点が浮かびあがってくる．これが政策目標につながっていくのではないかと思われる．

4）コンパス・プロジェクト

　もうひとつの例としてヨーロッパの方式であるが，わが国においても先述したスポーツ振興基本計画のなかにおいて総合型地域スポーツクラブの創設ということが目玉になっているが，それをどこで，どの程度行なわれているのかという観点でみたものが，COMPASSという最近の調査である．COMPASSは，Co-Ordinated Monitoring of Participation in Sportsの頭文字をとったものであり，ヨーロッパで1997年に発足した共同調査・研究プロジェクトである．1999年11月，イタリア，ローマにおいて会議が行なわれ，著者もオブザーバーとして参加した．その際に，検討されていたのは，国民のスポーツへのかかわり方について，どのように分類して比較をするかについてである．先述したカナダやアメリカのような方法だと費用がかかる．つまり，最大酸素摂取量を測れば，装置も必要となり，時間も要する．測定員の人件費も必要となる．よって，現状を分析するために頻度を調べることとした．

　表1-4は，その分析における分類の枠組みを示したものである．「≧120」とは，年間スポーツ参加120回以上，すなわち週2回以上運動に参加していることを示す．また，12〜60回は月1回から週1回ということである．ヨーロッパの特徴であるが，これをクラブの会員として行なっているのである．また，競技志向，すなわち競技会に出てレベルを上げるために行なっているか否かといった観点からも分類されている．Quantity（量），Quality（質），Organization structure（組織構造）という3つのレベルで7つのタイプに分類している．競技志向で，組織的なクラブに入り，活発に，インテンシブに行なっているかどうか．また，規則的かどうか，このような基準で各国の比較を行なっている．

　その比較の結果が，**表1-5**である．「非参加型」というのは，「他の身体活動」（ここではウォーキングやガーデニングなどを含む）にも参加せず，全く運動・スポーツを行なっていないことを表している．「他の身体活動」というのは，先にも述べたように，ウォーキングやガーデニングなどを含むということだが，これを運動・スポーツとみなすのかについても議論の余地はあるだろう．ウォーキングを除くとずいぶん値は下がるだろうし，これを含むか否かによって参加状況

表1-4 COMPASSスポーツ参加者分析枠組み

タイプ	頻度*	クラブ会員	競技志向
競技志向・組織的・活発参加型（intensive）	≧120	YES	YES
活発参加型	≧120	NO	NO
	≧120	YES	NO
	≧120	NO	YES
規則的参加型（regular）競技志向・組織的	≧60 and ＜120	YES	YES
	≧60 and ＜120	NO	NO
	≧12 and ＜60	YES	YES
	≧12 and ＜60	YES	NO
規則的参加型 レクリエーション志向	≧12 and ＜60	NO	YES
不規則的参加型（irregular）	≧12 and ＜60	NO	NO
	≧1 and ＜12	YES	YES
	≧1 and ＜12	YES	NO
	≧1 and ＜12	NO	YES
時折参加型（occasional）	≧1 and ＜12	NO	NO
非参加型	none	none	none

＊：年間実施回数
(COMPASS : Co-ordinated Monitoring of Participation in Sports)

は大きく変わってくるであろう．よって，「非参加型（他の身体活動に参加）」といった枠を設けることで，解決している．この分類をみると，やはりヨーロッパのスポーツ参加状況の高さがうかがえる．フィンランドは，参加者の割合を合計すると88％ほどの値になる．また，スウェーデンでは，競技志向で組織的なクラブに入り，活発に行なっているのは12％である．たとえば，スウェーデンでは，サッカー人口が非常に高い．どこの国でもサッカー人口は高いが，ここではサッカーのクラブに入っている者が，女性も含めておおよそ人口の10人に1人という．それほどサッカークラブが多いのである．

　この比較によって，自国が他国と比べてどうなのかということがよくわかる．そうすると，その国の政策目標について，どこにターゲットを置くべきか，ということが明確になってくる．わが国でも，このような比較が可能かといえば，少し無理があるだろう．なぜなら，クラブというものがまだほとんど存在していな

表1-5 ヨーロッパ7カ国のスポーツ参加状況（16歳以上）

参加タイプ	フィンランド	アイルランド	イタリア	オランダ	スペイン	スウェーデン	イギリス
競技志向・組織的・活発参加型	6	7	2	8	2	12	5
活発参加型	33	11	3	8	7	25	13
競技志向・組織的・規則的参加型	5	7	2	10	2	5	4
規則的参加型・レクリエーション志向	9	3	3	6	4	17	6
不規則的参加型	6	15	8	25	10	11	19
時折参加型	2	21	5	6	6	―	20
非参加型（他の身体活動*に参加）	16	10	37	37	43	8	15
非参加型	3	26	40	―	26	22	19

＊：「他の身体活動」とはウォーキング・ガーデニングなどを含む． (%)

い，あるいは地域社会に定着していない．今後，2010年を目指して，各市町村に少なくともひとつはクラブをつくろうということである．もしそれが実現されれば，こういった他国との比較も可能になると思われる．

6. 生涯スポーツ学会への期待と結びにかえて

　先に，「ナレッジマネジメント」の考え方いついてふれたが，学会という場は，まさに知識を共有し，活用し，また創造していく場である．このような場を「情場学会」，すなわち情報の「情」，情報が集まる「場」の学会という．これを提唱したのは岐阜県の梶原知事であるが，さまざまな分野の人がいろいろな情報を集め，ひとつの場を設け，その場のなかで意見を出し合っていこうということである．そうした情場学会というものは，ある意味では，これからの日本の既存の学会にとってかわる重要な学会ではないかと考えている．その意味では，この生涯スポーツ学会は，そうした可能性を大きく秘めた学会になるのではないだろうか．その場が，いわゆる政策提言につながる集団になっていけば非常によいのではないだろうか．とかく，学会というと，文部省（現・文部科学省）の提案したことにやや批判的な面が多かった．文部省だけではなく，厚生省（現・厚生労働

省）に対しても同様である．単なる批判的な学会ではなく，建設的で，クリエイティブな，そして新たな情報，新たな知識を生み出し，それを提言していくことが重要ではないだろうか．

　スポーツ振興基本計画の委員を努めた際，非常に関心をもったことがひとつある．それは，基本計画の中間発表を行なった時に，一般の国民から「パブリックコメント」の募集，すなわち"皆さんのご意見を伺う"ということを行なった．ファックス，郵送，あるいはEメールで，文科省の体育課に意見を出してもらった．これはおそらく，文科省でははじめてのことではないだろうか．約90通のパブリックコメントが寄せられたが，そのなかで多かったものは，やはり部活動の問題である．たとえば，各都道府県の教職員組合からは，「週2日，運動部活動を休めということには大賛成だ」というような意見もみられた．また，高体連，中体連および部活動に関係した人は，別の意見をもっている．さらに，固有名詞は控えさせていただくが，大学の関係者も積極的にこうしたコメントを出しておられるということが，非常に印象的であった．

　このように考えると，生涯スポーツ学会という新しい学会が，今後日本のスポーツ振興をどうするべきかということについて積極的にコメントし，自分たち自身の研究についての報告を積極的に行なっていく．ITの時代であるから，情報のやり取り，あるいは情報を送ることが大事になっていくのではないだろうか．

〔池田　勝〕

　この論文は，第2回日本生涯スポーツ学会大会（2000年）における基調講演をまとめたものであり，池田勝先生の遺稿となった．

参考文献

朝日新聞（1999）：4月15日号夕刊．
学習研究社（1996）：スーパー・アンカー英和辞典．
文部省（2000）：スポーツ振興基本計画．
野中郁次郎・紺野登（1999）：知識経営のすすめ．ちくま新書．
SSF笹川スポーツ財団（2000）：スポーツライフ・データ2000．
SSF笹川スポーツ財団（2001）：スポーツ白書2010．

2章
世界の生涯スポーツの潮流

はじめに

　1988年，アジアで2回目のオリンピック科学会議がソウルで開催された．国際スポーツ社会学会（ICSS：現在のISSA）の副会長であったハンガリー国立体育大学のフォルデシ（Gyongyi Fordesi）は，「Sport for All：ユートピアか現実か？」と題する基調講演を行なった．そこでフォルデシは，「スポーツ科学の研究者は，Sport for Allの重要性をあまり認識していない」と批判し，国威発揚のメダル獲得のみに関心を注いできたスポーツ界と，パフォーマンスの向上だけを目指したスポーツ科学研究のあり方に問題を投げかけた．もう1人の基調講演者は，世界のSport for Allムーブメントの中心的なリーダーであるユルゲン・パルム（Jurugen Palm：ドイツスポーツ連盟）であった．パルムは，Sport for Allの歩みを振り返り，「Sport for Allは，人類の幸福と楽しさ，スポーツ参加機会の民主化，そして変化する社会における新たなアイデンティティの獲得に貢献する」と強調した．

　Sport for Allは，1960年代のヨーロッパで生まれた．その理念は，誰もがスポーツの機会とプログラムにアクセスできることを目指した，社会的なムーブメントである．Sport for Allは，わが国では生涯スポーツといわれ，ようやく社会的認知が得られるようになってきた．本稿では，世界における生涯スポーツの歩みを検証し，今後の展望を探りたい．

1. Sport for All ムーブメントの理念と背景

　"Sport for All"の理念が最初に登場したのは，1966年のヨーロッパ評議会文

化協力委員会（Cultural Cooperation of the Council of Europe）であった．この背景には，当時，3つの社会的状況があった．
　①近代文明は，社会問題や精神的不安，そして身体的問題に急速に病んでいる．
　②スポーツと身体活動は，こういった問題状況の緩和に役立つと考えられる．しかし，スポーツと身体活動の機会は，ほんの少数の名誉ある人々に限定されている．
　③それゆえスポーツは，個人的発達，社会文化的発展，そして生物学的発達と促進をもたらす装置として，普及すべきである．
　この点に関して，Schams（1984）は，ヨーロッパ評議会の人道主義的アプローチは，当時のスポーツが"商業化"かつ"結果志向"という性格をもってきたことに対する警告であったと指摘している．
　Sport for Allは，一般的にはすべての個人の身体活動という目標をもつ社会的ムーブメントとして捉えられている．Seppanen（1991）は，身体訓練は伝統的にその手段的価値を保障することによって正当化されてきたが，Sport for Allという新しい概念の出現により，スポーツや身体活動において，より個人が重要視されるようになってきたと指摘している．それまで人間の可能性は，福祉や労働といった外的目標に貢献することができるということが評価されてきた．身体トレーニングは，外的目標に到達できる手段として考えられているが，Sport for Allムーブメントによって，健康やフィットネス，自己実現，といった個人的側面が強調されるようになっていった．
　また，Sport for Allムーブメントは，一種のスポーツの民主化という近代思想的な特性をもっている．すなわち，年齢，ジェンダー，体力レベル，社会経済的地位などにかかわらず，すべての個人に身体活動の平等な機会を提供しようと努めている．高度の競技力や最高のパフォーマンスは，今でも非常に高く評価されているが，Sport for Allという考え方は，伝統的な西洋スポーツ思想の理念を広げようとしてきた．そして，伝統的なオリンピック・ムーブメントに対して挑戦をしてきたといえよう．

2．生涯スポーツの制度化

　Sport for Allという新しい理念は，「ヨーロッパ・スポーツ・フォア・オール

憲章」(European Sport for All Charter, 1975) が,ベルギーで開催されたスポーツ担当国務大臣会議において制定されたことにより,ヨーロッパからアジア,オセアニア,アメリカ,アフリカと世界的なムーブメントとして広がっていった.しかし,オリンピック・ムーブメントのように各国のNOC (National Olympic Committee) を拠点に発展したのではなく,さまざまな団体や機関によって,その理念が広がっていった.

　国際トリム会議は,1969年にオスロ(ノルウェー)において,ヨーロッパのスポーツ政策担当官やスポーツ団体スタッフが中心になり,第1回会議が開催された.以後,隔年開催で続いてきたが,第3回フランクフルト会議から,その名称が国際トリム・フィットネス会議と改称された.こういったSport for Allの国際的な潮流に強い影響を受け,第5回パリ会議の翌年には,ユネスコは「国際体育・スポーツ憲章」(1978) を発表した(青木,1986).さらに,第11回トロント会議(1989)において,2年に1回の会議開催から,恒常的な統括機関を設立が決定した.生涯スポーツ社会の実現は,すべての国の課題であり,先進諸国から成功事例を学び,アイデアを発展しなければならないというニーズが生まれてきたからである.第11回会議は,事前に生涯スポーツの各国の現状を検証する国際調査が行なわれており,運営もすばらしく,新しい統括機関を創造するという目標ができたことから大変な盛り上がりをみせた.

　1991年にフランスのボルドーにおいて,Sport for Allの統括団体であるTAFISA (Trim & Fitness-International Sport for All Association) が設立された.理事と次々回の会議場所は立候補が受け付けられ,各国1票というルールが作られ,総会において投票により決定された.このように,生涯スポーツ団体の制度と民主化が進められた(**表1-6**).

　わが国においては,当時,日本体育協会が"国民スポーツ",健康・体力づくり事業財団は"体力づくり",日本レクリエーション協会は"レクリエーション"(後に生涯スポーツ),笹川スポーツ財団は"スポーツ・フォア・オール"という,呼び方は異なるがそれぞれの理念は近いスポーツ振興事業を行なってきた.そこで,ボルドー会議の前に,文部省と総務庁青少年対策室がオブザーバーになり,上記の4団体により,TAFISA-Japan (日本トリム・フィットネス生涯スポーツ協議会) が設立された.

　TAFISAの他にも,Sport for Allの普及には3つの団体がかかわっている.

表1-6　TAFAISA会議の開催地とメイン・テーマ

開催年	開催地	メイン・テーマ
第1回（1969）	オスロ（ノルウェー）	トリムの発祥
第2回（1971）	アーヘンハイム（オランダ）	生涯スポーツの広報
第3回（1973）	フランクフルト（西ドイツ）	新たな国での発展
第4回（1975）	ワシントン（米国）	コミュニティとトリム
第5回（1977）	パリ（フランス）	動機づけ
第6回（1979）	リスボン（ポルトガル）	生涯スポーツとゲーム
第7回（1981）	ミューレン（スイス）	休暇とトリム
第8回（1983）	ストックホルム（スウェーデン）	都市とスポーツ
第9回（1985）	アイスル島（イギリス）	クオリティ・オブ・ライフとスポーツ
第10回（1987）	オスロ（ノルウェー）	不活発な場所での開発
第11回（1989）	トロント（カナダ）	生涯スポーツの質的側面
第12回（1991）	ボルドー（フランス）	生涯スポーツの新戦略
第13回（1993）	千葉（日本）	21世紀を展望した生涯スポーツ振興施策
第14回（1995）	ナタニア（イスラエル）	生涯スポーツにおけるプログラムの役割
第15回（1997）	ペナン（マレーシア）	生涯スポーツと生活の質（QOL）
第16回（1999）	リマソール（キプロス）	新世紀と生涯スポーツの挑戦
第17回（2001）	ケープタウン（南アフリカ）	地域形成の装置としての生涯スポーツ

　ひとつは，1981年に世界の人々にSport for Allのプログラムを推進する目的で設立されたIANOS（International Assembly of National Organizations of Sports）である．IANOSは，その組織基盤を各国の競技団体においていることから，本質的にジレンマを抱えている．競技団体の主たる関心は競技力の向上である．スポーツの普及や楽しさの享受を，どのように競技力の向上と位置づけていくかが焦点になるであろう．

　FISpt（The Federation International Sport for All）はベルギーに本部がおかれている．フランス語圏とラテン，アラブ諸国において加盟国が多く，ワークショップや指導者講習会を中心に事業を進めている．またIOCは，1985年にIOC Sport for All委員会を作り，翌年から国際会議（International Congress on Sport for All）を開催するようになった．

　Sport for Allは，オリンピックやFIFAワールドカップと異なり，マスメディアへの露出が少ないことから，IANOSはスポンサーを1990年代に失い，TAFISAも同様にスポーツ産業のスポンサーを失い財政問題を抱えるようになった．TAFISAはその危機を，関連する国際機関と連携することにより打開策を求めてきた．ラテン系やアラブ諸国で生涯スポーツの実践的な指導者養成を進め

てきたFISPtやIOC Sport for All Commissionと協定を結び，ICSSPE（国際体育スポーツ科学審議会）やWorld Leisure（かつてのWLRA：世界レジャー・レクリエーション協会）の代表も国際会議に招待して，連携を深めようとしている．また，2000年にはGAISFのメンバーやICSSPEの会員になり，協力体制を維持しようとしている．WHO（世界保健機関）とも世界ウォーキング・デーで協力体制をつないでいる．

3. 世界の生涯スポーツの現状と組織

　2000年に世界の生涯スポーツの現状と組織を分析するために，郵送法による国際比較調査を実施した．各国の詳細な調査結果は，TAFISA World 2001-The Global Almanac on Sport for All（Sasakawa Sports Foundation, 2001）にまとめられている．そこには，65カ国，79団体の情報が記述されている．

　具体的には，生涯スポーツの現状として，①各国の伝統スポーツ，②人気の高いするスポーツ，③人気の高いみるスポーツ，④スポーツ法，⑤国立スポーツ情報センター，⑥全国スポーツ参加調査，⑦スポーツクラブ数，⑧体力テストが調査された．また，スポーツ団体の情報としては，①設立年，②代表者，③組織のタイプ（政府組織かNPO），④目的と使命，⑤職員数，⑥年間予算，⑦イベント・プログラム，⑧ターゲット・グループへの事業，⑨指導者養成，⑩政府の関係機関，⑪提携団体，⑫問題点と課題である．

　スポーツ法に関しては，1960年までに制定していたのは，レバノン，コロンビア，イラン，台湾の4カ国であった．1970年代に制定したのは，オーストリア，日本，ヨルダン，韓国の4カ国，1980年代では8カ国，1990年代では12カ国，そして1991年以降，27カ国が制定している．65カ国の中の10カ国では，未だにスポーツ法の制定に至っていないという．このように，ヨーロッパ評議会による「ヨーロッパ・スポーツ・フォア・オール憲章」（1975）と，ユネスコの「国際体育スポーツ憲章」（1978）の制定が，世界のスポーツ関連法の制定に大きな影響を及ぼしていることがうかがえる．

　また，50カ国（77％）においては，国立スポーツ情報センターをもっていることがわかった．グローバル化と情報化の流れにより，4分の3以上の国において，国立のスポーツ情報センターがおかれている．わが国においては，2001年

表1-7 生涯スポーツを振興する国内団体の問題と課題

順位	内容	N (%)
1.	財務	29 (44%)
2.	組織内の問題	17 (26%)
3.	人的資源・ボランティア	12 (18%)
4.	施設不足	11 (16%)
5.	健康・体力・スポーツへ意識の低さ	11 (16%)
6.	事業	8 (12%)
7.	政府補助と政府との関係	8 (12%)
8.	ターゲット・グループ（少数民族，子ども，女性，高齢者）	4 (6%)
9.	スポーツ文化の不足	3 (4%)
10.	スポーツ政策	2 (3%)
11.	スポーツクラブ（総合型・単一種目型）	2 (3%)
12.	健康増進関係	1 (1%)

に国立スポーツ科学センターが設立され，スポーツ科学部，スポーツ医学部とともにスポーツ情報部がおかれている．しかし，スタッフと予算の関係からか，政策やスポーツ人口調査といった分野の情報は，まだ収集・発信には至っていない．

全国スポーツ参加調査は31カ国が実施しており，約半数の国が国民のスポーツ人口をモニターしていることがわかる．しかし，参加率の国際標準がなく，各国で異なった指標を用いているために，正確な国際比較ができないのが現状である．ヨーロッパにおいて，イタリアと英国を中心にして，標準化された指標による国際プロジェクトがはじまっている．

体力テストに関しては，20カ国しか実施しおらず，サンプルの31％である．ここでも，体力テスト項目の国際標準がないために，種目内容は各国で異なっている．しかし，ヨーロッパでは統一テストが実施されており，EUの影響がうかがえる．また，世界の体力テスト実施国のなかで，毎年，8万人ものサンプル数を誇っているのは「新体力テスト」のみである．

表1-7は，生涯スポーツに関する国内団体の問題点と課題を表している．1位は財務に関する問題で，財政難にあることを示している．2位は組織上の問題で，NOCや他のスポーツ団体および組織内部の問題を含んでいる．3位は人的資源とボランティアである．人的資源は指導者養成や指導者・専門家不足，そしてボランティア不足に悩む国が増えている．ボランティア不足は特に，スポーツクラブ内部において顕著で，ボランティア指導者や運営ボランティアが不足してい

る．その他の問題としては，施設不足（11カ国），健康・フィットネス・スポーツに対する人々の意識の低さ（11カ国）があげられている．健康やフィットネス・スポーツに対する意識の問題は，Sport for Allムーブメントの初期からの課題である．これまで意識の問題は，さまざまなキャンペーンにより意識変容に成功してきた．意識変容へのアプローチは，国やスポーツ環境の違いによって段階があると考えられる．先進国においては，これからはむしろ，クラブマネジメントにおいて，会員継続の具体的手法が期待される．

もうひとつの課題はスポーツクラブである．日本とニュージーランドにおいて，クラブの育成が課題になっているがその内容は異なっている．日本では，これまで単一種目・同世代型のクラブが中心であったため，クラブ会員数が小規模であり，また同世代型であったためクラブの維持・存続，そして会員にとっての選択できるプログラムが少ないという問題がある．また，専用施設やクラブハウスをもっていない．それに対して，ニュージーランドにおいては，専用施設とクラブハウスをもっており，ほとんどが単一種目型クラブである．クラブ員は多世代であるが，種目によっては高齢化が進むクラブが多く，新規会員の獲得が困難である．そこでニュージーランドでは，現在，単一種目型クラブを多種目型に統合していくプランが検討されている．

4．アジア・オセアニアにおける生涯スポーツの発展

Sport for Allはヨーロッパの先進国を中心に誕生し発展してきたが，その波はアジアにも押し寄せてきた．アジア・オセアニア地域においては，生涯スポーツを統括する組織は2つある．IANOSの下部組織であるAPOSAは，アジア・太平洋・オセアニア地域のSport for Allに関する情報交換などを目指して，1980年に設立され，事務局はオーストラリアにおかれている．1991年から，日本体育協会が"スポーツ・フォア・オールセミナー"に約30カ国のAPOSA加盟国が参加している．

もうひとつは，ASFAA（Asiania Sport for All Association）でTAFISAの地域組織として，1991年に設立された．2年に1回の会議を開催し，国際チャレンジ・デーや世界ウォーキング・デーの開催を支援し，生涯スポーツに関する情報交換，さらに生涯スポーツに関する研究論文を掲載したASFAA Journalを刊

表1-8　ASFAA会議の歴史

年度		開催地
1989	ASFAA準備会議	東京（日本）
1990	ASFAA準備会議	シカゴ（米国）
1991	第1回ASFAA設立会議	ソウル（韓国）
1992	第2回ASFAA会議	バララット（オーストラリア）
1994	第3回ASFAA会議	ランカウイ（マレーシア）
1996	第4回ASFAA会議	バンコック（タイ）
1997	第5回ASFAA会議	ダンデノン（オーストラリア）
2000	第6回ASFAA会議	釜山（韓国）
2002	第7回ASFAA会議	北京（中国）

行している．現在，25の国・地域における56団体が加盟しており，事務局は韓国の釜山に置かれている（**表1-8**）．

5月の最終水曜日に国際的に開催される国際チャレンジ・デーは，15分間の運動・スポーツ実施者が市町村の全人口に占める割合を競うイベントである．人口規模がクラス別に別れており，同じ程度の人口サイズの自治体が参加率を競う．1983年にカナダのサスカトゥーン市ではじまり，カナダの全国イベントになり，さらに1993年からTAFISAがコーディネーターとして国際イベントをはじめた．1993年には，アジア・オセアニアから日本，韓国，香港，マレーシア，オーストラリアなどが参加した．2000年からは，ASFAA事務局がアジア・オセアニア地域のコーディネーターを務めるようになった．

世界ウォーキング・デーは，1992年ブラジルのリオデジャネイロにおいて，地球サミットが開催されたとき，TAFISAのリーダーシップにより開催され，25万人が参加した．翌1993年からは，第1回世界ウォーキング・デーが9月に15カ国が開催された．アジア・オセアニアからは，シンガポール，インドネシア，イスラエルが参加した．現在は，9月1日から15日の間に各国の決めた日程で行なわれている．

表1-9は，アジア・オセアニアにおける生涯スポーツ団体の概要（設立年，タイプ，職員数，年間予算）を示している（Ikeda and Yamaguchi, 2001）．これは，ASFAAに加盟している22カ国37団体に対して，郵送法による質問紙調査の結果をまとめたものである．37団体のなかの24団体（64.8％）は，1980年以降に設立され，14団体（37.8％）は1990年以降に誕生している．このように，アジア・オセアニアにおける生涯スポーツの振興団体は，ここ10～20年間に設

表1-9　アジア・オセアニアにおける生涯スポーツ団体の概要

団体名	設立年	タイプ	職員	年間予算
1. Australian Sports Commission	1984	GO	353/26	91,790,000
2. Life. Be in it	1975	NPO	25/200	NA
3. Bangladesh SFA Committee	1996	NGO	1/1	2,400
4. TAFISA Bangladesh	1996	NGO	1/2	1,500
5. All-Chin Sports Federation	1999	NGO	170/100,000	NA
6. Disao de Animacao e Desport, Macau	1985	GO	25/0	225,000
7. Chinese Taipei Olympic Commission	1922	NGO	35/2	1,431,000
8. FASANAC, Fiji	1949	NGO	5/0	440,000
9. Hong Kong Sports Developing Board	1991	NGO	300/0	27,000,000
10. Sports Federation & Olympic Committee, HK	1948	NGO	4/1	500,000
11. India SFA Association	1995	NGO	0/3	5,000
12. Directrate of Sports, Ministry of Education Indonesia	1985	GO	11/0	55,000
13. Iran SFA Federation	1992	GO	6/7	400,000
14. Israeli SFA Association	1981	NPO	1/1	250,000
15. Division of SFA, Ministry of ESSC, Japan	1988	GO	15/2	18,400,000
16. Japan Amateur Sports Association	1911	NGO	61/13	36,000,000
17. Japan Health Promotion & Fitness Foundation	1981	NGO	23/7	12,500,000
18. National Recreation Association of Japan	1947	NGO	34/4	16,100,000
19. Sasakawa Sports Foundation, Japan	1991	NGO	17/2	7,500,000
20. Jordan Ministry of Education	1947	NGO	1/10	10,000
21. SFA Korea Association	1982	NGO	54/16	2,100,000
22. SFA Pusan Association	1984	NGO	70/30	1,740,000
23. National Sports Committee of Laos	1993	GO	15/50	2,000
24. Lebanese NOC	1946	NGO	3/2	213,172
25. Malaysia Leisure & Recreation Council	1990	NGO	1/2	20,000
26. Olympic Committee of Malaysia	1953	NGO	12/5	500,000
27. Hillary Commission, New Zealand	1987	GO	36/3	16,000,000
28. Papua New Guinea Sports Commission	1992	GO	40/5	410,000
29. SFA Commission Philippines, NOC	1999	NGO	3/4	7,000
30. Women Sports Fedderation-Philippines	1991	NGO	NA	NA
31. Qatar SFA Committee	1996	GO	5/20	180,000
32. Saudi Arabia SFA Federatiion	1995	GO	1/6	530,000
33. Singapore Sports Council	1973	GO	868/6	42,000,000
34. The Sports Authority of Thailand	1964	GO	549/290	30,667,000
35. TASANOC, Tonga	1961	NGO	2/0	90,000
36. Vietnam NOC SFA Subcommittee	1979	NGO	0/5	50,000
37. Federation of Sport for All, Yemen	1993	NGO	22/3	500

注）タイプ：GO（政府機関），NGO（非政府団体），NPO（民間非営利団体），職員：正規職員/パート，年間予算：USドル（2000年度），NA:無回答

(Ikeda M and Yamaguchi Y (2001)：Sport for All Movement in Asia and Oceania：An Analysis of the ASFAA 2000 Sport for All Survey. In：Proceedings for IASI World Congress：pp347-348)

立されたものが3分の2を占めている．組織のタイプは，非政府団体（NGO）が21団体と5割強を占めている．年間予算は，オーストラリア・スポーツコミッションが9,179万ドルと1位で，以下，シンガポール・スポーツカウンシル（4,200万ドル），日本体育協会（3,600万ドル），タイ・スポーツ局（3,066万ドル），香港スポーツ開発局（2,700万ドル）と続いている．正規職員数は，シンガポール・スポーツカウンシルが868名と最も多く，人口わずか270万人でありながら，スポーツの振興に力を注いでいることがうかがえる．以下，タイ・スポーツ局（549名），オーストラリア・スポーツコミッション（353名），香港スポーツ開発局（300名）と続いている．

おわりに

TAFISAを中心にして約30年間の生涯スポーツの振興により，人々の生涯スポーツの認識が高まり，世界の3分の1の人口は活動的になってきた．しかし，境界領域に生活する人々，すなわち貧困層や低学歴層，少数民族などに対して，ほとんど影響が及んでいない．そして，今後は，発展途上国における貧困層や少数民族に対して影響力をもっている政策担当者やコミュニティ集団をターゲットにして，ソーシャル・マーケティングの手法を用いて生涯スポーツの振興と支援をすべきであろう．

2001年のケープタウンにおけるTAFISA国際会議におけるテーマは，「地域開発の装置としての生涯スポーツ」であった．わが国でも，現在，全国各地で総合型地域スポーツクラブの育成が進められているが，地域開発という視点は重要である．多様なスポーツ機会の提供が主要目的であるが，単にスポーツ実践にとどまらず，地域のさまざまな団体・グループとの接点・連携をもつことによって，まちづくりや地域振興に広げることができれば，クラブの存在意義が理解され，クラブの継続支援につながっていくだろう．

アジア・オセアニア地域においては，政府機関だけでなく，さまざまな非政府団体や民間非営利団体が生涯スポーツの振興にかかわっている．しかし，不十分な予算による財務問題や組織の問題，および人的資源やボランティアの確保など，多くの課題を抱えている．さらに，健康・スポーツに対する人々の意識の低さなど，効果的なキャンペーン戦略や評価方法が求められる．国内では，スポーツ振興基本計画が提示され，都道府県や市町村レベルにおけるスポーツ・マスタープ

ランの作成が大きな課題になっている．こういった社会的ニーズに対して，生涯スポーツの社会経済的研究の社会貢献が期待されている．

[山口　泰雄]

参考文献

ASFAA NEWSLETTER （2000, 2001）: Asiania Sport for All Association.
青木　高（1996）:「みんなのスポーツ」の国際潮流．体育科教育，10月号：14-17.
Ikeda M and Yamaguchi Y （2001） : Sport for All Movement in Asia and Oceania : An Analysis of the ASFAA 2000 Sport for All Survey. pp347-348, in Proceedings for IASI World Congress.
Jurgen P （1991） : Sport for All: Approaches from Utopia to Reality. ICCPE Sport Science Studies 5, Karl Hofman GmbH.
野川春夫（1996）：諸外国における健康・体力づくりの組織と活動．山口泰雄編著，健康・スポーツの社会学，建帛社：pp138-149.
Seppanen P （1991） : Values in Sport for All. In : Oja P and Telama R (eds), Sport for All, ELSEVIER SCIENCE PUBLISHES : pp21-32.
Schams R (1987) : Sport for All and Trim-An Idea and Its Realization, Chapter 21, pp249-256, In : Haag H, Kayer D and Benett B (eds), Comparative Physical Education and Sport Volume 4, Human Kinetics.
Yamaguchi Y ed (2001) :TAFISA World 2001- The Global Almanac on Sport for All , Sasakawa Sports Foundation.
Yamaguchi Y （2001） : Sport for All in Asia and Oceania : Perspectives, Challenges and Possibilities. In : Proceedings of the 1st World Congress of Sociology of Sport, Seoul.

3章
異文化理解ににほふスポーツ文化のかほり

1. 食生活が豊かになったとは

　調理方法に終始した料理番組がバラエティ番組に変化する分岐点は「中華の鉄人」陳建一の父，陳建民が女性アナと掛け合い漫談風に指導したNHK教育であったと思う．完璧な腕前と拙い会話は緩やかに流れる家族団欒のなかで夕餉の食材を反芻させるに十分であった．昨今では，もう一品，もう一工夫といったワンポイントアドバイス風の番組が食欲を刺激し，旅行番組には趣向を凝らしたグルメ料理が紹介される．バラエティ番組では芸能人の手際のよさに感心し，「料理の鉄人」や「どっちの料理ショー」では高級食材を扱う専門家の手腕に嘆息する．洋の東西を問わず多種多様な食材と調理方法が紹介される．いずれの料理も手が届かないようで届くところに人気の秘密があるのだろうか．少し奮発すれば，入手できたり，出掛けたりする．日本料理，中華料理，フランス料理，イタリア料理などを基礎に，土地に職種に食材に，さらには料理人の名称を冠して品々に差異化を企てる．食生活が豊かになり，食文化を堪能する時代になったのである．

　では，これはどのような状況を指すのか．朝に夕に，毎食，番組に紹介される料理を食べるのであろうか．血の滴る肉をひたすら食らうのか．あるいはラーメンやそばに終始するのか．そんなことを指して豊かとか文化とはいわない．それでは，タンパク質，糖質，脂質，無機質，ビタミンなど，肉，卵，野菜，果実，油脂，そして穀類や芋類が調合された，栄養バランスの取れた状態を指すのか．ならば，宇宙ステーションや病院の食事でもことは足りる．これも的はずれとなりそうである．

　1日3食，1年365日，計1,095種類，すべて異なるメニューでかつ栄養バランスの取れた食事を口にすること，あるいは栄養バランスの取れたまったく同じメ

ニューを繰り返すこと，それを指して，食生活が豊かであるとか，食文化を堪能するとはいうまい．多分，われわれは米を中心とした和食を軸に，中華，フレンチ，イタリアンを楽しむ多様性をとらえて，食生活が豊かであると感じているのではないだろうか．もちろん中心や軸をどの料理に据えてもよい．肝心なのは中心と周辺があることと思われる．

古事記にあらわれず日本書紀に初出する「日の本」という記述は二書の間に来朝した帰化人の存在を明らかにする．異人の出現とそれを認識することによって，われわれは日本人であることを自覚したのである．他者の存在を認めることこそが自己のありさまを認識する第一歩となる．自己中心的であるかぎり，他者を認識しないかぎり，自らのありさまを描くことはできない．和食が和食であるためには中華やフレンチやイタリアンが必須となるのである．

2. 食ほどにスポーツは生活に浸透しているか

この「食」を「スポーツ」に置き換えてみたい．豊かなスポーツ・ライフとはどのようなことなのか，スポーツ文化とはいかなるもので，スポーツを文化と感じるのはいかなる状況を指すのであろうか．こんな試みでスポーツの位置づけをあぶり出すことができそうである．

週1回年間52種目の異なるスポーツを行なうこと，あるいは1年365日同じスポーツを繰り返すことを指して，豊かなスポーツ・ライフとも，スポーツ文化を享受するともいえそうにない．1969年にはじまるスポーツドラマ「柔道一直線」は当時の人々がもっていたスポーツへの姿勢を代弁し食生活を反映してやいまいか．まっしぐらにゴハンを食べつづけたのは30年前の食生活そのものであった．中心はあるが周辺のない食とスポーツはどこか貧相で狭隘である．

2002年6月，FIFAワールド・カップサッカー，NBAファイナル，全米ゴルフ，全仏テニス，ウインブルトン・テニス，7月には全英ゴルフと続き，野球には日米揃ってオールスター戦が控える．料理に負けず劣らずスポーツもまた百花繚乱を呈する．しかし，この咲き乱れるさまは周辺のにぎわいばかりが際立つ．農耕民族を象徴し和食を支える米や穀物，そこに生まれる酒，焼酎，豆腐，醬油，味噌，納豆といった発酵文化（山折，2001）に匹敵するほどのスポーツを，つまり中心となるスポーツをわれわれは生活のなかに確立しているのであろうか．

表1−10　調査年齢別にみる複数実施数と種目総数

	レベル−1	レベル+1	レベル2	レベル3	レベル4
1992	2.27-46	2.82-44	3.27-37	2.52-27	3.24-39
1994	2.19-44	1.35-38	3.22-38	2.48-40	3.02-42
1996	2.47-48	3.09-51	3.23-45	3.14-51	3.65-45
1998	2.51-65	3.09-55	3.23-50	3.14-63	3.44-69
2000	2.51-61	2.72-57	3.16-49	3.06-64	3.31-83

レベル−1：週1回未満（52回未満/年），レベル+1：週1回以上2回未満（52〜103回/年），レベル2：週2回以上（104回以上/年），レベル3：週2回以上，運動時間30分以上，レベル4：週2回以上，運動時間30分以上，運動強度「ややきつい」以上

　1992年以降隔年に実施される全国調査「スポーツ・ライフに関する調査」（SSF笹川スポーツ財団，1993；1994；1996；1998；2000）に基づき，成人のスポーツ行動のトレンドを把握し，スポーツにおける中心と周辺を考えてみたい．この調査では成人のスポーツ実施水準を表1−10脚注に示す5段階としてきた．

　たとえば，毎週日曜日にウォーキングを行ない，ときどき家族とボウリングやキャンプに出掛けるサラリーマンA氏は，週1回以上の実施水準レベル+1となる．また，かなりハードなジョギングとエアロビックダンスをウィークエンドにそれぞれ1時間，週に1回のペースで行なうB子さんは，週2回以上，30分以上，かなりきつい運動強度の実施水準レベル4に相当する．さらに彼女は夏に水泳，冬にスキーに出掛けると仮想する．

　彼らのスポーツ・ライフを中心と周辺の視点からながめると，A氏はウォーキングを，B子さんはジョギングとエアロビックダンスを中心に据え，それぞれ2種目のスポーツをつまみ食いしていると理解される．

　表1−10に調査年別・レベル別に行なわれたスポーツ種目の平均値とスポーツ種目総数を示し，その時系列的な動きを把握するために図1−8を作成した．表1−10のレベル2，3，4を図1−8ではレベル+2としてまとめた．十人十色となる10人の集団ならば（1, 10），365人が1種目のスポーツを行なったが1人として同じ種目ではない集団ならば（1, 365）とプロットすることになる．

　図中左端の■印（1.35, 38）は1994年時点の定期的スポーツ群で，平均実施数は2種目に満たない1.35種目で38種目のスポーツを行なったことを表す．対極に位置する右上方○印（3.31, 83）は2000年のアクティブ・スポーツ群で，平均実施数は3種目を超える3.31種目で83種目のスポーツを行なったことを表す．

　表1−10のレベル4は，種目平均が5回の調査とも3.0以上を示すので3種目

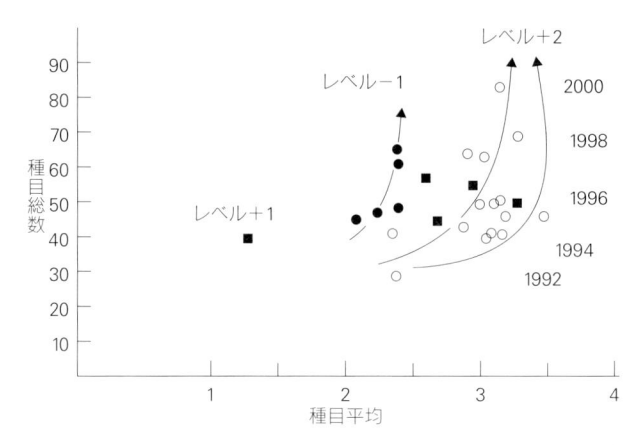

図1−8　調査年別・レベル別の種目平均と種目総数の関係からみる90年代のスポーツ・トレンド
　レベル−1（●）：不定期スポーツ実施群（週1回未満；52回未満/年）
　レベル+1（■）：定期的スポーツ実施群（週1回以上2回未満；52〜103回未満/年）
　レベル+2（○）：アクティブ・スポーツ群（週2回以上；104回以上/年）

以上の異なるスポーツを行ない，スポーツ種目総数は1992年39種目から2000年には2倍強の83種目を数える．この変動はレベル2とレベル3にも確認され，いずれのレベルも3種目強のスポーツを行ない，種目総数は30，40台から50，60台に増加する．これを図示すると**図1−8右側の上昇トレンド**となる．

　また，不定期なスポーツ実施群レベル−1は平均2.5種目のスポーツを行ない，種目総数は40台から60台へと増加傾向を示し，それは中央部の上昇トレンドとなる．定期的なスポーツ実施群レベル+1は種目総数を55種目前後に左右に変動して底辺部分を描く．

　これらの動向を中心と周辺あるいは多様性という視点から把握するために，中心を同じスポーツを週2回以上行なうことと仮定してみる．そうすると，レベル−1の動向は不定期に開催されるスポーツイベントの参加者が浮かび上がる．まさにバラエティ番組の様相に似る．また，レベル+1にみる種目総数の固定化は，レベル−1やレベル+2の上昇傾向に比べると頭打ち状態で，さきに記した30年前の状態，中心はあるが周辺のない，最低水準をクリアするが，遊び心は感じられない．これらに比べると，レベル+2のトレンドは，あるスポーツを週2回以上行ないながら，時に応じて異なるスポーツを行なう姿が浮かび上がる．

　1種目のスポーツだけでレベル4の水準に到達することや，手を変え品を変え365種目毎日違うスポーツを行なうこと，そのようなところに中心と周辺から湧

き上がる文化的なかほりをかぎとることはできない．独自の中心的な活動をよりどころにさまざまな活動を認める．中心となるスポーツを習慣的に嗜みながら，さまざまなスポーツに挑戦する．そのようなかたちのなかにかもしだされる，にほひやかほりをして文化という記号をつければよいのではないだろうか．

　ところで，アクティブ・スポーツ水準にある人々が中心や周辺にどのようなスポーツ種目を据えているのであろうか，その上位10種目を**表1−11**に示した．中心となるスポーツが何であるか，ここからは把握できない．しかし，中心となるスポーツを実施頻度に求めるならば，この10種目のいずれかが中心に位置すると仮定できる．ウォーキング，水泳，ジョギング，トレーニング，ゴルフなど，個人種目を行ないながら季節的なスポーツに出向いたり，いくつかのスポーツ・イベントに参加したりする姿を想像できる．もちろん，サッカー，バスケットボール，バレーボール，野球などを中心に据えるならば，ここにあげたスポーツをコンディショニングとして行なっていると理解することもできる．

　中心と周辺のないかぎり文化的なかほりは生まれそうにない．一握りの人々に食された高級食材やグルメ料理めいたスポーツは，近代以降，栄養バランスの取れた食生活と同様に一般の人々が口にする最低限の水準を体育として保障したのかもしれない．しかし，中心に和食があって，周辺に中華，フレンチ，イタリアンを配することによって，米や発酵が醸成する豊かさを文化的なかほりと記号化する手続きに倣うならば，最低限の水準に文化的なかほりはしない．われわれのスポーツ・ライフを文化せしめるには，中心となるスポーツを嗜むこと，異なるスポーツをときにつまみ食いすること，異なるスポーツとの接触を通して自らのスポーツ・ライフを再認識したり，更新したりすることが必須となろう．われわれはようやくスポーツが文化に発酵するためのスタートラインに手をついたばかりで，熟成したにほひがただよい，それをかほりとして愛でるにはしばらくの猶予が必要なように思える．

3．子どものスポーツに中心と周辺は準備されているか

　三四郎に200m競走をして「どうして，ああ無分別に走れる気になれたものだろう」，砲丸投げをして「力の要る割に是程面白くないものも澤山ない」と嘆かせた．「各自勝手に開くべきもので」，「人に見せべきものではない」，「今迄見て

表1-11 アクティブ・スポーツ群が実施するスポーツ種目

(%)

順位	1992年		1994年		1996年		1998年		2000年	
1	体操（ラジオ体操など）	42.6	体操（ラジオ体操など）	41.7	ウォーキング・散歩	46.5	ウォーキング・散歩	56.5	ウォーキング・散歩	60.7
2	ジョギング・ランニング	31.3	ジョギング・ランニング	33.6	体操（軽い体操・ラジオ体操など）	38.7	体操（軽い体操・ラジオ体操など）	39.8	体操（軽い体操・ラジオ体操など）	33.9
3	水泳	30.6	水泳	21.4	ボウリング	25.3	ボウリング	22.7	ボウリング	17.6
4	ゴルフ	22.6	ゴルフ（練習場）	20	水泳	21.1	水泳	14.9	水泳	14.4
5	スキー	21.1	スキー	19.1	筋力トレーニング	16.2	筋力トレーニング	13.2	トレーニング（筋トレなど）	13.4
6	テニス（硬式・軟式）	17.7	ゴルフ（コース）	16.5	スキー	15.8	ゴルフ（コース）	12.9	ハイキング	13.1
7	ソフトボール	17.4	サイクリング	14.2	ジョギング・ランニング	15.6	スキー	12.4	ゴルフ（コース）	11.5
8	バレーボール	17.4	テニス（硬式・軟式）	11.9	ゴルフ（コース）	14.7	ゴルフ（練習場）	11.8	釣り	11.4
9	サイクリング	14.3	バドミントン	10.7	筋力・ウェイトトレーニング	13.7	釣り	11.8	ジョギング・ランニング	11.3
10	野球	12.1	ソフトボール	10.4	釣り	12.6	ジョギング・ランニング	11.5	ゴルフ（練習場）	10.9

(SSF笹川スポーツ財団, 2001)

ゐたんですが，詰まらないから已めて来た」運動会，要するにやる気にもみる気にも到底なれない運動会が，春秋，全国津々浦々に広まったさまをみて，それは英国・倫敦でのカルチャー・ショックより大きいですか，小さいですか，と漱石先生にたずねてみたい．同時に，そこに文化的なかほりがしますかとも．さきに食文化，米や穀物にはじまる酒，焼酎，豆腐，味噌，醤油，納豆の発酵文化を対照にスポーツの文化的なかほりをかぎとろうした．中心と周辺，自己と他者，自文化と異文化の関係性に照らすならば，ようやくスポーツ文化の端緒を開いたと考えた．この試論が的ハズレであるか否か，正鵠を射るか否か，これもまた漱石先生にたずねてみたい．

　こんな質問を繰り返すために「子どもたちはいま，どれくらい運動やスポーツを行なっているのか」を客観的に把握することは重要な要件となる．なぜならば，数世代にわたってスポーツを体験するなかでわれわれのなかで発酵するであろう「なにものか」のにほひやかほりを文化と記号化するに他ならないからである．

　最新の全国的調査である文部科学省「平成12年度体力・運動能力調査報告書」（1999年10月実施），「平成13年度体力・運動能力調査報告書」（2000年10月実施），笹川スポーツ財団「青少年のスポーツライフ・データ2002」（2001年10月実施）は子どものスポーツの現状を把握するために有効な資料を提供する．

　文部科学省「体力・運動能力調査報告書」はおもに国民の体力や運動能力の現状を明らかにすることを目的とするが，質問票には運動実施頻度を4段階で尋ねる．これを月単位に換算することで，10歳から19歳の月間運動実施頻度の平均値，標準偏差，変異係数を算出できる．笹川スポーツ財団「青少年のスポーツライフ・データ2002」（2002）からも同じように月間運動実施頻度を算出できる（図1-9）．

　図中下段は，1999年10月，2000年10月，2001年10月時点，つまり過去3年間における10歳から19歳のスポーツ実施の現状を示す．スポーツ実施の回答欄は，文部科学省調査票ではひとつ，笹川スポーツ財団では3つとなるので，後者の平均値は5割増し程度となる．左と中央にある2つの文部科学省調査の平均値はいずれも，小学校期で月に10日，中学校期で15日，高校期で10日，18・19歳で5日が算出され，中学校期を頂点に山型を描く．加齢に伴う変化状況は，10歳から12・13歳にかけて漸増し，その後に高校期，18歳，19歳にかけて漸減する．この傾向は右の笹川スポーツ財団調査でも確認される．

さらに変異係数に注目すると，3つの調査とも平均値の変動に対称となる谷型を描く．12・13歳を最小値にその後増加の一途をたどる．標準偏差を平均値で除する変異係数が大きくなるには，①平均値が一定であって標準偏差が大きくなる場合，②平均値が小さくなり標準偏差が一定である場合の2通りとなるが，いずれの調査でも平均値が減少しているので後者のケースとなる．この変異係数の変動は，10歳から19歳にかけて，次第にスポーツを行なわなくなる者が増加すると同時に，継続的に参加する者の実施頻度が増加することを意味する．つまり，子どものスポーツ活動のこの3年間，一方で中学校の運動部活動をピークに高校，短大，大学進学，就職後にスポーツから脱退・離脱する者が増加し，他方で継続者がより頻度の高い活動を行なう，歪んだ二極化現象がつくりだされていることと推論できる．

このスポーツ実施の二極化は青少年の体力の低下をもたらすと説明される（Yomiuri Weekly, 2002）が，二極化ならば平均値は横ばいとなって低下は生じない．二極化が拡大した場合には標準偏差が大きくなり，その結果変異係数が大きくなるが，平均値は一定となるはずである．図1−9下段に明らかにされる平均値の減少と変異係数の上昇は，スポーツ実施が二極化すると同時に実施頻度が減少する二極劣化現象を生みだし，その結果，体力が低下すると推察するのが妥当となる．

では，この二極化現象や二極劣化現象は事実なのであろうか．横列に示した結果は横断的資料であって縦断的資料ではない．横断的資料にもかかわらずそれを縦断的に解釈する方法こそが，繰り返される通用性と汎用性にもとづく体育・スポーツ政策の凡庸さを再生産してきたのではないだろうか．

この疑義を振り払うために縦断的な分析が必須となる．同じく文部省「体力・運動能力調査報告書」を取り上げ，図1−9縦列上段に平成3年度報告書（1990年10月実施）から平成12年度報告書まで，中段に平成4年度報告書（1991年10月実施）から平成13年度報告書まで，それぞれ10年間を振り返った縦断的なデータを作成した．すなわち，前者は1980年生まれ，後者は1981年生まれの集団におけるスポーツ実施頻度を10歳から19歳まで追跡することになる．

さきに下段横列3図（図1−9）をたどり歪んだ二極劣化現象を推論したが，縦列上段と中段にある縦断的分析によって，その現象がまぎれもない事実であることがわかる．年齢が進むにつれて拡大する平均値と変異係数の漸進的な相反関係は，スポーツからの離脱と過剰な入れ込みという歪んだ二極劣化現象を確信さ

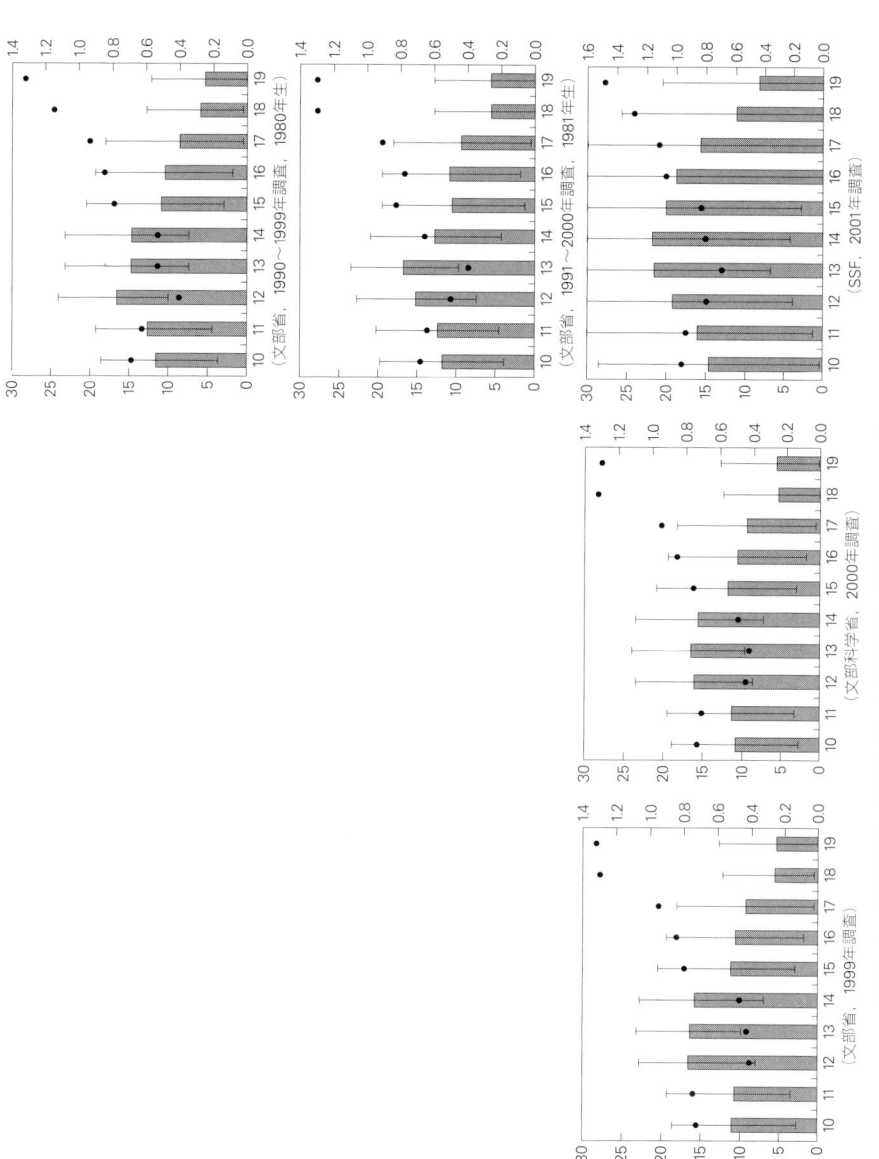

3章 異文化理解ににほふスポーツ文化のかほり　39

図1-9 全国調査にみるスポーツ実施動向（横断的データと縦断的データ）

せる．同時にこの10数年間，進行する二極劣化現象を食い止める手だてをなんら打たなかったことも示唆する．

最新の子どものスポーツに関する全国調査（笹川スポーツ財団，2002）は，実施頻度，時間，強度，スポーツ種目数を手がかりに，スポーツ実施の二極化現象を明らかにする．一方で実施頻度の上昇とともに実施スポーツ種目が減少する過剰な入れ込み傾向を，他方で不活発な実施レベルにおけるスポーツ種目の多様性を，それぞれ明らかにする．

この現状を中心と周辺に照らすならば，入れ込み傾向は中心への専心が周辺を認識しづらくさせるばかりか排斥することにもなりかねず，結果として自己の孤立を進行させ，いわんやそのスポーツに文化的なにほひがたつ可能性も除去しかねない．また，中心のない多様性もまた自己の確立を遠ざけ，相互理解に発展する足がかりをつくることもなくなる．

では，いかにして，子どものスポーツに中心と周辺を準備すればよいのであろうか．そのポイントは4半世紀の結節点となる「楽しい体育論」，「選択性授業」，「生涯スポーツ論」の位置づけにあると睨んでいる．美味しいを繰り返す食事には，多分，あまい，からい，にがい，すっぱい，しぶいが十全に備えられてはいない．偏った味を繰り返すことでたどり着くのは肥満体であろうか．そこには五臓六腑にしみわたるような味覚をかなえられそうにない．「楽しい体育」もまた同じ経過をたどる．楽しいだけを繰り返す狭量な世界から選択されたスポーツのなかに，予期せぬ出来事はもちろん，身体髪膚，五感を刺激する艱難辛苦や優勝劣敗，そこから湧き上がる喜怒哀楽は期待されない．

必死に歯を食いしばり，苦痛に顔をゆがめ，ゴール後には立つこともできないマスターズスイミングやベテランズ陸上の喜怒哀楽を思い描くとき，健康，体力，爽快，交流を喧伝し，生涯スポーツの先頭をひた走るウォーキング・ブームはいいとこ取りの美味しい食事に似て，どこか実体のないハリボテの感じがする．原点に立ち戻るならば，つらい体育，くるしい体育，にがい体育，いやな体育が多様な選択肢を拓く可能性を再考すべきと思われる．

4. スポーツは文化たりえているか：他動詞と自動詞

平成15年度高等学校学習指導要領「保健体育」に運動やスポーツを文化とし

てとらえることが明文化されたことは画期的なことである．「文化は優劣を示す物差しで測られた，より優位にあるものに対し与えられた名称」というニュアンスから紐解き，「刑罰威力を用いないで民を教え導く文治教化」といった中国の理想実現を紹介し，ラテン語cultra「植物を栽培する」から植物を人に移して「養育する」,「教える，啓蒙する」の意味を獲得して「文化」に至ると解説する．さらに，文明との区別によって文化を定義つける試みを紹介する．そこでは，文明は自然を支配するための手だてであるのに対して，文化は宗教や芸術や思想など，そのもの自体が価値を孕むと解説する（寒川，2001）．

理想現実の視点からみる「文化」は優劣を前提とする．優位な者が劣位な者を文化化することとは制度化するオリエンタリズムの仕組みに一致する．それは優越する西洋と劣弱な東洋のあいだに根深い区別を設ける博覧会やオリンピックに具現する（吉見，1992）．スポーツに文化概念を適応するとき，この文明化の仕組みをあてはめるかぎり優劣の構造からは逃れられない．さらに文明化との比較で文化そのもの自体が価値を孕む状態として特徴づけられるが，それでもなお宗教や芸術に依拠するならば，スポーツが宗教や芸術の枠にとらわれつづける．

本論では「発酵」を繰り返した．文化化や文明化は対象となる目的格を必要とする他動詞であるが，発酵，熟成，醸造などは自動詞となる．スポーツ文化を対象化すること自体が他動詞を用いざるを得ない構造を出来する．繰り返される「スポーツは文化か」,「スポーツ文化とは」,「文化としてのスポーツ」に対して，「生活にスポーツが浸透している」ことが政策的再生産のための言説ではないか，自動詞で表現できない「なにものか」を文化と呼び得るのかという疑問をもつ．具体的なかたちのないままに通用性と汎用性を繰り返すことでスポーツ文化が既得権を獲得することに胡散臭さを感じる．

オックスフォード英語辞典にsportを求めると「突然変異を起こす」という自動詞にあたる．スポーツの語源は芽胞，種子を意味するsporeにあるという見解に与している．種子が蕾みに，蕾みが花へと変身する姿は自然界の畸形であり突然変異である．そこに生まれる予測できない過剰なエネルギーの爆発こそスポーツの本質と感じている．「気晴らし」もまた語源とされるが，この解釈にはそれが与えられる構造，優劣の関係をうかがい知る．ともに苦役からの解放を求めるが，前者には自発性が，後者には受動性が在る．自らの意思で生活にスポーツを取り入れ，そこから発酵し，熟成し，漂い出した「なにものか」をにほひやかほ

りと言い替え，いつかは「スポーツ文化」といえばよい．その作法は，宗教や芸術を技術から区別する，文明の相対化による文化理解を超える，文化人類学が採用する「約束ごととしてのスポーツ」に違いない（寒川，2001）．

　日本人の鋭敏な感性について，軒先や庭先に虫かごを吊るし虫の音色に耳を傾ける，そんな人々は世界にまたといないというエピソードが思い起こされる．自然の織り成す季節ごとのいろどりに組み込まれた感性，そこからつくりあげられる「なにものか」を「日本文化」と呼ぶに違いない．くさやの干物やふなずしと聞いて鼻を曲げ，梅干と聞いてつばを飲み込むように，スポーツを耳にするとき，小おどりしたり，手拍子したり，口ずさんだり，そんな生理的応答が生まれなければ「スポーツ文化」とはなまなかいえまい．

［海老原　修］

参考文献

文部省（1991）：平成3年度体力・運動能力調査報告書．
文部省（1992）：平成4年度体力・運動能力調査報告書．
文部省（1993）：平成5年度体力・運動能力調査報告書．
文部省（1994）：平成6年度体力・運動能力調査報告書．
文部省（1995）：平成7年度体力・運動能力調査報告書．
文部省（1996）：平成8年度体力・運動能力調査報告書．
文部省（1997）：平成9年度体力・運動能力調査報告書．
文部省（1998）：平成10年度体力・運動能力調査報告書．
文部省（1999）：平成11年度体力・運動能力調査報告書．
文部省（2000）：平成12年度体力・運動能力調査報告書．
文部科学省（2001）：平成13年度体力・運動能力調査報告書．
SSF笹川スポーツ財団（1993）：スポーツライフ・データ1993．
SSF笹川スポーツ財団（1994）：スポーツライフ・データ1994．
SSF笹川スポーツ財団（1996）：スポーツライフ・データ1996．
SSF笹川スポーツ財団（1998）：スポーツライフ・データ1998．
SSF笹川スポーツ財団（2000）：スポーツライフ・データ2000．
SSF笹川スポーツ財団（2002）：青少年のスポーツライフ・データ2002〜10代のスポーツライフに関する調査報告．
寒川恒夫（2001）：「スポーツ文化」とは．体育科教育，49（5）：40-43．
山折哲雄（2001）：美空ひばりと日本人．現代書館．
Yomiuri Weekly（2002）：「背筋力ゼロの子」：84-85．
吉見俊哉（1992）：博覧会の政治学〜まなざしの近代〜．中公新書．

4章
体育・スポーツ社会学分野における生涯スポーツ研究の動向

はじめに

　日本で戦後まもなく1950年第1回日本体育学会大会が開催されて，50年あまりを経ている．過去半世紀において日本の体育・スポーツに関する諸科学の構築に貢献してきた日本体育学会は，会員数約7,000名近くを数え，13の研究専門領域ごとに独自の専門分科会を有し，外には体育学会の会員も参画する関連学会も数多く設立されている．日本体育学会のなかに社会学分野の専門分科会が設置されたのは，1962年に当初有志58名で発足したとのことである．現在の分科会会員数は400名を超えている．また，外には1991年に社会学者も参画した日本スポーツ社会学会が設立され，国際組織との連携もとられるようになってきた．そして，1998年6月日本生涯スポーツ学会が設立され，会員数120名で2002年には第4回学会大会が開催される．

　日本において，生涯スポーツという言葉が出てきた時期は，1970年代以降のことである．当時は，生涯教育の範疇で体育や身体活動の重要性が唱えられ，その後は，現文部科学省の組織改変に伴って「生涯スポーツ」の言葉が今日頻繁に使われるようになってきている．体育・スポーツ分野でも，いわゆる「社会体育」分野の研究が多くの研究対象となっている分野は，おもに，体育・スポーツの社会学や経営学の分野で，その政策，プログラム，施設，指導者，クラブ等について研究されている．一方，今日の地域における健康づくり運動などに関した国民の関心や地域振興政策の出現によって，運動生理学，スポーツ医学，健康科学の分野の研究者によっても，社会学者との連携の上に多く学際的研究が実施されている．

　本稿では，日本体育学会における体育・スポーツ社会学分野での生涯スポーツ

研究の動向と今後の課題について言及する．これまでの一般的な研究動向については日本体育学会の創設から20年を一区切りとし，1969年には，影山（1969）が，1950年から1970年までの過去20年間の研究について発表している．多々納（1979）は，さらに，影山論文の後10年の研究成果を加えて，過去30年間の研究成果と課題について述べている．時は前後するが，菅原（1972）が日本における体育の「社会学的研究の源流をたずねて」と題した小論文で，体育学会での過去20年間の研究成果と課題について発表している．また，佐伯（1972）は，1960年代後半以降日本の多くの体育・スポーツ社会学研究者の関心が，学校以外での社会での体育・スポーツに注がれるなか，そこでの研究課題と方法論について研究している．とりわけ，影山と菅原は，過去20年間の体育社会学専門分科会活動の研究内容を量的質的な検討を行ない，そこでの課題についてふれている．多々納の論文では，影山論文を参考にしつつも，独自の現状分析を行なっている．いずれの場合も，日本における体育・スポーツに関する社会学的研究の量的増加傾向を評価する一方で，そこでの研究方法や理論的枠組みの構築さの未成熟さを指摘している．最近では，川西（1999）によって，日本体育学会での過去50年間の研究論文や発表論文のデータベース化を図り，そこでの内容分析を行なった研究がある．

　本稿では先の著者ら（川西，1999）の研究結果をもとに，1950年から1998年までの日本体育学会や体育学研究で発表された研究論文を対象として，生涯スポーツ研究の動向と，今後の課題についてふれてみたい．

1. 日本体育学会での発表数の推移

　日本体育学会大会での社会学的研究発表については，図1−10に示すように1950年の第1回の学会大会では，発表数は数件であったが，1955年から徐々に増加し，1962年の分科会創設時は39件，1968年には66件の研究発表がなされている．その後は，40件から60件の間で現在まで，毎年発表されている．学会内に体育・スポーツ社会学の分科会の設置が契機となり，50年間で合計1,746件で1回当たり平均約36件の発表がなされてきている．これらの合計発表数は，日本体育学会が創設されて以来のすべての発表総数26,081に対して6.7％となっている．

図1−10　体育社会学専門分科会関連発表

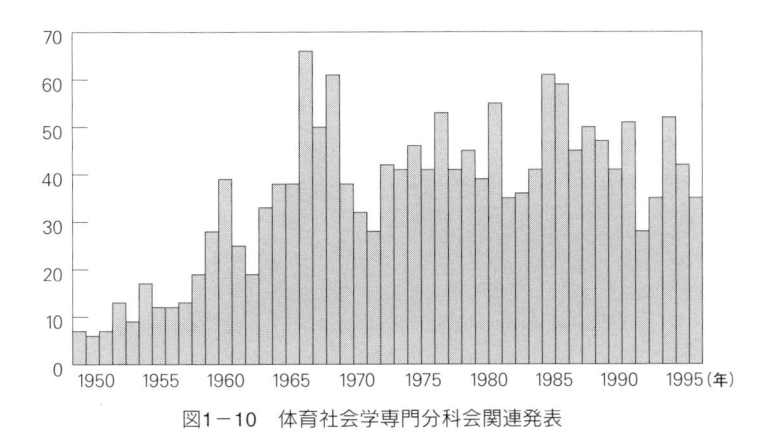

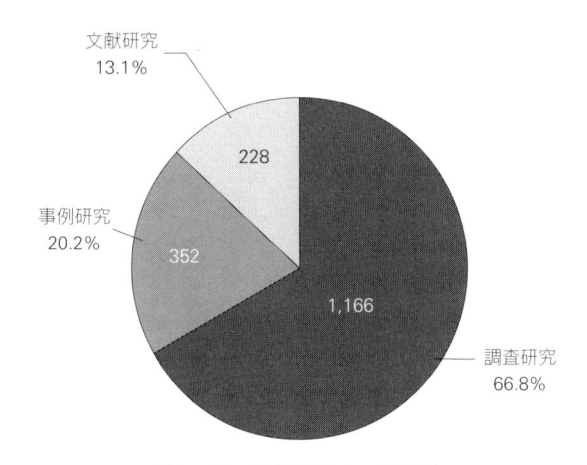

図1−11　研究手法（n=1,746）

　研究発表の研究方法論については，全体では66.8％が社会調査法を用いた量的な統計的分析を行なっている．次いで，20％がケーススタディや参与観察などから質的な現象分析を実施している．社会学的な理論や文献資料研究を行なっている研究は，13.1％であった（**図1−11**）．

2．発表キーワード内容

　1,746件の全発表論文について，その内容を代表する研究キーワードについてみると，まず，全体の上位20位以内では，スポーツが121件と1位を占め，次

表1-12 キーワードベスト20

キーワード	Total
スポーツ	121
体育	109
スポーツ行動	99
レクリエーション	98
社会体育	98
地域	98
運動部	80
児童	74
スポーツ参与	6
生活様式	57
スポーツ集団	56
大学	55
学校開放	54
社会化	50
スポーツクラブ	50
農村	50
参加	49
女性スポーツ	43
地域スポーツ	40
遊戯集団	40

いで2位体育，3位スポーツ行動，4位レクリエーション，社会体育，地域となっている（**表1-12**）．これら10位までのどれかのキーワードに該当する研究は全体の約半数にあたる．それぞれのキーワードの内容についておもな研究傾向を発表論文内容からまとめると次のようになる．ここでは，各発表論文のキーワードが内容的に若干の重複はさけることはできないことを断っておきたい．

　まず，「スポーツ」のキーワード群では，おもにスポーツの普及振興，人口，指導者，スポーツ観などの実態調査的な研究が占められている．「体育」という用語では，学校の体育活動，授業，集団，教師，施設，プログラム，用具等に関した実態調査が中心である．3番目の「スポーツ行動」では，スポーツ行動の実施継続要因の解明，行動モデルの検証，ドロップアウト現象，社会化要因との関連など，記述的研究と行動モデルの検証の説明的研究に二分されている．第4位レクリエーションでは，農村や都市コミュニティ，職場，家庭でのレクリエーション活動，歴史的変遷，生活実態が主である．また「社会体育」は，学校体育を除く社会一般でのスポーツ活動，指導者，養成カリキュラム，行政，組織など

の実態調査研究が主である．次いで「地域」では，コミュニティ・スポーツの活動プログラム，計画，政策，クラブ，イベントなどの実態記述的研究と，コミュニティ・スポーツクラブの社会的機能役割モデルを検証した説明的研究がある．「運動部」では，中学校，高等学校，大学での学内運動部集団の集団，部員，指導などの実態と，集団内のリーダーシップ，パーソナリティ，行動特性，モラールなどの社会心理学的研究がなされてきている．「児童」では，子どもの遊びやスポーツ活動への参加動機，社会的適応，教育的効果などの実態調査が主である．第9番目の「スポーツ参与」では，スポーツ行動の社会化，トランスファー，ドロップアウト，継続意欲などをテーマとした行動理論の検証を行なった研究や，スポーツ参与に関する参加動機，態度，満足度，規定要因など社会心理学的研究もみられる．第10番目の「生活様式」については，おもに，青少年の生活時間の実態や構造の実態調査研究がみられる．その他，第11番目の「スポーツ集団」研究では，少年スポーツ集団を中心とした研究や，「大学」の体育プログラム，「学校開放」では学校体育施設の地域への開放状況などの実態調査が大半を占めている．第14番目の「社会化」では，一流スポーツ選手，青少年，中高年者に対する，スポーツへの社会化要因の解明と検証を中心とした記述的研究が中心である．その他，地域のスポーツクラブの社会的機能を主テーマにしたものや，女性スポーツの実態，遊技集団研究などが上位20位以内に位置している．

　これら，キーワードによる上位20位以内に該当する研究をみる限り，学校，地域，職場，家庭などでの体育・スポーツ活動の実態や青少年，中高年，女性などのスポーツ集団を対象とした活動プログラムや環境条件の実態調査が多くを占めている．また，一方で個人のスポーツ行動，スポーツ参与，社会化研究などでは，社会学的な理論的枠組みをもとに，そのモデルの検証や構築を目指した，いわゆる説明的な研究領域に位置づけられるものもある．研究は，横断面的な集団研究から縦断的な個人研究への関心への変化がみられる．

3. 地域社会研究から生涯スポーツ研究へ

　研究対象キーワードが明らかな1,703件をクラスター分析法を使って分類した結果，合計5つの代表的なクラスターに分割することができた．各クラスターへのケースの配分率は最も大きなクラスター4は全体の22％を占め，次いでクラ

表1-13 研究クラスターと上位キーワード

Cluster 1		Cluster 2		Cluster 3		Cluster 4		Cluster 5	
	n　%		n　%		n　%		n　%		n　%
社会体育	24　6.6	体育	26　8.2	地域	20　7.2	大学	18　4.7	運動部	23　6.3
学校開放	22　6.1	レクリエーション	22　6.9	大学	14　5.0	農村	18　4.7	児童	21　5.8
オリンピック	21　5.8	スポーツ	18　5.6	体育	9　3.2	地域	17　4.5	高齢者	18　4.9
運動部	19　5.2	スポーツ行動	10　3.1	スポーツ	8　2.9	体育	15　4.0	社会体育	17　4.7
児童	11　3	遊戯集団	10　3.1	スポーツ参与	7　2.5	児童	11　2.9	スポーツ行動	14　3.8
エリート選手	9　2.5	スポーツ観	9　2.8	スポーツ・グループ	6　2.2	職場	11　2.9	社会化	12　3.3
高校	9　2.5	スポーツ参与	9　2.8	地域スポーツ	6　2.2	スポーツ	11　2.9	女性スポーツ	11　3.0
高齢者	9　2.5	スポーツ・グループ	8　2.5	中高年者	6　2.2	都市	11　2.9	コミュニティ	10　2.7
社会化	8　2.2	スポーツクラブ	8　2.5	農村	6　2.2	スポーツ・グループ	9　2.4	スポーツ	9　2.5
指導意欲	7　1.9	地域スポーツ	8　2.5	ボランティア	6　2.2	スポーツ行動	9　2.4	体育	9　2.5
				レジャー	6　2.2	レクリエーション	9　2.4		

表1-14 年代別研究クラスター

	Cluster 1	Cluster 2	Cluster 3	Cluster 4	Cluster 5
n=1,703	n=362	n=319	n=279	n=379	n=364
1950s	8	19	12	48	17
%	7.7	18.3	11.5	46.2	16.3
1960s	65	80	60	100	46
%	18.5	22.8	17.1	28.5	13.1
1970s	105	97	55	88	57
%	26.1	24.1	13.7	21.9	14.2
1980s	110	64	81	72	138
%	23.7	13.8	17.4	15.5	29.7
1990s	74	59	71	71	106
%	19.4	15.5	18.6	18.6	27.8

スター1とクラスター5が21％と続いている．クラスター2と3については，19％と16％となっており，5つのクラスターについては，ほぼ20％ずつに分かれている（**表1-13**）．

各クラスターの内容を特定するため，研究キーワード上位10をみるとクラスター1は社会体育と学校体育施設開放に関係した研究とオリンピック選手や学校の運動部の研究など，わが国のオリンピック東京大会以後の社会体育振興とオリンピックへの関心が強い研究群として推測される．クラスター2は体育，レクリエーション，スポーツ等をキーワードとした地域集団や遊戯集団の行動を対象とした研究クラスターである．クラスター3は，地域社会や大学体育での個人と集

団のスポーツのかかわりについての特徴がみられる．クラスター4は，大学，農村地域，職場など幅広い領域でのスポーツ行動に特徴づけられる．クラスター5は，学校や地域での青少年，女性，高齢者までの幅広い研究対象についての行動論や社会化研究が中心である．それら，クラスターと年代をクロスさせた結果から，1950年代と1960年代にクラスター4が46％と29％と多く，また，割合は少なくなるが，よく似た傾向でクラスター2が，1970年代に至るまで同様の傾向を示している．1970年代ではクラスター1が，1980年代に入ってからは，クラスター5が30％と最も高く，次いでクラスター1が23％である．1990年代では，クラスター5が28％を占めている（**表1-14**）．

　これら，各クラスターのおもなキーワードと年代別の出現率から，クラスターを次のように命名することができよう．すなわち，クラスター1は「スポーツ振興」，クラスター2は「スポーツ集団」，クラスター3は「個人スポーツ行動」，クラスター4「地域社会」，クラスター5は「生涯スポーツ」とみることができる．これらの特徴は，各年代での出現率によって特徴づけられている．たとえば1950年代は，「地域社会」研究として日本の地域社会の復興と体育・スポーツやレクリエーションのかかわりについて高い関心が注がれた時代であり，クラスター4の出現率が最も高い時代である．また，その流れは，クラスター2の「スポーツ集団」研究とともに1960年にも受け継がれて行くなかで徐々に，他の研究も幅広く展開されていくことになる．1970年代は，日本は社会体育からエリートスポーツまで，広く社会のあらゆるところでクラスター1の「スポーツ振興」に主眼が置かれた時代である．1980年代は，さまざまな社会的問題に対して，クラスター5の「生涯スポーツ」の関連して「個人レベルのスポーツ」志向，「スポーツ振興」など日本の余暇と健康志向のもと体育やスポーツ，健康産業が脚光をあびた時代でもある．その時代の流れを基本的には踏襲しつつも，1990年代は日本の21世紀を想定した高齢者スポーツ，女性スポーツ，青少年スポーツ等，クラスター5の「生涯スポーツ」志向が主流になり，その研究対象も多様性をおび，かつ1980年代は量的研究が中心であったのが1990年代は質的研究に変化してきた．

50   1部　生涯スポーツの社会学的研究

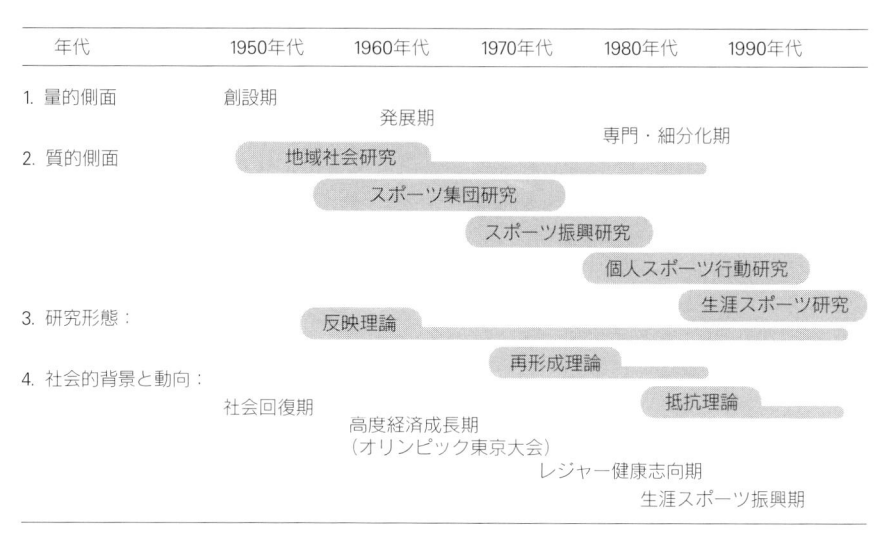

年代	1950年代	1960年代	1970年代	1980年代	1990年代
1. 量的側面	創設期				
		発展期			
2. 質的側面				専門・細分化期	
	地域社会研究				
		スポーツ集団研究			
			スポーツ振興研究		
				個人スポーツ行動研究	
					生涯スポーツ研究
3. 研究形態:		反映理論			
			再形成理論		
4. 社会的背景と動向:				抵抗理論	
	社会回復期				
		高度経済成長期 (オリンピック東京大会)			
				レジャー健康志向期	
					生涯スポーツ振興期

図1−12　各年代別の研究クラスターと研究動向

4. 研究ステージの特性と課題

　これまでの50年間にわたる日本体育学会での体育・スポーツ社会学の研究成果について，学会発表論文の内容分析の概要についてみてきた．その研究結果について全体をまとめたのが**図1−12**である．各年代の傾向について，①量的側面，②質的側面，③研究形態，④日本の体育・スポーツを取り囲む社会的背景の4項目について，研究結果ともに，その特徴を要約してある．まず，量的側面については，1950年代から1960年代にかけては創設期とし，徐々に研究が蓄積されていく時代である．その後1970年から以降は，研究の量的増大がなされた発展期と位置づけられる．そして，1980年代以降多領域にミクロな研究が量的増大とともになされてきている時代として要約することができよう．

　質的側面において，まず1950年代での地域社会研究では，戦後の農村コミュニティや小都市における地域の体育・スポーツやレクリエーションの実態の記述的研究に興味が注がれ，1960年代では，その量的増大とともに，学校体育や運動部などのスポーツ集団研究がすすめられてきている．1970年代に入ってからは，社会体育やスポーツの普及振興をテーマとした，エリートスポーツ選手の研

究から地域でのクラブ，組織，指導者，スポーツ教室などの実態記述や社会的機能に関心が注がれている．1980年代に入ってからは，スポーツの地域への役割機能や，スポーツ行動論，スポーツ参与，社会化研究などの記述的研究や説明的研究に特徴づけられる．また，そこでは研究対象も子どもから高齢者まで幅広く個人レベルのスポーツ行動に研究視点が徐々に変化してきた時代でもある．1990年代に入ってからは，スポーツ行動，参与，スポーツイベント，さらに，生涯スポーツや中高年スポーツ，女性スポーツ等，その検証も社会心理学や経営学的な研究枠組みを応用し，ミクロな現象を対象とした特定領域研究が多く出現してきた時代として説明できよう．

　こうした研究の動向について，国際的な体育・スポーツ社会学研究の動向を池田（1999）は，Loy（1996）の提示したスポーツ社会学研究動向の3つのパラダイムを用いてわかりやすく説明している．それを要約すると第1パラダイムは「反映理論（reflection thesis）」として，社会学的研究の創設期（1966年から1975年）にみられたスポーツ行動変数と社会集団とのカテゴリー分析を主とする記述的研究の流れを指している．第2のパラダイムは，1976年から1985年にかけての社会形成へのスポーツの役割機能や，個人に対するスポーツ機会の平等性の検討を主とした「再形成理論（reproduction thesis）」である．そして，第3のパラダイムは，スポーツによる社会的条件や社会関係改善への可能性を模索し，スポーツ場面での不利，圧迫，従属，服従に対する「抵抗理論（resistance thesis）」を中心とした研究に特徴づけられている．確かに，時期的なずれがあるものの，日本の体育・スポーツ社会学研究の研究形態もほぼ同様の傾向を呈している．創設期から発展期，そして今なお続くスポーツ行動の記述的研究の多くは，反映理論の継承とも受け取れる．また，コミュニティの再形成や個人レベルのスポーツ行動への研究視点の変化も再形成理論との関係は否定できない．そして，健常者と障害者，子どもと高齢者，女性スポーツ等，あらゆる人々に対してのスポーツのあり方をテーマとした今日の研究ステージは，抵抗理論にカテゴリー化されよう．

　先行研究からは，社会体育や生涯スポーツに集約される研究に対して共通してその量的増大と経験的な問題への積極的な取り組みは一応に評価されている．しかしながら，影山は，研究方法の精密さを，菅原は，方法論の確立と理論化を，佐伯は，研究課題や問題意識の社会学的把握を強調している．さらに，多々納も

同様に方法論の貧弱さを主張しながら，これまでの体育・スポーツの経験的・理論的に記述説明する概念や仮説や命題の未成熟さを指摘している．しかしながら，日本の体育・スポーツ社会学の誕生から50年を経た今日，先人の研究成果や問題点の改善を繰り返しながら，徐々に，研究課題の社会学的問題意識や，仮説設定，理論的モデルの構築，方法論の確立などがなされてきている．これらの研究成果は，日本の生涯スポーツ研究の基礎づくりや課題解決に少なからず貢献してきたことは事実である．

5．新しい幕開けと生涯スポーツ研究への期待

　これまでの流れを受け，生涯スポーツ研究は，個人のライフサイクルに対して運動・スポーツの価値形成やライフスタイル形成，さらには，コミュニティへの社会的機能に対し，どうあるべきかが問われている．池田（1999a）が指摘したように，そうした，研究成果が建設的かつクリエイティブな形で社会にどれだけのインパクトを与えることができるのかが重要な課題であることは，いうまでもない．運動やスポーツ実践の社会経済的効果しかり政策研究まで，その研究成果が生かせるための精度の高い研究が要求されている．そのためには，日本というソーシャルな視点からグローバルな視点へ，また，実証レベルから実践レベルへの応用へ，さらには，体育・スポーツの本来の独自の研究分野を生かした学際的研究成果を求める研究者の姿勢が，今日的な生涯スポーツ研究に最も求められているのではないだろうか．

　今日，日本全国の生涯スポーツや健康づくりなどの実践現場のコーディネーターに体育・スポーツ社会学者が活躍しているが，一方で21世紀の幕開けとともに，私たち体育・スポーツ社会学研究者が先人の研究者の成果を基盤に何をすべきかを考える時でもある．

　　　　　　　　　　　　　　　　　　　　　　　　　　　　　　　［川西　正志］

　本稿は，日本生涯スポーツ学会第2回大会（2000）研究発表「日本における生涯スポーツ研究の動向と課題―体育・スポーツの社会学的研究側面から」の発表内容に加筆修正したものである．

参考文献

池田　勝（1999a）：現代社会とスポーツ．池田　勝・守能信次編著，講座スポーツの社会科学1　スポーツの社会学，杏林書院：p7.

池田　勝（1999b）：生涯スポーツの現在・未来—＜みんなのスポーツ＞から＜個のスポーツ＞の時代への変化—．日本生涯スポーツ学会第2回大会基調講演．

影山　健（1969）：体育社会学の20年．体育の科学，19：716-722.

Kawanishi M, Kitamura T, Maeda H and Nogawa H (1999) : Trend-Analysis of Sociological Studies in the Japanese Society of Physical Education from 1950 to 1998. ISSA Symposium '99 in Budapest, Hungary.

川西正志（1999）：インターネットを利用した体育・スポーツ社会学研究の情報サイト構築に関する研究．平成9年度科学研究費補助金　基盤研究（C）（2）研究成果報告書：14-19.

Loy JW (1996) : Sociology. In : Levinson D and Christensen K ed., Encyclopedia of World Sports, Ⅲ. ABC-CLIO Inc : pp957-959.

日本体育学会編（1950-1998）：第1回から第50回日本体育学会大会号及び大会記録.

日本体育学会編（1950-1998）：体育学研究.

佐伯聰夫（1972）：社会体育の社会学的研究課題と方法．体育社会学研究会編，体育社会学研究1　体育社会学の方法と課題，道和書院：pp69-87.

菅原　礼（1972）：社会学的研究の源流をたずねて．体育の科学，22：511-514.

多々納秀雄（1979）：体育・スポーツの方法論的課題．体育の科学，29：139-163.

2部 生涯スポーツの経済学研究

5章 体育活動の経済的価値
6章 健康づくりの経済学的研究
7章 スポーツ経済論のパースペクティブ
8章 生涯スポーツイベントの経済効果

5章
体育活動の経済的価値

1. 健康づくり運動の社会経済的意義

　ここ数年来，"トリム運動"，あるいは"みんなのスポーツ"，"フィットネス運動"といったヨーロッパや北米諸国で展開されている国民健康づくり運動を視察する機会を多くもっているが，各国共，高齢化社会を迎え，さらにまた，医療費の高騰という大きな社会問題に対処するために，官民一体となって国民の健康づくりに想像以上に積極的かつ真剣に取り組んでいることが強くうかがえる（池田，1977）．

　その背景として，合理化，省力化など生活環境の変化による運動不足，それに伴う心疾患，糖尿病，腰痛等のいわゆる生活習慣病の急激な増加に対処するためには，健康に対する国民の自覚を促し，日常生活の中で積極的にからだを動かしてもらうことしかないという切実な願いが感じとられるのである．そうでなければ，世界の共通的傾向といわれる医療費増大に歯止めをかけることがむずかしくなり，国民経済に深刻な影響を与えるという危機感を，各国共，1970年代に入って強く認めるようになってきた．

　こうした状況により，国民の身体の脆弱化によってもたらされる経済的損失と，さらにまた，運動やスポーツなど体育活動を振興することによる経済的メリットの両面から体育活動の重要性が改めて見直されるようになってきた．国民にとっても，「高福祉には高負担がつきもの」という認識，つまり，自分の健康だけでなく，家族あるいは隣人の健康についても関心をもたなければ，自分自身にもそのツケがまわってくることに気づきはじめてきたのである．

　たとえば，福祉国家スウェーデン政府の調査によれば，スポーツ等国民のなかで健康づくりに積極的に取り組んでいる者が25％，そうでない者が75％，その

うち病人のほとんどが後者からでていることがわかり，前者から「自分たちが負担している税金が，不摂生な人たちの病気の治療費に使われているのは不公平ではないか」という不満の声があがってきたといわれる．その結果，スウェーデン政府は「国民医療費の15％をスポーツによって削減しよう」と国民に呼びかけ，その一環として，食生活の改善と運動・スポーツの奨励の両面からの健康増進運動「KOM運動」（Kost och Motion）を，社会省を推進母体として1973年から展開し，多大の成果をあげたのである．

アメリカのカーター元大統領は，1980年2月初旬に，首都ワシントンで体育関係者約1,000名を集めてアメリカで最初の「みんなのフィットネス・スポーツ国民会議」を開催し，国民にアクティブな健康づくりを促すことは「もっとも見返りの期待できる投資である」として，「健康国家アメリカ」の実現のための具体的な施策を提唱したのである．

カーター元大統領が学校，地域，職場，さらには軍隊といった国内のあらゆる機関にフィットネス運動の重要性を呼びかけた背景には，ジョギング・ブームなどにより，心臓病による死亡率がここ数年来，毎年1％ずつ減少しているという望ましい傾向が見出されており，国民に対する運動・スポーツの奨励は国家の経済的健康につながることが期待できるようになったからである（池田，1981）．このように，国民の健康づくり運動が国家財政の健全化に寄与しうるということが，先進工業国の間でようやく理解されるようになってきたのである．

2. 体育活動の経済的メリットの分析

国民の健康や体育活動についての経済学的考察や経済的分析は，運動不足に起因する疾病の増大，医療費の交渉，国家財政の負担の拡大といった状況においては，今後ますます重視されるべき分野といえよう．また，そのような考え方やデータの分析が最近多くみられるようになったことは，注目すべき動向といえる．

体育活動の経済的価値に着目した先進的な考え方は，1950年代の後半から1960年当初にスタートした西ドイツの2つの大きな国民スポーツ振興計画，「ゴールデン・プラン」（体育スポーツ施設建設15カ年計画）と「第二の道」（一般市民に対するスポーツ活動の奨励）の構想のなかに見出される．すなわち，「運動不足が原因で起きる病気は，当然経済に大きな影響がある」として，「今日で

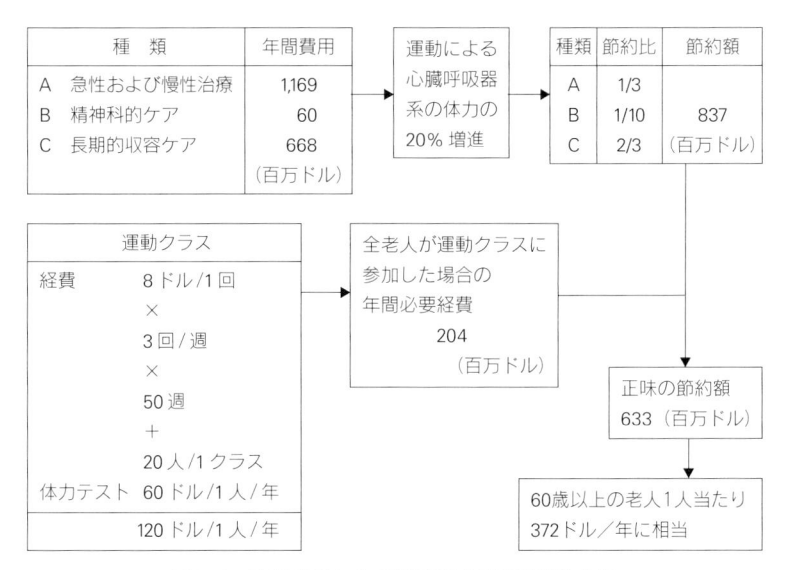

図2-1 高齢者のための運動教室の費用便益分析

種類		年間費用
A	急性および慢性治療	1,169
B	精神科的ケア	60
C	長期的収容ケア	668
		(百万ドル)

運動による心臓呼吸器系の体力の20%増進

種類	節約比	節約額
A	1/3	
B	1/10	837
C	2/3	(百万ドル)

運動クラス
経費　8ドル/1回
　　　×
　　　3回/週
　　　×
　　　50週
　　　+
　　　20人/1クラス
体力テスト　60ドル/1人/年
　　　　　　120ドル/1人/年

全老人が運動クラスに参加した場合の年間必要経費　204（百万ドル）

正味の節約額　633（百万ドル）

60歳以上の老人1人当たり372ドル/年に相当

(ロイ・J・シェファード（原田政美・山地啓司訳）(1979)：シェファード老年学　身体活動と加齢．医学書院：pp246—247より作成)

は確定的になっている身体の障害が，回復できないものであるというようなことが起こらなければ，国民経済がゆきづまり，負債を増大してしまうことにはならないだろう」（国民体力事業協会編，1969）とこの二大事業の国民経済に果たす役割についてすでに20年前に強調していたのである．

　この考え方は1970年代に入ってスタートした「トリム運動」（Trimm Akition）にも受け継がれている．官民一体となって，徹底したキャンペーン活動を展開したトリム運動は，5年間で規則的な運動実施者が1,000万人も増加するという素晴らしい成果をあげたが，トリム運動に費やしたPR費から換算すると，1人5マルク（約500円）だけでスポーツ参加を促したことになる．これによって，西ドイツの国民経済にどの程度寄与したかは明らかではないが，その経済的価値は計り知れないものがあると十分に推定できよう．

　体育活動の経済学的考察から一歩進めて，具体的なデータを用いた経済的分析の視点もみられるようになった．たとえば，シェファード（1979）は，カナダの60歳以上の老人たちの心臓呼吸器系の体力を運動により，20%高めた場合の経済的メリットを推計している．**図2—1**はその考え方をまとめたもので（シェ

ファード，1971），運動することにより健康が高まり，その結果老人ホームなどでの介護費用の削減が可能となる．しかし，運動プログラムを実施する場合は当然ある程度の経費を見積もることが必要である．施設の借用料，指導者の賃金，さらには体力測定にかかる経費などである．たとえば，週3回，年間50週で，体力測定をその間4回実施したとすると，1人当たり年間120ドルかかる．この分を先述の節約額から差し引くと，60歳以上の老人1人当たり372ドルとなる．この額，つまり，運動を実施することによってプラスになった額を老人年金に上積みしたほうが，高齢者にとっても幸せなことであるし，政策的にみても望ましいことであるとシェファードは提言している．

　わが国においても，地域社会のレベルで，運動の経済的効果を明らかにした事例もみられるようになった．データは少し古いが，長野県八千穂村では農民体操の実施など徹底した全村健康管理の結果，村民1人当たりの国民健康保険の総医療費の著しい軽減をもたらしたことを報告している（若月，1971）．

　茨城県筑波郡大穂町では，筑波大学国民体力特別研究プロジェクト・チームの調査対象に指定され，町ぐるみで細かいメディカル・チェックや体力測定を受け，日常生活での運動処方を与えられた結果，一世帯あたりの医療費負担が年々軽減し実施5年後（昭和53年）には，周辺四町村と比較して年間で約2万円の差がみられたとしている（日経メディカル，1979）．

　また，茨城県東筑波郡桂村では，高齢者のための体力つくりに輪投げを採用し，年間を通して実施した結果，桂村保健統計は次のような事実を明らかにした．すなわち，同村における70歳以上の高齢者の療養日数であるが，昭和50年度と51年度を比較すると，1人平均2日半も療養日数を減らしている．全体でみると，2日半に70歳以上の高齢者540人を乗じた1,350日を減じたことになり，これは年間で700万円の医療費を削減したことになると報告した（体力つくり，1978）．

　以上のような地域社会での医療費の軽減を，運動実施によるものと断定してしまうことには問題があるが，地域ぐるみで積極的な健康づくり対策に取り組むことによって，その経済的効果も十分期待できることを示唆しているといえよう．

3. 企業内健康づくり運動の経済的効果

　企業内の健康づくり運動に対する関心が，わが国だけでなく，欧米諸国におい

ても急速に高まってきているが，その背景には従業員の高齢化，定年制の延長といったこととともに，医療費の交渉，健保財政負担の拡大といった経済的理由があげられる．アメリカの例でみると，従業員の早死による産業界全体の代償金額は毎年250億ドルにものぼっており，労働日に換算すると1億3,200万日のロスがあるといわれている．また，アメリカ人の実に7,500万人がなんらかの腰痛症状を訴えており，その治療費だけでも年間10億ドルかかっている．さらに，全米心臓協会の試算によると，心臓病で倒れた社員に代わる人材の研修に毎年7億ドルかけているとのことである（PCPFS, 1979）．このようなデータからも明らかなように，企業ももはや従業員の健康や体力の問題は，個人のレベルの問題であると傍観しておれなくなったのである．特に高齢化社会を迎えて消極的な従業員の健康管理だけでは，企業の存在も危なくなるという認識が経営トップ層にも拡まるようになってきた．

　職場の健康づくり運動の経済的効果をみる場合，運動プログラム実施などによる医療費の伸び率の低下や健保負担の軽減，生産性の向上といった直接的なメリットと，欠勤率の低下，定着率の上昇，労働災害発生率の減少，仕事意欲（モラル）の向上など間接的な要因からそのメリットをみるという2つの視点が考えられる．これまでの内外の具体的な実例報告についてみると，そのほとんどが，後者の間接的な要因から経済的効果を明らかにしている．

　たとえば，アメリカ企業の健康づくり運動の火つけ役といわれる全米航空宇宙局（NASA）の「職員のためのフィットネス・プログラム」は連邦政府公衆衛生局で開発されたもので，35歳から55歳の職員259名を対象に，毎週3回（1回1時間）勤務時間内に実施した結果，開始前と終了後の1年間の変化を種々の観点から調べてみると，スタミナの増加，ストレスや緊張感，体重，喫煙量の減少といった生活習慣の改善とともに，仕事の能率やそれに対する意欲と，運動プログラムへの参加状況との有意な相関を見出している．すなわち，参加率の高い職員ほど，仕事の能率も高く，取り組み方もより積極的になったことを立証している（Durbeck et al, 1972）．

　また，カナダ政府厚生省は，トロント大学医学部および体育学部，トロントYMCAの協力を得て，2つの生命保険会社の社員を対象に，「従業員のフィットネス・プロジェクト」と称する大規模な実験研究を1977年9月から1年間かけて実施し，生理的，心理的効果のみならず，運動プログラム参加者と非参加者の

欠勤率，定着率，生産性などを比較し，その経済的効果を細かく分析している（Government of Canada, 1980）．

体育活動の生産性への寄与に関しては，ソ連の研究者たちによって早くから手がけられてきたテーマである．レニングラード大学体育研究所のプロポスドフ教授は，カナダでの国際スポーツ科学で，「身体活動が健康と経済効果におよぼす影響」と題して，これまでのソ連の研究成果をまとめて発表した（Pravosudov, 1976）．それによると，体力水準の低い労働者は，体力のある労働者と比べて，労働災害率が2倍ないし3倍高く，また，運動を規則的に実施している労働者の生産性は，そうでない者と比べて2％から5％高いなど興味ある結果を報告している．

アメリカの経済学者であるEverett（1979）は，最近，医療・保険事業の分野でよく用いられる費用便益分析（Cost benefit analysis：ある事業に投じた費用とその事業によってもたらされた利益とのバランスの分析．たとえば先述のカナダのシェファードの研究はその事例のひとつである．）の手法によって，勤務時間内の運動プログラムの経済的価値の分析を試みている．

Everett（1979）はまず，運動が呼吸循環器系疾患（CVD）の予防に果たす効果に着目し，それに関する種々の研究文献を丹念に調べた結果，100％効果ありとする結果から，予防効果どころか反ってマイナスであるとするデータもあることが判明した．したがって，かりに信頼区間を19％とすれば，CVD予防に対する運動プログラム効果はゼロ，すなわち効果なしから80％まで期待できるということになる．

次に，CVDによる死亡を予防することによる平均的な白人労働者の年齢別「生涯稼動額現価」（一生かかって得られる総所得から，自分の養育費にかかった費用と自らの生計費を差し引いたもので，これに毎年の所得に利子率をかけた分，つまり利息分を差し引いた金額がその「現価」となる）の増額分をいわゆるホフマン方式で推計した結果，その額は5,000ドルから15,000ドルの範囲であった．CVD予防に対する運動プログラム効果が0-80％であるから，この割合をかけると，運動効果による増額分は0ドルから12,000ドルの範囲であると推計される．

CVD予防の運動プログラム時間および回数については，これまでの研究結果から1週3回（1回30分），年間100回が最低要求される．かりに65歳を定年とすると，35歳の者は3,000回，50歳の者は1,500回の運動プログラムを受けるこ

表2-1 企業内運動プログラムの費用便益*

年齢層	1回当たりの便益（ドル）**		
	最低	中間	最高
25-34	−3.67	−1.71	0.25
35-44	−3.41	−0.55	2.31
45-54	−3.27	0.91	5.09
55-64	−3.25	1.19	5.63

* : Everett (1979)による
** : 1週3回（1回30分），年間100回のプログラムでの1回当たりの便益原価

とになる．次に，先に求めた生涯稼動額現価の増額分をこれらの回数で割ると，運動プログラム1回当たりの原価が得られる．エヴェレットの推計によると，中高年齢層では8ドル前後までの見返りが期待される．

そして最後に，運動プログラムのために割いた労働時間（30分）の賃金を平均3ドルと見積もり，その分を差し引けば表2−1に示した正味のプログラムの便益となる．95％の信頼区間でみると，中間値では中高年齢層で約1ドル前後の便益があるのに対して，若年層（25〜34歳）では1.71ドルのロスがみられる．便益を最高に見積もると，各年齢層ともロスはなく，中高年齢層では5ドル以上のメリットがあることがうかがわれる．

もちろん，この推計額は労働者に支払う時間給だけを考慮したもので，運動プログラムに必要なスペース，施設，用具，指導者にかかる経費は含まれていない．しかしながら先述したように，欠勤率の低下，定着率の増大，モラルの向上，受診率の減少といったこの費用便益分析には含まれていない運動プログラムの間接的なメリットを考慮に入れれば，その経済的効果は十分にあるものといえよう．

わが国におけるこの分野での具体的なデータは，2，3の企業内担当者の事例報告以外ほとんどみられない（国民健康・体力つくり財団編，1981）．従業員の健康づくりのために，就業時間の一部を職場体操やスポーツなどの体力つくりにあてる時間を設けたり，そのための施設や専任のスタッフのために投資することは，決してムダなことではなく，従業員の生涯福祉という観点からも，また企業経営にもプラスにはね返ってくることを裏づけるデータの集積は，経営トップ層などに対して大きな説得力となる．そうした裏づけがあって，はじめて「職場体育」あるいは「生産体育」が重視され，定着していくのである．

4. 体育経済学の提唱

　体育学はこれまで人間の身体発達・健康増進のための理念およびその具体的なノウ・ハウを求め，またその役割を担ってきた．これまで蓄積してきた体育学の知見は，社会的にもある程度の評価を受けている．国民の健康に対する関心が高まり，運動やスポーツに対する欲求がますます拡大していることを考えれば，体育学の果たす役割はこれまで以上に大きいものがある．

　しかしながら，体育学のこれまでの知見はどちらかといえば，個体あるいは個人の身体発達，体力向上，健康増進に関するものがほとんどで，社会全体の健康とか個体の身体的発達・向上が集団・社会にいかなるインパクトを与えるのかがあまり体系的に追求されてこなかった．「スポーツは，参加者および社会全体の健康を増進するものでなければならない」とするJ．ミッチェナー（1976）の価値体系を肯定するならば，社会全体の健康をなぜ増進しなければならないか問うてみる必要がある．

　急ピッチで進む人口の高齢化，国民医療費の際限のない増大，ストレスとカロリーだけが増えてからだを動かす刺激がますます少なくなっている生活状況などの問題を考えるとき，体育活動の経済的考察や経済的分析はきわめて重要である．すなわち，この小稿で内外の数少ないデータや報告で紹介してきたように，運動不足や身体の脆弱化による経済損失はいったいどれくらいなのか，学校や地域や職場の健康づくりプログラムがどの程度の経済的メリットをもたらすのか，あるいはまた，体育活動にどれだけの費用をかければ経済的負担の軽減につながるのかといったことの立証的かつ体系的なデータの蓄積が今後強く望まれよう．「人間の健康の保持増進に役立つケアサービスを経済分析する科学」（前田，1979）が「保健の経済学（Health Economics）」であるとすれば，これと同じような視野からの研究すなわち，体育活動を独立変数として経済効果を従属変数として分析する研究分野の開発を進めていく必要があるのではないか．それによって体育活動の重要性もあらためて認識され，また，合理的かつ計画的な体育施設の決定への基礎データを提示できよう．「体育経済学」を提唱した理由は，このような考えに基づいたからである．

[池田　勝]

　この論文は，江橋慎四郎先生勲二等旭日重光章受章記念「二十一世紀の体育・

スポーツ」1982年, pp41-49, 杏林書院に掲載されたものである.

参考文献

Durbeck DC, et al (1972) : The NASA-U. S. Public health service health evaluation and enhancement program, American Journal of Cardiology, 30 : 784-790.
Everett MD (1979) : Strategies for increasing employees' level of exercise and physical fitness. Journal of Occupational Medicine, 21 : 463-467.
Government of Canada, Fitness and Amateur Sport （1980） :Employee Fitness and Lifestyle Project. Tronto 1977-78.
ジェームズ・A・ミッチェナー（宮川毅訳）(1978)：スポーツの危機. サイマル出版会：p16.
池田　勝 (1977)：最近のヨーロッパにおける国民健康運動の動向. 指導者のためのスポーツジャーナル, 4：13-16.
池田　勝 (1981)：健康国家を目指すアメリカ——カーター大統領の遺産. 学校体育, 34：73-75.
国民健康・体力つくり財団編 (1981)：企業内の健康づくり. 企業通信社.
国民体力つくり事業協議会編 (1969)：21世紀に備える西ドイツ. 国民体力つくり運動協会：p34.
ロイ・J・シェファード（原田政美・山地啓司訳）(1979)：シェファード老年学　身体活動と加齢. 医学書院：pp246-247.
前田信雄 (1979)：保健の経済学. 東京大学出版会：p1.
日経メディカル (1979)：町ぐるみのスポーツ熱が医療費上昇にブレーキをかける. 1月号：43-45.
President's Council on Physical Fitness and Sport (1979) : Building a Healthier Company：p3.
Pravosudov V (1976) : The effect of physical exercise on health and economic efficiency. paper presented at the International Congress on Physical Activity Sciences. Quebec City Canada.
体力つくり (1978)：効果的な運動処方を考える—茨城県桂村の実践例. 6月号：14-17.
若月俊一 (1971)：村で病気とたたかう. 岩波書店：p177.

6章
健康づくりの経済学的研究

はじめに

　健康づくりの経済学的研究は，国民の身体の脆弱化によってもたらされる経済的損失と，さらにまた，運動やスポーツなどによってもたらされる経済的効果を分析し，合理的かつ計画的な健康づくりの施策の決定への基礎データを提示することを目的とした，ひとつの新しい研究分野である（池田，1982）．急ピッチで進む人口の高齢化，国民医療費の際限のない増大，運動不足など生活習慣に起因する疾病の増大を考えれば，健康づくりの経済学的考察や経済的分析は，今後ますます重視されるべき分野といえよう．このことは，「わが国の当面する最も重要な経済問題のひとつである」と指摘する経済企画庁調査担当官の言葉からもうかがえよう（妹尾，1983）．

　国民の健康づくりの経済的価値に着目した先駆的な視点は，1950年代後半から1960年当初にスタートした西ドイツの2つの画期的な国民スポーツ振興計画「ゴールデン・プラン」（体育スポーツ施設建設15カ年計画）と「第2の道」（Zweiter Weg）（一般市民に対するスポーツ活動の奨励）の構想のなかに見出される（池田，1977）．すなわち，「運動不足が原因で起きる病気は，当然経済に大きな影響がある」として，たとえば，これによって生命保険の支出が1％増加すると当時の額で約1,800万マルク（約16億2,000万）の増加となることをみても，いかに運動不足が国民経済に無視できない影響を及ぼすかについて，西ドイツの体育スポーツ関係者はすでに4分の1世紀前に洞察し，具体的なスポーツ振興計画に取り組んでいたのである．

　この考え方は，1970年代の初頭にスタートした「トリム運動（Trimm Aktion）」にも受け継がれている．"スポーツで健康をとり戻そう"をスローガ

ンに掲げ，官民一体となって徹底したキャンペーン活動を展開したトリム運動は，5年間で規則的な運動実施者が1,000万人も増加するという素晴らしい成果を上げたが，この期間トリム運動に費やしたPR費から換算すると，1人5マルク（約500円）だけでスポーツ参加を促したことになる（池田，1981）．これによって，西ドイツの国民経済にどの程度寄与したかは明らかではないが，その経済的価値は計り知れないものがあると推定できよう．

1980年代入って，国民に対する運動・スポーツの奨励が国家の経済的健康につながるという認識が各国においてますます高まってきている．たとえば，アメリカのカーター元大統領は，1980年初頭に国民にアクティブな健康づくりを促すことは「もっとも見返りの期待できる投資である（best possible investment）」（U.S. Depert. of Health and Human Service, 1980）として，1990年に向けての「健康国家アメリカ」の実現のための具体的な健康増進計画を提唱したのである．

1. 経済的メリットの分析

健康づくりのマクロな経済学的考察から一歩進めて，具体的なデータを用いて経済的分析も1970年代から行なわれるようにが，先駆的なものとして，カナダの2つの研究が注目される．ひとつはシェファードの研究（Shephard, 1979）で，カナダの60歳以上の高齢者の心肺機能を運動によって20％高めた場合の経済的メリットを推計している．すなわち，運動することにより心臓呼吸器系の疾患の予防に寄与し，健康水準も高まり，老人ホームなどでの介護費用および医療費全体の節減が可能となる．この節減総額は8億3,700万ドルと推計される．しかし，運動プログラムを実施する場合には，施設の借用料，指導者の賃金，体力測定費など，当然ある程度の経費を見積もる必要がある．たとえば，運動プログラムを週3回，年間50週と体力測定をその間4回実施するとして，その当時の金額にして1人当たり年間120ドルかかり，これにカナダの60歳以上の全老人が参加すると仮定した場合，年間2億400万ドルの経費が必要となる．この分を先の節約額から差し引くと，60歳以上の老人1人当たりの経費は372ドルとなる．この額，つまり，運動を実施することによってプラスになった額を老人年金に上積みした方が，高齢者にとっても，また社会全体にとっても望ましいとシェファード

は提言している．

「身体活動と医療費の関係」と題するクエーザー・システム社のプロジェクト研究報告（Quasar Systems Ltd, 1976）は，健康づくりの経済学的分析の方法論を示した点で，きわめて注目される．この研究はオンタリオ州トロントに住む20歳から69歳の年齢層を対象に（標本数357），自転車エルゴメータで求めた有酸素能力，さらに体脂肪，血圧，コレステロール値，喫煙量などを調べて数量化し，独立変数である体力変数を算出した．従属変数として，1年間の通院日数，病気による欠勤日数，健康保険費用から医療費を求めた．結果は，両者に有意な相関が認められなかったものの，体力水準の低い者と高い者の医療費額の差から推計して，オンタリオ州の20歳から69歳の成人が少なくとも平均以上の体力水準（オストランドの基準による）を維持すれば，年間3,100万ドルが節約されると推計している．また，35歳から64歳の中高年層が平均以上の体力を維持することができれば，この年齢層の心疾患に要する費用の1,300万ドルが節約できるとしている．先にあげた諸要因から医療費の推計式や心疾患への確立予測式などを含めて，この報告では示されている方法論およびその技法は，この分野での今後の研究に大いに参考になるものと思われる．

わが国においても，地域社会のレベルで，健康づくり運動の経済効果を明らかにした事例研究もみられるようになった．データは少し古いが，長野県八千穂村では農村医学の第一人者若月俊一博士の精力的な指導により，農村体操など徹底した全村健康管理の結果，村民一人当たりの国民健康保険総医療費の著しい軽減をもたらしたことを報告している（若月，1971）．

また，筑波大学国民体力特別研究所プロジェクト・チームは，筑波研究学園都市の大穂町地区を調査対象に指定し，1975年後半から住民全体に細かいメディカル・チェックや体力測定を与え，日常生活での具体的な運動プログラムを指導した結果，一世帯当たりの医療費負担が年々軽減し，実施5年後には，周辺4町村と比較して年間で一世帯当たり約2万円の差がみられるようになった．しかし，運動プログラムの指導が中止された翌年からは，大穂町の医療費は再び上昇しはじめ，周辺町村のそれに近づき，「元の木阿弥」になってしまったとしている（日経メディカル，1979；池上，1983）．このことは，地域社会における健康づくり運動の成果を短期間で求めることが，むずかしいことを示唆しているといえよう．さらに，"高齢者スポーツ"の代名詞ともいわれるゲートボールの実施人

口がきわめて高い地域では，老人医療費が横ばいもしくは減少につながっているという報告もみられる（南日本新聞社編，1985）．こうしたデータの集積は，高齢者スポーツの意義をあらためて確認させるものとなる．

2. 企業フィットネスの経済的効果

　企業内の健康づくり運動に対する関心が，わが国だけでなく，欧米諸国においても急速に高まってきているが，その背景には従業員の高齢化，定年制の延長といったこととともに，医療費の高騰による企業の健保財政負担の拡大といった経済的理由があげられる．「メガトレンド」の著者Naisbitt（1985）が，これからの企業のあり方を提示した「サクセス・トレンド」で"「ウエルネス」（健康）こそ企業の最大資本"とする章を設け，医療費を最小限に抑えるために企業フィットネス・プログラムの重要性を説いている．

　企業フィットネスの経済的効果をみる場合，運動プログラムの実施による医療費の伸び率の低下や健康負担の軽減，生産性の向上といった直接的なメリットと，欠勤率の低下，定着率の上昇，労働災害発生率の減少，仕事意欲（モラル）の向上など，間接的な要因からそのメリットをみるという2つの視点が考えられる．これまでの具体的な研究報告をみると，そのほとんどが後者の間接的な要因から企業フィットネスの経済効果を明らかにしている．

　たとえば，Shephard（1981）やLinder（1969）は運動実施による欠勤率を明らかにしているし，Song（1982）らは，転職率の減少を報告している．生産性や作業効率（Job Performance）の向上に関しては，Pravosudov（1977）のソ連におけるこの分野の研究成果の報告や，運動プログラムの出席状況と上司の勤務評定に基づいた従業員の仕事能力の関係を分析したBernacki and Baun（1984）やPauly（1982）らの研究があり，いずれも企業フィットネス・プログラムの効果を認めている．

　また，アメリカの経済学者Everett（1979）は，医療・保険事業でよく用いられる「費用便益分析（Cost benefit analysis）」の技法を用いて，企業フィットネスの経済的効果を詳しく分析している．

　Everett（1979）によれば，呼吸循環器系疾患（CVD）予防のための運動プログラムを勤務時間内に実施した場合，若年層に対してはそのメリットはあまりみ

られないが，45歳以上の高年層においては，運動のために割いた勤務時間の賃金を差し引いても，CVDによる死亡損失を免れることによる「生涯稼動額現価」の増額分を見込めば，プログラムの1回につき1ドルから5ドルくらいの便益があるとしている．ただこの推計学は従業員に支払う時間給だけを考慮したもので，運動プログラムに必要なスペース，施設，用具，指導者にかかる経費は含まれていない．しかしながら，Everettも述べているように，欠勤率の低下，定着率の増大，モラルの向上，受信率の減少といったこの費用便益分析には含まれていない運動プログラムの間接的なメリットを考慮に入れれば，その経済的効果は十分にあるといえよう．企業フィットネスの大規模な実験研究としては，カナダ政府の厚生省がトロント大学やYMCAなどの協力を得て，2つの生命保険会社の社員を対象に行った「従業員フィットネスとライフスタイル・プロジェクト」がある（Fitness and Amateur Sport, 1980）．この研究は1977年9月から1年間かけて実施し，運動プログラム参加者の生理的，心理的効果のみならず欠勤率，転職率，生産性の変化などに丹念に調べ，その経済効果を分析した．その結果，熱心な参加者の欠勤率は41.8％減少し，これを金額に換算すると年間17万5,000ドル節約したことになる．さらに，彼らの転職率が年間15％から1.5％に減少したことにより，51万ドルの費用が節約されたと報告している．

カナダ政府のこの企業フィットネス・プロジェクトの結果から，Zalatan（1983）は，カナダの製造業者大手100社，1993事業所に勤務する666,200人（平均時間給9.84ドル）に対して，フィットネス・プログラムを実施した場合の費用便益分析を行っている．それによると，各事業所に体育館（床面積30×50フィート，耐用年数15年）およびトレーニング機器に2億3,920万ドル，人件費年間3,990万ドル（1,993×2万ドル），さらに仮に全従業員の半数が参加した場合の損失時間経費（週2時間で46週）3億160万ドルを投じたとしても，先のフィットネス・プロジェクトの結果から換算すると，15年のうちにこの投資総額の12％の見返りが期待されると結論づけている．

O'Donnell（1984）は，総合的な企業フィットネス・プログラムのための費用便益の基本的な分析枠組みを設定し，従業員数1,000人（平均年間給与2万ドル，1人当たり健康保険料1,400ドル，1人当たり年間平均欠勤日数5.0日，転職率15％，年間労働日数250日を想定）規模の事業所をモデルに，ザラサンと同じような技法で投資効果を分析しているが，20年間プログラム運営で368,000ドル

の総原価があるとしている.

わが国における企業フィットネスの経済的効果の分析は,それほど多く行なわれていない.しかし,従業員の健康づくりのために,就業時間の一部を割いたり,そのための施設や専任のスタッフのために経費をかけることは,決してムダなことではなく,企業経営にもプラスにはね返ってくることを裏づけるデータの集積は,経営トップ層などに対して大きな説得力となる.そうした裏付けがあって,はじめて企業フィットネスが一段と重視,定着していくものと思われる.

3. 今後の課題

はじめにも述べたように,健康づくりの経済学的研究は,初期の現象,実態のマクロな考察から,具体的,実証的なデータ分析が行なわれるようになった.しかしながら,わが国においては体育,スポーツ活動に関する体系的な経済学的分析はほとんどなされていない.費用便益分析を用いて,喫煙や飲酒による経済損失を分析した前田(1979)らの成果を,あるいはカナダの一連の研究で用いられたモデルをひとつの手がかりとして,独自の分析枠組を構築し,研究手法の開発(たとえば,システム・ダイナミックス理論の導入)(横山,1985),データの集積を行なうべきであろう.また,健康づくりの効果というものは短期間で得られるものではなく,そのためには,Quasar Reportでも指摘しているように,ある特定のターゲット集団に対する縦断的研究も必要となってくる.健康づくりの経済学(Fitness Economics)はまだ揺籃期の段階ではあるが,大いに成長が期待される新しい研究分野といえよう.

［池田　勝］

この論文は,「体育の科学」第36巻第3号1986年　pp.172-176に掲載されたものである.

参考文献

Bernacki EJ, Baun WB (1984) : The Relationship of job performance to exercise adherence in a corporate fitness program. J Occup Med, 26 : 529-531.
Everett MD (1979) : strategies for increasing employee's level of exercise and physical fitness program. J Occup Med, 21 : 463-467.

Government of Canada, Fitness and Amateur Sport (1980) : Employee Fitness and Lifestyle Project. Tronto 1977-78.

池田　勝 (1977)：最近のヨーロッパにおける国民健康運動の動向. 指導者のためのスポーツジャーナル, 4：13-16.

池田　勝 (1981)：健康国家をめざすアメリカ—カーター大統領の遺産. 学校体育, 34：73-75.

池田　勝 (1982)：体育活動の経済的価値. 宮下充正・高石昌弘編, 21世紀の体育・スポーツ, 杏林書院：pp44-49.

池上晴夫 (1983)：運動処方. 朝倉書店：pp44-45.

国民体力つくり事業協議会編 (1969)：21世紀に備える西ドイツ. 国民体力つくり運動協会.

Linder V (1969) : Absence from work and physical fitness. British Journal of Industrial Medicine, 26 : 47-53.

前田信雄 (1979)：保健の経済学. 東京大学出版会.

南日本新聞社編 (1985)：老春の門—輝け, 高齢化社会. ミネルヴァ書房：pp69-71.

Naisbitt J（竹村健一訳）(1985)：サクセス・トレンド. 三笠書房：pp256-272.

日経メディカル (1979) 町ぐるみのスポーツ熱が医療費上昇にブレーキをかける：43-45.

O'Donnell MP (1984) : The corporate perspective. In : O'Donnell MP and Ainsworth T (eds), Health Promotion in the Workplace Wiley Medical : pp10-35.

Pauly JT, Palmer JA et al (1982) : The effect of 14-week employee fitness program on selected psychological and physiological parameters. J Occup Med, 24 : 457-463.

Pravosudov V (1977) : The effect of physical exercise on health and economic efficiency. In : Landry F and Orban WAR (ed). Physical Activity and Human Well-Being. Vol 1, 261-271.

Quasar Systems Ltd (1976)：The Relationships between physical fitness and the cost of health care (Report).

妹尾芳彦 (1983)：スポーツと健康—その経済学的分析. ESP.：p4.

Shephard RJ（原田政美・山路啓司訳）(1979)：シェファード老年学　身体活動と加齢. 医学書院：pp246-247.

Shephard RJ, Cox M (1981) : Influence on an employee fitness program upon fitness, productivity and absenteeism. Ergonomics, 24 : 795-806.

Song Tk, Shephard RJ, Cox M (1982) : Absenteeism, employee turnover and sustained exercise participation. J Sports Med Phys Fitness, 22 : 392-399.

若月俊一 (1971)：村で病気とたたかう. 岩波書店.

U.S. Department of Health and Human Services (1980) : Promoting Health/Preventive Disease. —Objective for the Nation : pp79-81.

横山文人 (1985)：職場における健康づくり運動の経済的効用に関する研究. 筑波大学体育研究科論文集.

Zalatan A (1983) : Financial profitability industrial recreation programs. WLRA Journal, 25 : 5-7.

7章
スポーツ経済論のパースペクティブ
― ライフライン・アプローチ ―

はじめに

　スポーツと経済社会との関係は，スポーツが経済動向からのみ影響を受けるという片利共生的事象ではなく，むしろ相互に干渉し合う局面をもつという相利共生的事象と捉えるべきである．スポーツはミクロにはレジャー行動や健康増進行動として，またマクロには産業社会・メディアとのかかわりをもつ事業として，その論点は多岐に渡る．そして前者の個人的行動をレジャー，あるいは健康維持という概念から省察するならば，いずれも以下で説明されるような経済社会的な問題を包摂する行動と解釈されることになる．本稿では，スポーツ環境にかかわる経済社会的論点から考察を行なう．スポーツをソシアルな経済システム論として論考する対象と見据えながら，そのパースペクティブを考えてみたい．

1. 社会資本としてのウォーキング空間

　身近な空間で実施されるスポーツ・健康増進活動をコミュニティ活動と位置づけるならば，その価値はコミュニティにおけるアメニティ（快適性）あるいはセイフティ（安全性）といった概念と関与する．その評価の視点は，「社会資本投資の費用・効果分析法」（武藤，1998），あるいは「環境と社会資本の経済評価：ヘドニック（快適性）アプローチ」（肥田，1998）などに示されるような，社会資本整備とその利用価格等との関連，費用とそれに呼応する便益との関連を明確化することがひとつの方法と考えられる．これらは，これまでに新交通システムや，大規模施設といった公共投資的な対象を取り上げてきたものであるが，スポーツ施設やプログラムについても応用できるものと思われる．その手法は簡

略して述べるならば，投入された費用からどれだけの便益が得られ，一般消費者にとっての負担率はどれだけのものとなるかという流れで追跡あるいはシミュレートされるものである．このような費用便益分析は，高度経済成長期の尺度として，上述したようにおもに大規模なハードウエア（施設や，さらには自動車道）の建設投資評価として実施されてきたのであるが，その後，ハード偏重投資への反省から，生活環境に近い空間軸として，健康環境（すなわちアメニティやセイフティ）を支援するソフトウエア（たとえばスポーツ・健康プログラム）についての評価に，その重点が移行されるべき段階にある．

公共空間におけるウォーキングという健康増進活動を社会資本とみるならば，歩行空間への整備費用が投入されることによって，健康増進という公的便益をもたらす構造として指標化することは可能である．その負担の程度としては，利用価格はゼロであるが，経済学的には個人費用としての機会費用を考慮する概念も必要になるかもしれない．健康増進の費用対便益効果に関する研究（Jones, 1994）では，運動不足病のリスク削減効果を試算しているが，ウォーキング・プログラムを実践することによって，設定されたあるランクでの疾病にかかわる平均的治療コストが軽減するという効果を報告している．

ウォーキングあるいは歩行活動は，コミュニティ活動としてのさまざまな実践活動と関連している．自己と家族が生活するまちを知る活動，いわゆる「まち歩き」の活動が各地で盛んである（延藤，1996：吉川，1996）．この種の活動には，災害を想定した場合のリスク回避行動が関与する（小幡，1995）．防災学的に用いられる「ライフライン」という用語を援用し，ここで「ライフライン・ウォーク」という使い方を提起したい．身近な街歩きの活動によって得られる情報を整理した地域防災マップ，避難誘導ライン，協力体制システムを「ライフライン・ウォーク」として各家庭，各地域で準備することが，リスク回避の第一段階である．社会経済学的にみても，大規模な防災環境整備（ハード整備）に頼ることは，どれだけの時間と公金負担を必要とするか，その見通しを立てることは困難である．身近な情報整理を進めることが，より実践的でかつコストの低廉な活動支援手法（ソフト整備）であることに異論はないであろう．それは，なによりも市民レベルで早急に着手できる活動である．すなわち日常生活空間でのウォーキングは個人としての健康増進活動であるだけでなく，社会経済的活動としても位置づけられることになる．

スコットランドの中心都市グラスゴーでは，市内随一の商業空間のいくつかの通りをつなぎあわせた約2kmの街路を一定の制限のもとにほぼ完全に歩行者専用空間とした．これによって周辺都市からも多数の「モールウォーカー（いわゆるウインドーショッピングをしながら歩行を楽しむ歩き方）」を集め，集客に成功している事例である．この整備によって，かつての車道の中間位置には多数のベンチが据えられ，そこには地域の高齢者を中心として豊潤なコミュニティ空間が形成されている．国内では，高齢者の散歩・ウォーキングを含む外出行動が，彼らの主観的幸福感を高めるという研究（森岡，1996）も報告されている．全世代が快適に，そして安全に歩ける歩行空間として，まちの社会的認識が高まることは，そのまちの防災環境的便益として評価されるであろう．以下に示すヨーロッパ議会（環境・公衆衛生・消費者保護関連部門）に提出された1988ヨーロッパ歩行憲章の項目は，市民が主張すべきスポーツ資本の権利を明示している（Hillman，1991）．

①歩行者は，公共スペースに提供された身体的にも精神的にも安全・快適な環境での歩行を自由に楽しむ権利をもっている．

②歩行者は，自動車の必要性でなく，人間の必要性のために計画されたまちに生活し，歩行可能範囲内に快適性（施設）を有する権利をもっている．

③子ども・高齢者・障害者は，社会との接触が容易であるよう期待し，彼らの行動環境を悪化させないように期待する権利をもっている．

④歩行者は，まち・区域に対し占有的空間を主張し，それをできる限り広範囲に広げ，単なる歩行区域としてだけでなく，まち全体の包括的組織化と調和させることを主張する権利を有する．

　都市における歩行空間の尊重は，環境および資源エネルギー経済対策に沿う形としても，行政担当者の緊要の課題とされる．そして歩行権の尊守は，まちの生活環境を改善するとともに，レジャー空間，コミュニケーション空間としてのウォーキング空間という価値を高めることになる（Williams，1995）．道は歴史的にみても「遊び」と「交流」の空間として機能し，このことによってコミュニティのソシアルな「ライフライン」が形成されてきた．社会資本整備は，ひとが多くいきづいている生活環境との関連が示され，その情報が公開されるものでなければ，公的資金投入の価値を議論することはできないであろう．スポーツ・健康プログラムはまちにとって恒常的に分析すべき対象ソフトであり，それは地域

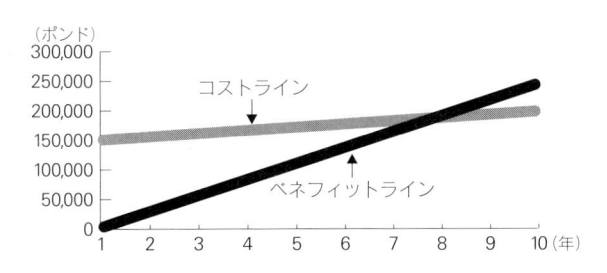

図2−2　プールプログラムにおける費用便益のシミュレーション

社会にとって第1義的に整備すべき社会資本と位置づけることができる．

2. スポーツ・健康増進の費用便益効果

次にスポーツ・健康増進活動のプログラム評価を，費用便益分析の視点から行った研究（佐々木他，1997：Sasaki et al, 1997）を概観したい．これは，あるスイミング・プールで皮膚疾患者に対する水環境整備をはかるプログラムによって疾病状況の改善が観察されたケースを追跡した研究である．勝田スイミングスクールではプールでの遊泳や水中歩行プログラムだけでなく，いわゆるライフスタイル全般について，水環境を中心とした改善をはかっているが，その費用便益分析を試みた．プログラムに参加した方達のプログラム参加以前の通院費用，保険外費用を合計した費用と比較した結果，プログラム参加後（状況改善後）の費用がその価を下回ったのであるが，その差額，すなわち過去の費用の軽減価値を便益とするという作業仮説が設定された．コストについては，プールの浄水器等の設置費用，運営費用を充当する．

ここで経年の過程を追跡するには若干の価格補正の手段が必要となる．まず第1には，投入コスト返済にかかる金利計算である．これは財務計算における複利法によって算出される．第2に費用と便益のいずれに対しても必要な措置として，経年のインフレ率を換算することである．これらの処理によって縦断的な価格の価値分析が可能となる．これを簡略してグラフ化したものが図2−2である．同図から，経年の便益ラインと費用ラインとの相対的な傾向の比較，損益分岐点の発現時期を捉えることができるであろう．またこの視点を応用することによって評価の時間軸を長期化したスポーツ資本投入のシミュレーションも可能となる．

もちろん長期的分析には，経済社会の動向で関連する，他の変動要因を考慮していく必要がある．またいかなる社会資本投入においても，そこから発生する環境影響要因の考慮は不可欠であり，それはスポーツ関連資本においても同様である．環境経済学（植田，1991）という領域は，おもに大規模施設あるいは大規模空間整備にともなう自然環境要因の変動を動的モデルに組み込み，環境と経済の相互関係を論考するものであるが，このような視点からのシミュレーションの実施も喫緊の課題であろう．

社会学者でもありまた社会思想学者でもあるオニールは次のように述べている．「医療化（の対象とされた）身体は，消費優先主義の縮図である．医療化された身体を産出してそれに奉仕するバイオテクノロジーが表わしているのは，脱家族化された個人の管理を迫る社会経済的・政治的所力の複合体が最終段階に差し掛かっているということである」（オニール，1992，p 207）．このような彼の言説は，現代医療の「真に科学的な部分」を拒絶していないことにも注意すべきである．すなわち，「現代医療の真に科学的な部分は，たとえば現代医学が自然を尊重する仕方に現れているのであって，……医学が自然をうやまえば自然のほうでも移り行く人間の技能と自然のはたらきへの人間の技術的洞察に対して敬意を払うように見えてくるのである」（同，p 186）．それは彼のいうところの「医療化」を「スポーツ事業化」と予防医学的見地に置き換えて再考する機会を与えるものである．産業社会あるいは市場社会の渦中において身体性や個人性がスポイルされている事態に対峙し，スポーツ事業ゆえに創生しうる社会資本的価値，すなわち「ライフライン・スポーツ」のエコノミクスをめざすことである．

自然環境下で行なわれるスポーツには，高度経済成長下における経済的関与が介在することによって，そのいずれの資源的価値をもスポイルするかのように扱われてきたことは否めない事実である．資本投入の関与構造の捉え直しが，ポスト工業化社会の立場としてかたられ続けている言説であり，スポーツ・健康増進活動が，自然環境資源と相互補完をもって便益をもたらすのであれば，それは恒常的に追跡すべき一つの経済システム構造といえるであろう（佐々木，1994）．

3. 身体をインターフェイスとしたスポーツ経済システム： ライフライン・スポーツ

　ポスト工業化社会といわれて久しいが，その経済理念構造としての新たな考え方に，文化経済学という領域がある．それは人の才能が人を介して連綿と受け継がれるエネルギーに資本的価値を付与し，経済社会と相互に価値を創出し，そしてその価値を共有してゆく視点である．このような価値観の流れ，循環の風土をスポーツのシステムとして構築することが，スポーツ経済システム論の第一段階における命脈と思われる．

〔佐々木　康〕

参考文献

延藤安弘（1996）：こどものまちづくり学習の視座. 都市計画, 202, 44（3）:10-15.
肥田野登（1998）：環境と社会資本の経済評価. 勁草書房.
Hillman M (1991)： The role of walking and cycling in public policy. Consumer Policy Review, 2 (2)：81-89.
Jones TF, Eaton CB (1994)：Cost-benefit analysis of walking to prevent coronary heart disease. Archives of Family Medicine, 3：703-710.
森岡清志（1996）：高齢者の幸福感と外出行動. 都市計画, 204, 43（6）：13-16.
武藤博巳（1998）：社会資本投資の費用・効果分析法. 東洋経済新報社.
小幡純子（1995）：地震による道路災害と道路管理者の責任. 国際交通安全学会誌, 21（2）：6-15.
佐々木康（1994）：ドームの経済社会. スポーツ産業学研究, 4（2）：17-27.
佐々木康，原田宗彦，守能信次（1997）：産業連関分析による医療費削減の経済評価. スポーツ産業学研究, 7（2）：9-18.
Sasaki K, Harada M, Fujimoto J and Morino S (1997)：Economic impacts study of a sport Environmenta by input-output analysis. 5th congress of the European Association for Sport Management, proceedings：pp313-317.
Jオニール（須田朗訳）（1992）：語りあう身体. 紀伊国屋書店.
植田和弘（1991）：環境経済学. 有斐閣.
Williams S (1995)：Streets as leisure environments：a British perspective on opportunities and constraints in the recreational use of public space. World Leisure and Recreation, 37 (2)：14-19.
吉川仁（1996）：防災まちづくりと「杉並知る区ロード探検隊」. 都市計画, 202, 44（3）: 30-33.

8章
生涯スポーツイベントの経済効果
―秋田ワールドゲームズ2001の事例―

はじめに

　本来，スポーツイベントの第1の目的は「スポーツの振興」であり，経済効果ではない．

　ショービジネスとしての「スポーツ興行」でないないかぎり，スポーツイベントの目的は経済効果であるべきではない．しかしながら，1970年代後半から1980年代のはじめにかけて世界最大のスポーツイベントのひとつ「オリンピック大会」は，その巨大化と経費の高騰により開催国を見つけることが難しい状態に追い込まれた．そんな折，オリンピック大会に商業主義を導入することによって放送局や企業から多額の資金を確保し，大会の成功によって組織委員会・開催地域・投資した企業のそれぞれに経常利益や経済効果をもたらし，オリンピック大会を再生させたのが，1984年ロサンゼルス・オリンピック大会組織委員長のピーター・ユベロスであった．ユベロスの成功を契機に多くの都市がスポーツイベント開催による地元への経済効果を期待して国際的スポーツイベント招致に動き，スポンサー企業や放送局はイベントへの投資効果を期待して多額の資金を投資するようになった．ちなみに**表2－2**は，2001年から2006年にかけて，日本が招致した国際イベントの一覧である．

　スポーツイベントの経済波及効果を推測するためには，「産業連関分析」（input-output analysis）が用いられることが多い．この方法は，各産業に対する資本投入が他の産業に波及する程度を地域と産業ごとの投入係数から算出する方法であり，雇用係数を用いて雇用効果を把握することも可能とされている．この方法を用いて2001年12月に電通総研と社会工学研究所が，2002FIFAワールドカップ・サッカーの経済効果を試算したところによると，日本代表チームがベ

表2-2　日本が招致に成功したおもな国際スポーツイベント2001-2006

2001年	第3回東アジア競技大会	（大阪）
	第9回水泳世界選手権大会	（福岡）
	第6回ワールドゲームズ	（秋田）
	世界卓球選手権大会	（大阪）
	世界室内自転車競技選手権大会	（鹿児島・加世田）
2002年	FIFAワールドカップ・サッカー	（日本・韓国共同開催）
	パンパシフィック水泳選手権大会	（神奈川・横浜）
	第13回男子バレーボール・ワールドリーグ	（東京・大阪・富山）
	世界車椅子バスケットボール選手権大会	（福岡・北九州市）
2003年	第5回アジア冬季競技大会	（青森）
	第23回世界柔道選手権大会	（大阪）
2004年	第6回世界カヌーポロ選手権大会	（愛知・三好町）
2005年	スペシャルオリンピックス冬季ワールドゲーム	（長野）
2006年	第15回バスケットボール男子世界選手権大会	（埼玉）

スト8に入っていれば経済波及効果は全体で約3兆3,049億円あったとされ，この額は日本国内の建設投資および消費支出の合計1兆4,188億円の2.33倍にあたる．付加価値誘発額は1兆6,610億円で，その内雇用者所得誘発額は9,200億円になると試算されていた．予選敗退の場合でも経済波及効果は全体で3兆1,828億円に達すると予測されていたのである．これは，スポーツ産業が多くの産業と結びついているからに他ならない（藤本・佐々木, 2002）．

しかし，「みる」スポーツイベントの経済波及効果が及ぶ期間は限られている．「みる」イベントを利用して市民の運動・スポーツへの関心や実施率を向上させれば，医療費の軽減，仕事の欠勤率の低下，事故発生率の低下，仕事意欲の向上，生産性の向上をもたらし半永久的な持続的経済効果が得られることは池田の研究が示すところである（池田, 1986, 1991）．また，スポーツイベントは，経済効果にとどまらず，社会的・文化的・心理的・政治的効果ももたらすことを忘れてはならない．スポーツが社会を元気づけることはワールドカップ・サッカーで多くの人の知るところとなった．

今後は，競技スポーツイベントを「みる」ことと，生涯スポーツを「する」ことの連携・融合が重要になってくる．イベントを一過性のものにするのではなく，事前にイベント後の競技場の活用，競技団体・ボランティア組織・地域住民などの連携の活用などを盛り込んだ中・長期のスポーツ振興計画を立てておくことが常識となるべきである．そうしてこそはじめてスポーツイベントの本来の目的である「スポーツ振興」と「経済効果」が車の両輪として機能するからであり，長期間に渡る経済効果と納税者への利益還元が期待できるからである．国民体育大

表2-3　ワールドゲームズの開催状況

回	開催年	開催地	競技数（公式・公開）	参加選手数（国・地域）
1	1981	サンタクララ（アメリカ）	16（16・0）	1,265名（9）
2	1985	ロンドン（イギリス）	21（21・0）	1,550名（57）
3	1989	カールスルエ（西ドイツ）	19（17・2）	1,965名（49）
4	1993	ハーグ（オランダ）	26（22・4）	2,275名（49）
5	1997	ラハティ（フィンランド）	29（24・5）	1,725名（75）
6	2001	秋田（日本）	31（26・5）	2,193名（93）
7	2005	デュイスブルク（ドイツ）	31（28・3）	未定

会も，全国スポーツレクリエーション祭も，全国健康福祉祭（ねんりんピック）もより一般地域住民が何らかの形で参加でき，大会後にスポーツ実施人口が増加することによる経済効果が期待できる運営をすることが今後の課題といえる．

　ここでは，これからのスポーツイベントの経済効果を考えるひとつの視点として，新たな施設を造らず既存の施設を使用することによって，低額の予算でもスポーツを「みる」，「する」，「支える」多くの人々を集めて大きな成果を上げ，大会後，スポーツ実施人口を増やしたことで長期的経済効果をもたらすことが期待されている国際スポーツイベント「ワールドゲームズ」を事例として紹介する．

1．ワールドゲームズとは何か

　2001年8月16日（木）～26日（日）の11日間，秋田県内8市町村で第6回ワールドゲームズ（通称：秋田ワールドゲームズ2001）が開催された．ワールドゲームズ（World Games）とは，国際スポーツ団体総連合（General Association of International Sports Federations：GAISF，1967年創立）に加盟している国際競技団体（IF）の統括している種目のなかで，オリンピックに採用されていない種目を集め，4年に1度，夏季オリンピックの翌年に開催される世界のトップアスリートによる国際的総合スポーツ競技大会である．国際ワールドゲームズ協会（International World Games Association：IWGA）の主催で1981年から開始されたワールドゲームズは，1989年の第3回大会から国際オリンピック委員会（International Olympic Committee：IOC）の後援を受けるようになったが，1980年のIWGA創設時から，巨大化，商業主義化，勝利至上主義化したオリンピックの反省に基づき，次の4つを特色として打ち出している．①開催都市は既

8章　生涯スポーツイベントの経済効果　81

表2-4　ワールドゲームズの公開競技と公開競技の変遷

第1回大会 1981 Santa Clara (U.S.A.)	第2回大会 1985 London (U.K.)	第3回大会 1989 Karlsruhe (Germany)	第4回大会 1993 The Hague (Netherlands)	第5回大会 1997 Lahti (Finland)	第6回大会 2001 Akita (Japan)
バドミントン					
野球					
				ビーチバレーボール	
					ビリヤード
ボディビル	ボディビル	ボディビル	ボディビル	ボディビル	ボディビル
	ブールスポーツ	ブールスポーツ	ブールスポーツ	ブールスポーツ	ブールスポーツ
ボウリング	ボウリング	ボウリング	ボウリング	ボウリング	ボウリング
キャスティング	キャスティング		キャスティング	キャスティング	キャスティング
				ダンススポーツ	ダンススポーツ
	フィールドアーチェリー	フィールドアーチェリー	フィールドアーチェリー	フィールドアーチェリー	フィールドアーチェリー
フィンスイミング	フィンスイミング	フィンスイミング	フィンスイミング	フィンスイミング	フィンスイミング
	ファウストボール	ファウストボール	ファウストボール	ファウストボール	ファウストボール
					フライングディスク
			エアロビクス	エアロビクス	
					新体操（種目別）
				柔術	柔術
空手	空手	空手	空手	空手	空手
	コーフボール	コーフボール	コーフボール	コーフボール	コーフボール
	ライフセービング	ライフセービング	ライフセービング	ライフセービング	ライフセービング
	ネットボール	ネットボール	ネットボール	ネットボール	
					オリエンテーリング
				パラシューティング	パラシューティング
パワーリフティング	パワーリフティング	パワーリフティング	パワーリフティング	パワーリフティング	パワーリフティング
ラケットボール	ラケットボール	ラケットボール	ラケットボール		
ローラースケーティング	ローラースケーティング	ローラースケーティング	ローラースケーティング	ローラースケーティング	ローラースケーティング
					ラグビー（7人制）
ソフトボール	ソフトボール				
	サンボ		サンボ		
				スポーツアクロ体操	スポーツアクロ体操
				スカッシュ	
	テコンドー	テコンドー	テコンドー	テコンドー	
トランポリン	トランポリン	トランポリン	トランポリン	トランポリン	トランポリン
			トライアスロン		
綱引き	綱引き	綱引き	綱引き	綱引き	綱引き
タンブリング	タンブリング	タンブリング	タンブリング	タンブリング	タンブリング
水上スキー	水上スキー	水上スキー	水上スキー	水上スキー	水上スキー
				ウェイトリフティング（女子）	
公式競技：16	公式競技：21	公式競技：17	公式競技：22	公式競技：24	公式競技：26
		合気道	合気道	合気道	合気道
		バーンゴルフ	綱引き（女子）	ペサパロ	綱引き（女子）
			水上スキー（ベアフット）		ビーチハンドボール
			馬術（ボルティング）	フロアーボール	相撲
				ミリタリーペンタスロン	
				ボールリヨネーズ	ゲートボール
公開競技：0	公開競技：0	公開競技：2	公開競技：4	公開競技：5	公開競技：5
選手数：1,265名	選手数：1,550名	選手数：1,965名	選手数 2,275名	選手数：1,725名	選手数：2,193名

存の施設を使用することが原則で，公式競技のすべてを実施できなくてもよい，②参加選手は国ではなく，各競技の国際組織が世界最高レベルの選手を選び，その選手が所属する各国の競技協会に派遣を要請する，③開会式・閉会式の入退場や宿舎を国別ではなく競技別としたり，大会期間中にパーティーを開いて選手間の国際交流を促進する，④世界一を競う公式競技と公開競技の競技会とともに，一般市民の参加を求めるスポーツイベントなどを実施する．

　ワールドゲームズでは，新たに施設を造る必要がないため，2001年の第6回大会を運営した秋田ワールドゲームズ2001組織委員会（AOC）の総事業費は22億1,000万円であった．この額は，オリンピック大会や国民体育大会（国体）と比べると驚くほど少額である．2002年のソルトレークシティ冬季オリンピック大会招致をめぐるIOC委員の買収疑惑や，開催地が優勝しなくてはならないという固定観念から優秀な選手を他県から金で集めたり，多額の維持費がかかる巨大施設を造る昨今の国体に対する見直し論が起きている今，スポーツの原点，オリンピックの基本理念に戻ろうとしているワールドゲームズは，これからのスポーツイベントのあるべき姿を考える上で，興味深い大会であるといえるであろう．

2．参加国・後援団体

　今回で6回目を迎えたワールドゲームズは，2000年10月27日にIOCとIWGAが「相互協力に関する覚書」に調印し，「IOCは各国オリンピック委員会（NOC）がワールドゲームズに参加する各国代表選手団を支援することを奨励する」など9項目が覚書に盛り込まれた直後の開催だけに，どれだけ世界中の関心を集められるかが成功のバロメーターのひとつであった．今回の大会には，93の国と地域から2,193名の選手と1,861名の役員，計4,054名が参加した．この国・地域数は，長野冬季オリンピックやソルトレーク冬季オリンピックを上回る数であり，公式競技26競技（156種目）・公開競技5競技（14種目）の競技・種目数も過去5回の大会を上回る規模になった．ただし，参加国と競技は表2－5のようにヨーロッパ系に偏重しており，この点の改善は今後ワールドゲームズがより国際的なスポーツ・イベントになるための課題といえるであろう．

　来賓としては，IOCからケバン・ゴスパー副会長（オーストラリア），ジルベール・フェリ・スポーツ・ディレクター（スイス），金雲龍委員（GAISF会長）

表2-5 大陸別参加国数と参加競技数

大陸名	参加国・地域数	競技数
アフリカ	7	19（南アフリカ=10）
アメリカ	18	73（北米+カナダ=32）
アジア	20	93（日本=30）
ヨーロッパ	42	263
オセアニア	6	34（オーストラリア+ニュージーランド=27）
合計	93	482

（韓国），タマス・アヤン委員（GAISF副会長）（ハンガリー），アントン・ヘーシンク委員（オランダ），猪谷千春委員（日本）はじめ11の国と地域から11人の役員が参加し，9カ国のNOC，6カ国の政府系スポーツ統括団体が視察に訪れた．

国内の後援・協力団体としては，文部科学省はもとより，（財）日本オリンピック委員会（JOC），（財）日本体育協会（JASA），（財）日本レクリエーション協会（NRAJ），（財）笹川スポーツ財団（SSF），（N）日本ワールドゲームズ協会（JWGA）など国内スポーツ団体を統括するすべての団体が揃い，代表者が開会式で顔を合わせた．「競技する」，「生涯を通して誰もが楽しむ」というすべてのスポーツが併せもつべき2つの機能のそれぞれでスポーツを分け，縦割りに中央団体が統括することにより，「競技力向上」と「一般への普及」が効果的に提携しにくい弊害がでている日本のスポーツ界にとって，トップアスリートの大会であると同時に，市民のスポーツ体験の場でもある非オリンピック・スポーツ種目の大会「ワールドゲームズ」をIOCが積極的に後援し，「スポーツ・フォア・オール」を進めようとしている姿を目の当たりにしたことは，大変意義深いことであったと思われる．

3. 観客とその反応

ワールドゲームズは，IOC後援のオリンピック・ファミリー・イベントとはいえ，オリンピック，アジア大会，ユニバーシアードや国民体育大会などと違い，ほとんど無名のイベントであり，事前の報道も全国レベルでは極めて少なかった．しかし，事前には開催地の秋田県とワールドゲームズ関係競技団体関係者以外の人々にはほとんど知られていなかったにもかかわらず，開会式は11,507名の観客で満員となり，その模様がNHK教育テレビで1時間半全国に生中継（秋田県

内視聴率18.4％，全国平均1.7％）され，FMラジオでも全国中継，朝日・毎日など全国紙も全国版1面にカラー写真付で報道したため，一般市民の関心は一気に高まった．

　大会期間中の入場者数は，競技会場に113,380名，開・閉会式その他の文化式典関係に185,300名となり，合計298,680名を記録した．この数はAOCが基本計画で想定した26万人を上回る数である．

　菊地・木村（2001）が開会式の翌日（8月17日）と翌々日（8月18日）に8種目の競技会場の入場者974名に対して行なった調査によれば，「観戦理由で最も多い回答が"競技に興味がある"で6割を占めていた」，しかし「事前にそのスポーツのルールを知っていたのは興味ある者の37％しか」いなかった．だが，「ルールを知らなかった者も約半数は競技が終わるまでにはルールを理解しており」，「何より競技を観戦しての満足度は"非常に満足"26.2％，"満足"61.4％であり，"不満足"と答えた者は2.4％しかいなかった．」そして，「全体の8割が同一競技の再観戦を希望」しており，「4割以上の人がやってみたい」と感じている．しかし，「観客の7割は地元秋田県民」であり，「全国に向けてのPRが少なすぎる」などの意見が非常に多かったことが観戦者調査で判明している．

4．報道・放送

　事前報道は，秋田県外では国際的な総合スポーツ大会にしては非常に少なかったが，開会式後は全国的な関心を集め，朝日・毎日・読売・産経・日本経済新聞などの全国紙がスポーツ面で連日報道した．また，朝日新聞・毎日新聞はそれぞれ「このひと」や「ひと」欄でワールドゲームズ関係者を数回取り上げ，社会全体の関心事としてワールドゲームズをとり上げた．

　大会期間中の国内外のメディア来場社数は延べ1,379社（内，海外14カ国21社）に達した．大会後も秋田県内最多の購読者をもつ秋田さきがけ新報は，連日特集記事を掲載し，9月26日夕刊投稿欄で「大会を契機にスポーツに親しむ子どもたちが増えた」などの効果を紹介している．全国紙としては，9月7日の毎日新聞が「スポーツの楽しさ伝えた」（野口，2001）と積極的に大会を評価する記事を載せ，2002年1月4日には全国紙1面でAOCを「毎日スポーツ人賞文化賞」受賞者に選んだことを報道している．受賞理由は，「スポーツの魅力を再認識させ，

写真2-1 開会式（提供：AOC）

地域活性化と国際化を実現」させたことがあげられている．

　放送は，NHK がホスト放送局となり，国内ではニュースや情報番組での放送分を除く地上波（総合テレビ・教育テレビ）・衛星（BS-1）の生中継と中継録画放送を合わせて約20時間の放送が行なわれた．全国放送としては，教育テレビによる開会式生中継1時間30分，BS-1による大会期間中毎日のディリーハイライト50分×11日間，大会後の9月2日に総合テレビで放送した総集編（視聴率4.8％）1時間の合計11時間40分放送され，AOC の期待以上の高視聴率を記録した．民間放送局でもニュースなどで取り上げられた他，海外でも放送権を取得した12放送局が10の国と地域（台湾・中国・フィンランド・スウェーデン・スペイン・ドイツ・シンガポール・香港・中東ヨーロッパ・ニュージーランド）に大会の模様を伝えた．また，海外への放送権販売を委託された TWI（トランスワールド・インターナショナル）は，自社の製作番組 "Trans World Sport" でワールドゲームズの報道を行ない，世界133カ国でテレビ放送，21航空会社で機内放送された．また，ラジオでも FM 秋田が全国中継放送を行なった．

　雑誌も「Tarzan」や「Number」などのスポーツ関係雑誌がカラー写真を多数使って特集記事を掲載した他，JOC，JASA，NRAJ などのスポーツ団体や（社）全国体育指導委員連合機関誌「みんなのスポーツ」などが大会報告記事を載せている．かくして事前には無名であったワールドゲームズと多種多様なスポーツが報道され，広く知られる存在になったことは，大きな大会の成果といえよう．

5. 経　費

　ワールドゲームズの大きな特徴として「開催都市は既存の施設を使用することが原則で正式競技のすべてを実施できなくてもよい」という点があげられ，今回の大会でもIWGA加盟競技団体であってもサーフィン・スカッシュ・ラケットボール・ペロタバスカは競技施設がないため公式競技からはずされた．また，今回の大会は，一度大会招致に対して「No」といいかけた秋田県知事に民間からの陳情で「Yes」の決断を迫った経緯があり，総事業費も民間が入場料収入なども含めて8億円集め，行政（秋田県と開催市町村）が15億5,000万円を出し，合計23億5,000万円の予算で実施することを決定してスタートしている．

　実際は，収入総額25億1,000万9,000円，支出総額22億1,030万9,000円で，2億9,970万円の黒字となり，1億円は秋田県に返金，残りの1億9,970万円は「あきたワールドゲームズ記念会」が管理し，国際交流や国際スポーツ大会開催のための助成金にすることをAOCは決定している．少ない運営資金とインフラの効果的，効率的運営という点で第6回ワールドゲームズは一定の成功を収めたといえるであろう．大会前に試算された秋田県全体の経済効果約71億円もほぼ達成された．この成功の背景には，大会前にワールドゲームズ競技の普及を草の根的に幅広く行なった活動があるといえる．

写真2-2　馴染みの薄いスポーツにも連日多くの観客がつめかけた：
　　　　　ライフセービング（女子ビーチフラッグス）（提供：秋田さきがけ新報社）

このように長野やソルトレーク・オリンピック以上の規模の大会が，国体開催予算平均の10分の1，オリンピック開催経費平均の約100分の1の額でできた理由としては，組織委員会事務局員112名のほとんど全員が行政と民間からの出向で，人件費をカットできたこと，施設にお金をかけないで済んだこと，そして，県・市町村などから約1,700名の支援職員と約3,800名の民間ボランティアの協力があったことが考えられる．特に，新たに施設を作らない考えは，今後，地方都市における国際的な大会開催の可能性を広げ，同時に環境保護の観点からも益々重要になると思われる．また，2巡目に入った国体開催における施設整備のあり方を考え直すきっかけにもなるであろう．

ただし，少ない運営費の問題点は，宣伝広告費も少ないということである．今回の宣伝広告費は1億8,499万円4,000円で，AOCはテレビによる全国CM等を断念せざるを得なかったため，事前告知が不十分になった点は否めない．

6. 理　念

今大会から開会式での参加国国旗の入場，表彰式における国旗の掲揚，国歌の演奏が完全実施されるようになった．女子綱引きで優勝したスペインチームのメンバーがスペインからの分離独立を求めるバスク地方の出身者であったことから表彰台から降り，スペイン国旗の掲揚を拒否する事件がおきたことから，「民族，国家間の紛争や思惑に利用されないというワールドゲームズの理念が変質した」

写真2-3　開会式では国別ではなく競技別の入場行進が行なわれた（提供：AOC）

（読売新聞，2001.8.27）と報道するメディアが現れたが，「参加選手は国ではなく，各競技の国際組織（IF）が世界最高レベルの選手を選び，その選手が所属する各国の競技協会に派遣を要請する」「開会式・閉会式の入退場や宿舎を国別ではなく競技別とし，大会期間中にパーティーを開いて選手間の国際交流を促進する」というワールドゲームズの特色はまったく変わっていない．IOCとIWGAが「相互協力に関する覚書」に調印し，「IOCは各国オリンピック委員会（NOC）がワールドゲームズに参加する各国代表選手団を支援することを奨励する」など9項目が盛り込まれ，ベルギー・オランダなどのNOCは強力に自国の選手をバックアップし始めたが，参加選手を選ぶのはあくまでIFであり，国ごとに選手団を結成するわけではない．オリンピックのように国の政府の意向で選手の大会への参加が禁じられることはワールドゲームズではありえないのである．また，IWGAはその規約3.2のなかで「オリンピック憲章の尊重」を定めており，もともと「アンチ・オリンピック」が理念ではないのである．

もうひとつの理念「スポーツの普及振興」については，メディアの評価を受けた．「世界一を競う公式競技と公開競技の競技会と共に，一般市民の参加を求めるスポーツイベントなどを実施する」という第3回大会以来のワールドゲームズの特色は今回も生かされた．大会期間中および大会前後，選手が一般市民に指導を行なったり，交流する機会が13競技で設けられ，一般市民の競技体験プログラムが実施された．スポーツの普及振興に必要な「みるスポーツ体験」と「するスポーツ体験」を同時に実現させた大会であったといえる．

まとめにかえて

アジアではじめて開催されたワールドゲームズは，少なくとも①今まであまり知られていなかったスポーツの存在を知らせ，スポーツに対する認識を広げた，②スポーツを「みる楽しさ」と同時に「する楽しさ」を味合う機会を提供した，③既存の施設を利用すれば少ない運営費でも，また地方都市でも国際的なスポーツ・イベントが開催できることを実証した，④これからの大会の成功は行政と民間の協力関係が鍵であり，特に民間ボランティアの存在は不可欠であることを示した，⑤スポーツを「競技スポーツ」「生涯スポーツ」に種目で分けることは不可能でありナンセンスであることが明らかにされた，などの成果があがったといえる．特に，このイベントの開催が決定したことで秋田県内の小中学校の約2割

が何らかの形でワールドゲームズ・スポーツに取り組んだ他，佐藤孝志氏・佐藤博美教諭の発案で県内のほとんどの小学校に立ち上げられたワールドゲームズクラブの活動，（財）笹川スポーツ財団の主催で行なわれたワールドゲームズフェアなど，さまざまな形でスポーツ振興策が実行されたことは，大きな成果であった．また，そうした活動が大会後も継続されており，黒字による残金1億9,970万円がスポーツ振興の助成金として支給されることにより今後もスポーツ実施人口が増加していくことによる継続的な経済効果も期待されている．

[師岡　文男]

参考文献

秋田魁新報・河北新報・朝日新聞・毎日新聞・読売新聞・産経新聞・東京新聞・日本経済新聞（2001年8月15日〜2002年1月25日）：ワールドゲームズ関連記事．
藤本淳也・佐々木康（2002）：スポーツにおける経済効果．体育の科学，52：381-385．
池田　勝（1986）：健康づくりの経済学的研究．体育の科学，36：172-176．
池田　勝（1991）：企業フィットネスの経済的効果．JJSS，10：266-270．
菊地広人・木村和彦（2001）：秋田ワールドゲームズ2001が残したもの．現代スポーツ評論，5：160-163．
野口武則（2001）：記者の目　秋田ワールドゲームズ　スポーツの楽しさ伝えた．毎日新聞9月7日朝刊4面．

3部 生涯スポーツの政策学研究

- 9章 日本の体育・スポーツ,国際化への提言
- 10章 スポーツ政策研究の国際動向
- 11章 地域スポーツ振興政策からみた「スポーツ振興法」と「保健体育審議会答申」の今日的意義
- 12章 わが国の生涯スポーツ政策と自治体におけるスポーツ行政の現状
- 13章 スポーツ人口増加を目指したキャンペーン政策

9章
日本の体育・スポーツ，国際化への提言
―新ヨーロッパ・スポーツ憲章に学ぼう―

1. 新ヨーロッパの誕生とスポーツ

　1989年11月のベルリンの壁の崩壊と"ヨーロッパ合衆国"への道ともいわれるEU（ヨーロッパ連合・1993年1月）の誕生によって，ヨーロッパは歴史上かつてない激動の変化の中で21世紀を迎えようとしている．

　このような激動期のなかで，「2000年に向けてのヨーロッパのスポーツ」をメイン・テーマに，第7回ヨーロッパ・スポーツ閣僚会議が32カ国のスポーツ担当大臣もしくは局長クラスの高官が一堂に会し，1992年5月13日から15日の3日間，エーゲ海に浮かぶギリシャのリゾート地・ロードス島で開催された．

　ヨーロッパ・スポーツ閣僚会議は，ヨーロッパ諸国が共有する文化遺産の保護と，人種，公衆衛生，教育，青少年問題など各国が共通してかかえる諸問題に取り組んでいる「ヨーロッパ評議会」（The Council of Europe : CE）のイニシアティブにより，1975年ブリュッセルで第1回閣僚会議が開催されて以来，3年ごとにヨーロッパ各地で開催されている．今回のロードス会議では，はじめてCE加盟国の全メンバーが出席した．

　出席者をみても，ルドルフ・ザイタース（ドイツ内務大臣），フィリップ・グライロー（フランス青少年スポーツ庁スポーツ局長），バルト・マンナ（イタリア観光文化大臣），オーセ・クリーブランド（ノルウェー文化大臣），アントニオ・フェルナンド（ポルトガル文部大臣），ゴメツ・ナヴァロ（スペイン高等スポーツ局々長），ボ・ルンドグレン（スウェーデン大蔵大臣），ロバート・キー（イギリス国民文化遺産大臣），ヨハネス・リッチェル（オランダ保健福祉文化大臣）など錚々たる顔ぶれであるとともに，出席者の肩書をみると，スポーツがヨーロッパ各国においてきわめて異なるセクションで所掌されていることがうかがわ

れる．

　本会議は，先述のメイン・テーマの下に，次の3つのサブテーマに従って各国代表の報告および審議が3日間にわたって行なわれ，各事項についての決議および採択がなされた．

　①ヨーロッパにおけるスポーツ振興の現状
　②新ヨーロッパ・スポーツ憲章の採択
　③スポーツ倫理綱領の採択

　スポーツ振興の現状に関しては，旧ソ連邦・東欧諸国のスポーツ構造のこれまでの問題点の分析に焦点があてられ，これらの諸国に対する経済的援助だけにとどまらず，スポーツ・フォア・オールの理念に基づく民主的なスポーツ体制の確立を促すノウハウの提供や，これまで培ってきた経験による交流活動の強化，新しいタイプの指導者の養成など人的資源の活用に取り組むことが強調された．

　また，ヨーロッパの最大の共通課題のひとつである環境保全について言及し，スポーツ活動を規制する国際環境保全法案の制定作業についての提案がなされたことも注目される．

　さらに，旧ソ連邦，東欧諸国からの新しい加盟国も含めて，CE 全加盟国のスポーツ構造の現状をできる限り正確に把握するために，ヨーロッパ閣僚会議の運営組織であり，CEの恒久委員会のひとつとして位置づけられている「スポーツ振興委員会（CDDS）」による「ヨーロッパ諸国におけるスポーツ構造」の調査の実施が決定された．この調査結果は，ブリュッセルにあるCEの下部組織「スポーツ・フォア・オール情報センター（Clearing House）」によってルーズリーフ形式でまとめられており，CE各国のスポーツの理念，関連法規，行政機構，非政府組織（NGO），学校体育，情報収集機関などについて具体的に知りうる貴重なデータベースとしての役割を果たしている．

2．「ヨーロッパ・スポーツ・フォア・オール憲章（1975年）」の見直し

　性別・年齢・人種・社会階層・居住環境・心身のハンディキャップのいかんを問わず，すべての国民に生涯を通じてスポーツへの積極的な参加を促がす「みんなのスポーツ（Sport for All）」の理念が国際的なレベルで最初に提案されたのは，1975年3月20日，ブリュッセルでの第1回ヨーロッパ・スポーツ閣僚会議で採択

された「ヨーロッパ・スポーツ・フォア・オール憲章」においてであった．

「人はだれでもスポーツに参加する権利を有する」（第1条）

と「スポーツ権」を高らかに宣言した8条および付帯決議から成るこの「ヨーロッパ・スポーツ・フォア・オール憲章」は，当時わが国をはじめ，国際的にも大きな反響をもって高く評価された．とくに，

「スポーツを人間の発達において重要な要因として受けとめ，公共機関による適切な財政援助が必要である」（第2条）

と，公共スポーツ政策の必要性を認めたことは，まことに意義深いものがあった．というのは，本憲章の理念が，翌年の1976年4月，パリのユネスコ本部で開催された「第1回国際体育・スポーツ閣僚会議」（わが国をはじめ101カ国の担当大臣ならびに局長クラスの政府高官が参加）での「体育・スポーツ国際憲章」の採択決議にも大きな影響を及ぼしたからである．

「ヨーロッパ・スポーツ・フォア・オール憲章」が制定されて20年の歳月を経たヨーロッパのスポーツ界は，東西冷戦の対立構造の崩壊，EUの誕生といった政治体制の大変革とともに，都市化，高齢化，情報化社会の進展，自由時間の増大に伴う社会構造・基盤の変化および個人の価値観・ライフスタイルの変化によって，旧来の理念や行動指針では対応できない側面が数多くみられるようになり，その見直しが求められるようになってきた．そして，スポーツが個人の生活ならびに現代社会に不可欠な要素であるという認識に基づき，フランス（1984年），スペイン（1990年），ポルトガル（1990年）といった国々で「スポーツ基本法」を新たに制定する動きもみられるようになった．また，ドーピング・コントロール（スウェーデン，イタリアなど），観戦者暴力対策規制（イギリス，オーストリア，ベルギーなど）に関する特別立法を制定する国々もみられるようになった．

こうしたヨーロッパ諸国のスポーツの振興・発展に伴う法的設備の動向，旧ソ連邦・東欧諸国におけるスポーツ・システムの民主的改革に対応するために，従来の「スポーツ・フォア・オール憲章」の具体的な見直し作業がCDDSによって1989年から3年の歳月をかけて進められた．CDDSでまとめられた新憲章の草案は，スウェーデンのスポーツ担当大臣であるボ・ルンドグレン大蔵大臣によって今回の閣僚会議で提案され，満場一致で「ヨーロッパ・スポーツ憲章（The European Sports Charter）」が採択された．この新憲章は，開催地名を冠して「ロードス憲章」とも称されるようになった．

3. 新ヨーロッパ・スポーツ憲章の理念と内容

　1975年に採択された従来の憲章は，文字どおり"スポーツ・フォア・オール"の推進に重点が置かれたものであった．すなわち，それまでのスポーツ政策が，その対象を学校教育段階にある青少年や一部のスポーツ愛好者，エリート選手の育成だけにもっぱら目を向けてきたことを反省し，一般の人々の「身体活動へのハンディキャップ」を克服することは人間性の回復，心身の健康の維持増進，さらには個人および社会全体の福祉の向上に寄与するものであり，スポーツを生涯にわたって個人の生活の必須部分として位置づけるべきであると確認したものであった．

　今回の新憲章では，そのことだけにとどまらず，「スポーツに興味と能力をもつ者はだれでも，そのスポーツの競技水準を高め，個人の定めた到達水準，あるいは一般に認められた高度な水準にまで究める機会を保障する」（第1条・本憲章の目的第1項）とあるように，トップレベルおよびプロスポーツに対する支援まで広範囲にその理念の追求が及んでいる．

　また，これに続く第1条において，現代社会におけるスポーツの諸問題について，

　「スポーツおよびスポーツ選手を政治，商業，金銭上の弊害から守り，薬物乱用などスポーツ界の不正かつ品位を低下させる風潮を抑えることによって，スポーツの道徳的倫理的基盤とスポーツに関与する人々の尊厳と安全を守り，高めていく」

と言及しているように，ドーピングや試合および観戦場面での暴力行為，テレビ放映の普及による極端な商業化傾向など，一連のスポーツ倫理に関する問題についても警告を発し，その解決策を提起している．

　次に，本憲章の目的に関連して，第2条でスポーツを次のように定義している．

　「スポーツとは，気軽に（casual），あるいは組織的に参加することにより，体力の向上，精神的充足感の表出，社会的関係の形成，あらゆるレベルでの競技成績の追及を目的とする身体活動の総体を意味する．」

　スポーツをこのように広義に定義した上で，第3条「スポーツ振興活動」において，公共および民間機関の果たすべき役割と任務，両者のパートナーシップ，ボランティア活動の促進，スポンサー，マスメディアとの協力関係の確立によるス

ポーツ振興活動を提起している．

以下，第4条から第13条までの条項および内容のポイントについては次のとおりである．

第4条　施設の全体計画と整備，運営．
第5条　スポーツ基盤の形成．青少年の体力の向上，基礎的な技術の習得，参加の促進．
第6条　一般市民のスポーツ参加の促進と職場スポーツの推進．
第7条　競技力の向上．タレント選手の発掘，施設の提供，スポーツ医科学による支援と監督（ケア），指導体制の確立，スポーツクラブへの援助．
第8条　トップレベルおよびプロスポーツに対する支援
第9条　人的資源．ボランティアおよび専門指導者の養成，資格の付与．
第10条　環境保全に対する理解
第11条　情報および研究活動の整備・推進
第12条　財源の確保・創出
第13条　国内および国際協調

4.「スポーツ倫理綱領」の採択

新しく制定された「ヨーロッパ・スポーツ憲章」を補完し，強化していくために，イギリスのスポーツ担当大臣の提案に基づく「スポーツ倫理綱領」（Code of Sports Ethics : Fair Play : the winning way）も本会議において採択された．

"フェアプレイ—勝利への道"と唱った「スポーツ倫理綱領」は，イギリスの社会体育中央審議会（CCPR）が1990年に「スポーツに関わるすべての人々の行動綱領」として制定した「フェアプレイ憲章」に基づいて提案されたものである．

本綱領は，「フェアプレイ，スポーツマンシップ，ボランティア・ムーブメントに対し，これまで築いてきた伝統的なスポーツ基盤が侵食されている現代社会の現状を鑑み，その切迫した情況を克服するための望ましい倫理的な枠組み（フレームワーク）を与える」ことを目的としている．そして，本綱領はヨーロッパで使用されているすべての言語に翻訳され，とくに青少年のスポーツ指導にあたる競技団体，学校，スポーツクラブに重点的に配布することが決議された．

「スポーツ倫理綱領」において"フェアプレイ"とは，ルールの範囲内で競技

を行なうこと以上のものであり，友情，他者への尊厳，そしてつねに公正な精神をもって競技することに結びついた概念であるとしている．したがって，フェアプレイとは単なる"行動様式"ではなく，"思考様式（a way of thinking）"であるとし，勝利至上主義に基づく競技での不正行為やルール違反すれすれの行為，ドーピング，身体および言葉による暴力行為，参加機会の不平等，いきすぎた商業主義と金銭的腐敗を排除することを，本綱領の主たる目的としている．

5. 21世紀に向けてのスポーツ環境の指針

　スポーツをとりまく政治，社会，経済環境の変化，さらには個人のライフスタイルの変化，スポーツに対する関心，欲求の高まりに対応して，21世紀に向けての「ヨーロッパ・スポーツ憲章」および「スポーツ倫理綱領」が新しく制定されたのであるが，こうしたヨーロッパの一連のスポーツに関する決議採択は，国際スポーツ界においても，一つの方向づけを与える望ましいモデルとして歓迎されている．

　とくに，民主的なスポーツ・システムへの転換を迫られている旧社会主義諸国においてはスポーツの機構改革（リストラ）や法的整備に対する指針として受けとめられている．また，わが国の「スポーツ振興法」（1961年制定）のように，プロスポーツ・ドーピング問題など現代のスポーツ環境に対応できなくなった各国の旧来の「スポーツ基本法」の改正にも，この「スポーツ憲章」はそのフレームワークを示しているものと思われる．

　さらに，ドーピング，商業主義の蔓延，勝利至上主義による青少年スポーツ指導の弊害，フーリガンなどの観戦者の無法，暴力行為といった最近のスポーツ界にみられるネガティブな現象は，スポーツの危機的状態を招いてきている．その意味でも，「スポーツ倫理綱領」も，国際スポーツ界において，きわめて意義のある画期的な採択決議として，高く評価され，各国で受容されていくべきである．

〔池田　勝〕

　この論文は，「体育科教育」第44巻第13号1996年 pp36-38に掲載されたものである．

注）「ヨーロッパ・スポーツ憲章」ならびに「スポーツ倫理綱領」の全訳については以下

の文献を参照

池田　勝：ヨーロッパ諸国のスポーツ構造（1）．体協時報1993年2月号．

SSF笹川スポーツ財団（1996）：スポーツ白書—2001年のスポーツ・フォア・オールに向けて—．

10章
スポーツ政策研究の国際動向

1. 緒論―問題の所在

　東京オリンピック開催4年後の1968年に，文部省が広く外国における体育・スポーツの現状を把握し，世界的視野に立って，今後のわが国の体育・スポーツの振興を図ることを目的として，「外国における体育・スポーツの現状」と題する報告書を刊行した．本報告書は，当時の約20名の第一線研究者の協力を得て，アメリカ，ソ連，イギリスをはじめ，東欧諸国，東南アジア諸国にまで及ぶ計16カ国の学校体育，社会体育，体育行政，研究機関などの現状を網羅している．それぞれの国における資料入手上の難易から，内容的には精粗の面がみられるが，当時，類書が内外を問わずあまりなかったがために，第二次大戦後から1960年代にかけての変革期のおける世界の体育・スポーツの動向を知る上で貴重な資料として，関係者に広く活用された．

　あれから30年経た今日，周知のように，世界の政治，経済，社会状況は目まぐるしくかつ大きく変化しており，その過程でわが国のみならず各国の体育・スポーツ政策も様相を新たにしていった．とくに，1970年代に入ってから各国共，自由時間の飛躍的な増加，生活の変化に伴う健康問題の危機といった状況に対処するために，国民の体育・スポーツ活動によりいっそう強い関心を示すようになった．その結果，国民の健康と福祉の向上を目的とした「スポーツ・フォア・オール」，「トリム」，「フィットネス」といった各称こそ違え，一連の国民健康運動が1970年代に入って堰を切ったように各国で展開していった．また，それによって体育・スポーツ政策に関する各国間の情報交換や政策協調も活発に行なわれるようになった．

　一方，オリンピックやサッカー・ワールドカップを頂点とする国際スポーツ大

会の隆盛により，スポーツが政治，経済，教育，文化，さらに国民生活全般の問題と深くかかわるようになってきた．

1989年11月のベルリンの壁崩壊以後，東西の冷戦対立構造に終止符が打たれた後も，スポーツを媒介とした「武器なき戦い」（war without weapon）は，各国・地域間でいっそう激しくなってきている．自国のアスリートあるいはチームの争いは，国家の重要な関心事となり，そのための選手強化対策，トレーニング施設の設置，科学的トレーニングの開発などが国家政策として当然のように遂行されるようになった．

さらに，ドーピングや観戦者暴力行動（フーリガン）などの問題は，かつてはアスリートが所属する，あるいは競技会を主催するクラブや競技団体の責任で対処すべき問題であったが，スポーツの国際化の進展とともに，スポーツ界だけでは対処できない，国家あるいは国際的な政治課題となってきた．

また，"ヨーロッパ合衆国"への道ともいわれるEU（欧州連合）の誕生（1993年1月）は，ヨーロッパのみならず世界のスポーツ状況全体を大きく変えようとしている．たとえば，ベルギーのプロサッカー選手J.M.ボスマンがヨーロッパ・サッカー連盟（UEFA）とベルギーサッカー連合を相手取り，EU司法裁判所に訴訟を起こして全面的に勝訴してクラブ移籍の自由が認められた「ボスマン判決」（1995年12月）は，ヨーロッパのみならず世界のスポーツ・システムの根底を覆す事件として記憶に新しいものがある．選手の移籍に結んだ「スポーツ移民（帰化）」，「スポーツ国籍（スポーツ・ナショナリティ）」，さらには国際的スポーツのイベントの独占テレビ放映権をめぐる問題など，人権や経済にかかわるスポーツボーダレス問題は今後益々多発してくるものと予想される．スポーツのボーダレス化によって引き起こされる問題は，スポーツ界全体の自争能力が問われるとともに，これらの問題に対する国際的な情報の共有化と問題解決への政策協調（policy cooperation）が一層求められるようになる．

「比較体育・スポーツ学」の確立を最初に提起したBennettらは「複数の社会，文化，国家，地域における体育・スポーツの類似点や相違点を調べる目的で，その最も顕著な特徴や発達の比較分析を行なうこと」として比較スポーツ研究の目的を提示しているが，今後，スポーツ国際比較研究に対して求められていることは，単にグループ間の類似点（similarity）や相違点（variability）の分析とその検討だけに溜まるものではない．スポーツ政策に関していえば，「他の国や社

会で派生している問題点と導入されるべき政策の確認が他の国の政策失敗をさける機会」(Houlihan, 1997：p9) でもある．カナダのように，スポーツの国際化に伴う上述のように問題解決へ向けての政策協調によって，外交政策でイニシアティブを発揮する「スポーツ外交」(Sport diplomacy) の絶好の機会として，スポーツを通じて外交政策を積極的に展開し多大な成果を収めている国もみられるようになってきている．

国際化あるいはボーダレス化時代を迎えて，世界的視野でもってスポーツ政策に取り組むことが今後ますます要求されてこよう．その意味で，スポーツ政策に関する研究の国際的な発展及び最近の動向をレビューすることは，極めて意義のあることと思われる．

2. スポーツ政策研究の発展

スポーツの国際比較研究に関する最初のテキストとして，国際体育学会の元会長であったHaagらはフランスのPierre SeurinとアメリカのVendien and Nixonによる2つの著書を挙げている．両テキストとも，冒頭で紹介した文部省の「外国における体育・スポーツの現状」と同年代の1968年に刊行されていることは興味深いものがある．つまり，スポーツ（政策）の国際比較に対する内外の関心の高まりをみせはじめたのは，この時期以降からということがうかがえるのである．

表3-1は，1968年以降に刊行されたスポーツの国際比較研究に関する主要な文献をリストアップしたものである．文献の選択にあたっては，著者の言語能力の制約から英文文献に限定されているが，少なくとも5カ国以上を対象に同一のフォーマットに基づいてデータが収集され，かつスポーツ政策の比較に重点を置いている文献をリストアップした．「日本」について担当した執筆者を掲示したが，それぞれの文献の編集趣旨に添って，わが国の体育・スポーツの現状とスポーツ政策について海外に発信していく上で貴重な報告源になると思われるからである．

表3-1に挙げた文献および国際スポーツの動向から，スポーツの国際比較および政策に関する研究のこれまでの発展過程を次の3つの時期にまとめることができよう．

表3-1 スポーツ政策に関する国際比較研究文献

著(編)者	刊行年	比較政策項目	対象国・地域	「日本」項目
Vendien CL and Nixon J	1968	おもに学校保健体育	世界26カ国	池田並子 (pp265-281)
Benett et al	1975 (1983)	学校体育，指導者養成など	世界各国	市村操一 (pp371-382)
Johnson W	1980	体育スポーツ全般	世界36カ国	
Riordan J (古市英監訳)	1981	旧共産圏スポーツ政策	旧共産圏5カ国	
Arbena JL	1988	中南米諸国のスポーツ政策	中南米5カ国	
Wagner EA	1989	アジア・アフリカのスポーツ政策	アジア7カ国，アフリカ5カ国	佐伯聰夫 (pp51-82)
Will MR	1993	ヨーロッパのスポーツ法令・プロサッカー選手規定	ヨーロッパ各国	
Wilcox RC	1994	南アフリカおよびドイツ統一後のスポーツ政策など	世界各国	
Chalip L et al	1996	スポーツ政策全般	世界15カ国	中村祐司 (pp286-316)
Cushman G et al	1996	スポーツ・レジャー参加行動	世界12カ国	原田宗彦 (pp153-163)
De Knop P et al	1996	青少年スポーツ政策	世界20カ国	山口泰雄 (pp67-75)
Houlihan B	1997	スポーツ政策とくにドーピングおよび学校スポーツ	英語圏5カ国	
Remans A and Delforge M	1997	ヨーロッパのスポーツ構造	ヨーロッパ評議会(CE)加盟39カ国	
Ikeda M	1997	アジア・オセアニア地域のSports for All政策	アジア・オセアニア地域24カ国	
文部省	1968	学校体育，社会体育，体育行政，研究機関	世界16カ国	
池田　勝ほか	1984	スポーツ行政および振興策	世界10カ国	
池田　勝	1994	EUのスポーツ政策	EU12カ国	
池田　勝	1990	指導者資格制度	欧米5カ国	

　第1の時期は，東西の冷戦対立構造が定着し，緊張緩和（デタント）に向けて米ソ両陣営の関係改善・平和共存を模索しはじめた1960年後半から1970年代後半にかけての時期である．東京オリンピック大会が世界各国に衛星テレビで放映され，はじめてスポーツのグローバル・ネットワークがスタートした時期である．それだけにテレビを利用した「スポーツ外交」が盛んに展開していった時期でもある．

「ピンポン外交」という言葉を生んだニクソン大統領の中国訪問，ミュンヘン・オリンピック大会でのイスラエル選手への悲惨なテロ事件などはその例である．また，1967年4月，ノルウエー・スポーツ連盟が発表した「スポーツ振興15カ年計画」をきっかけにヨーロッパ諸国を中心に国民の健康と福祉を目的とした「スポーツ・フォア・オール政策」提唱され，「ヨーロッパ・スポーツ・フォア・オール憲章」の採択（1975年）として結実した．

スポーツの国際研究「胎生段階」（Bennett et al, 1983：p32）であったこの時期に刊行された文献や研究論文は，Kamphostらが指摘しているように，「比較（comparative）」というよりも「百科全書的（encyclopedic）」な内容が主流を占めていた．しかし，「百科全書的」であるからといって，それらの文献には価値が見出せないというのではない．「百科全書的」内容になるのは，ある意味で国際的な比較研究の宿命であり，むしろ，各国の寄稿者たちがいかに編集の意図をくみ取り，できる限り客観的に叙述するかが問われるのであって，その意味からすれば，**表3-1**に挙げた文献は，わが国の執筆者たちを含めこの基準をクリアしており，信頼性の高い情報源として評価できる．各国のこうした叙述的なデータ（descriptive data）からそれを読む研究者がどのように視点で比較分析し，そこから学び取ったことを各国の政策に提言していくかが大切である．

第2の時期は，スポーツ政策などに関する研究が国際的な広がりをもって行なわれるようになった1970年代後半から1980年代後半にかけての10年間である．そのきっかけとなったのは1978年11月の第20回ユネスコ総会での「体育・スポーツ国際憲章」の採択，「国家機構体育・スポーツにおいて主要な役割を果たす」（第9件）として，各国の政府に体育・スポーツ政策の推進を強く促したのである．また，この同年の12月に，イスラエルの体育研究所（Wingate Institute）で14カ国60名の参加者で「第1回国際比較体育セミナー」が開催された．セミナー修了後「国際比較体育スポーツ研究委員会」（ICCPES）結成され，さらに，ICCPESは1980年に国際学会（ISCPES）として成長し，スポーツに関する国際研究制度化が図られた時期である．

この時期でとくに注目される研究動向は，"ミラクDDR"といわれた旧東ドイツやキューバなど共産圏諸国の国際スポーツ界での驚異的な活躍ぶりを支えるスポーツシステム・政策に強い関心が集まった．その代表的な研究は，ソ連，チェコスロバキア，東ドイツ，中国，キューバの共産圏5カ国の体育・スポーツシス

テムを鋭く分析しトップスポーツ政策の類似性を指摘したRiordanの業績があげられる．

また，この時期にソ連のアフガニスタン武力進入により，アメリカとそれに同調した日本など西側諸国のモスクワ・オリンピック大会ボイコット，さらにはモスクワ大会のカウンターパンチとして，1984年ロサンゼルス・オリピック大会では，ソ連，東ドイツ，キューバなど社会主義諸国がボイコットする結果となった．これを機会に，スポーツへの政治（家）介入をめぐって，政府，スポーツ統括団体，マスコミ，さらにはアスリートを巻き込んでの激論が交わされ，こうした動向をもとにして，Shaikin，Hulme，Hill，守能などによるオリンピック・ボイコット問題に焦点を合わせたすぐれた研究成果もみられる．

スポーツ政策の第3の時期は，ベルリンの壁崩壊後からEU誕生を経て今日に至るまでの，スポーツの国際化，ボーダレス化が一層進展した世界変革の10年間である．ソウル・オリンピック（1988年）でのドーピングによるベン・ジョンソン選手の失格事件は，スポーツを「国家のトレードマーク」とするカナダ政府のみならず，国際スポーツ界に大きな衝撃を与えた．これがきっかけとなって，ドーピング問題は医学的観点からのみならず，倫理あるいは人権上の問題として考察，検討が加えられ，アンチ・ドーピングに対する倫理規定や法的措置も講じられるようになった．

また，EUの誕生は，先述したようにアスリートの移籍，ナショナリティさらにはコーチ，教師の資格をめぐる雇用問題，観戦者暴力対策，国境を越えるテレビ放映権問題など，構成国の政策，スポーツ統括団体の運営にも大きな影響を及ぼすようになった．このため，こうした国家間にまたがる諸問題についての情報交換，政策協調が活発に行なわれるようになり，問題解決に向けてのスポーツ政策研究に対する期待が一段高とまってきている．

3. スポーツ政策に関するデータベースの開発

スポーツ政策に関する有用な情報は，政府刊行物や会議の報告書，ドキュメントなど一般に入手困難な，いわゆる"gray literature"が多く，研究を深めていく際に，おのずと制約を受けることも少なくない．しかしながら，最近，スポーツ情報に関する国際的なデータベースも開発され，また，インターネットの普及

によって，スポーツ関連の政府機関および民間機関（NGO）のホームページからスポーツ政策情報を容易にアクセスできるようになった．

オンライン・サービスを提供している世界で最大スポーツ・データベースは，カナダ，コーチ協会を中心に1973年以来開発を進めてきたカナダのスポーツ情報センター（SIRC）の"SPORT"である．

しかしながら，SPORTの情報データの約8割が英語文献で占められており，こうした言語の偏りを補完するために，ドイツ，スポーツ科学研究書はドイツ語圏のデータベースSPOLETを，フランス国立体育スポーツ研究所（INSEP）はフランス語圏のHELACLESを，スペイン国立スポーツ情報センターはスペイン語圏のUNISPORTを開発している．また，フィランドのユベスキラ大学が中心となって開発したNOR-SIBがある．これらのデータベースは，いずれも国際スポーツ情報協会（IASI）を通じてネットワーク化が進められている．

国家間にまたがるスポーツ政策情報の提供に大きく貢献している存在として，ヨーロッパ評議会（CE）の「スポーツ・フォア・オール情報センター（Clearing House）」とヨーロッパ連合（EU）のECの委員会第10総局（DGX）が提供する「Sport Info Europe」があげられる．

Clearing Houseは，CE加盟国（現在では旧東欧諸国も含めてヨーロッパのほとんどの国が加盟している）の政府（GO）および民間スポーツ機関（NGO）の代表の全会一致の下に，1973年9月ベルギーのブリュッセルに設立された．主要な事業活動は，CE加盟国が指定した「スポーツ情報連絡委員（SIO）」から定期的に送られてくる各国のスポーツ政策の最新動向を「一般情報」として整理し，その概要を定期刊行誌Sport Information Bulletin（SIB）に掲載される．また，CEの「スポーツ振興委員会（CDDS）」審議され，提案された報告を総合的にまとめた「特別情報」と各国政府ならびに民間機関のリクエストに応じて，クリアリングハウスが独自に，あるいはほかの専門機関や専門家の協力を得てまとめた「個別情報」も刊行している．

表3－2は，SIBに特集された最近の「特別情報」および「個別情報」である．現代的なニーズの高いこれらのテーマに基づいて各国から関連資料の入手とCDDSに対するヒアリングを通じてデータを整理，分析しており，現代社会が直面してスポーツ政策課題を解決していく上で貴重なデータ源を提供している．

EUの行政府にあたるEC委員会（the European Commission）第10総局

表3-2　CEスポーツ情報誌（SIB）特集テーマ

巻	年・月	特集テーマ
35	94・2	ヨーロッパ諸国におけるスポーツ法
36	94・6	スポーツ財源
37	94・10	反ドーピング：克服できない対戦者（1）
38	95・3	反ドーピング：克服できない対戦者（2）
39	95・6	青少年のスポーツ
40	95・10	スポーツにおける偏見—スポーツを通しての寛容性の育成
41	96・3	寛容とファン・プレイ
42	96・6	スポーツ界における女性の指導的地位：理想現実
43	96・10	スポーツに関する2国間および多国間協定
44	97・2	ヨーロッパ諸国のスポーツ参加動向
45	97・6	青少年とトップスポーツ
46	97・10	スポーツにおけるセクシュアル・ハラスメント
47	98・3	スポーツ外での禁止薬物の使用
48	98・6	トップスポーツに対する公的支援

(Clearing House (1994-98) : Sport Information Bulletin. : pp34-48)

「メディア政策・文化・スポーツ局」内に「スポーツ課（Sport Unit）」があり，先述の「ボスマン判決」などEUが決定する重要な採決や政策決定の通達，構成国間および域内地域間のスポーツ交流促進プログラム（EURATHLON）や身障者スポーツ振興プログラム，ヨーロッパ・スポーツフォーラムの開催などの事業活動の情報提供を"Sport info Europe"を通じて行なっている．EUのこれからの情報および構成国のスポーツ政策情報はEU・DGXのホームページでアクセスできる．

1997年6月にEUの新しい憲法ともいうべき「欧州連合条約（アムステルダム条約）」がEU首脳会議で採択された際に，付帯事項の1項として「本会議は，ヨーロッパのアイデンティティーを築き，人々の一体感をもたらすスポーツの社会的意義を協調する．（中略）とくに，アマチュア・スポーツの特性について特別な考慮が払われるべきである．」との「スポーツ宣言」が加えられた．アムステルダム条約全体の膨大なボリュームからすれば，ほんの数行最後の部分であてているに過ぎない内容の「スポーツ宣言」であるがEUの今後のスポーツ政策の与えるインパクトは計り知れないものがあるとヨーロッパ委員会スポーツ担当責任者のMarcelins Orejaは解説している．これによって，EUはスポーツにますます強く介入してくるものと思われる．すなわち，「ボスマン判決」で示された

ように，プロ・スポーツの関しては，各構成国，競技団体の主体性を尊重して，ヨーロッパ市民としての連帯意識を高めるべく大いに振興していこうとする意図が読み取れるのである．

4. 研究方法論吟味，検討

　他の政策研究と同様にスポーツ政策の研究が，社会にとって有用な学問分野として位置づけられるためには，当面取り組むべき研究パラダイムの確定と方法論の開発が急務であることはいうまでもない．これまでにように，「エンサイクロペディア」のレベルについてまでに溜まらず，「比較」に耐えうる方法論の開発と妥当性のある分析モデルの適用が望まれる．辛いなことに，最近このような点留意して，できる限り客観的に各国のスポーツ政策を比較分析しようと試みた研究成果もみられるようになった．

　たとえば，De Knopらは，5大陸20カ国におよぶ青少年のスポーツ政策に関する国際比較研究を実施するにあたって，①6〜18歳の青少年を対象とする，②1983年から1993年の10年間のデータを採用する，③学校以外のスポーツ活動に限定する3つのパラメーターを設定し，各国の担当者に分析，執筆を要請している．このようなシンプルなパラメーターの設定だけでも，この文献を参考にする研究者あるいは政策担当者にとっては，単なる「エンサイクロペディア」としてではなく，「比較分析」の視点で有用なデータ源を提供することになる．

　Houlihanは英語圏5カ国（オーストラリア，カナダ，アイルランド，イギリス，アメリカ）のスポーツ政策を詳細に比較しているが，対象国を選定するにあたって，

　① スポーツがひとつに重要な文化要素として位置づけられている，
　② 民主主義が確立し安定している，
　③ 利害集団民主政治の"アクター"とし活躍している，
　④ 経済が比較的に成熟している，
　⑤ 高等教育制度が確立している，

の5つの選択基準をあげ，5カ国のスポーツ政策，とくにドーピングおよび学校体育・スポーツに関する政策過程（policy process）をダウンズ（Anthony Downs）の「問題への注意の循環（issue attention cycle）」モデルを適用して

分析し，5カ国のこれらの2つのスポーツ政策決定過程における類似性と相違性を明らかにしてる．

表3-3は，Houlihan が試みた5カ国のドーピング政策の分析結果をまとめたものである．

(2) の問題確認段階と (3) 政策オプション形成段階，(5) 政策実行段階において高い類似性を確認し，ダウンズ・モデル適用の妥当性を検証している．また，スポーツ政策の基礎データとなる各種のスポーツ統計の国際標準化に向けての作業も進められている．

スウェーデン国立統計研究所のWicklinは，ユネスコ本部統計局の要請を受けて，ユネスコの「文化統計基準（FCS）」の中に，第8項目として「スポーツ」を含めるべく，そのフレームワークの確率と関連データの収集に取り組んでいる．そのため，1993年8月にイタリアのフィレンチェで開催された第49回国際統計学会で，「国際スポーツ統計委員会（ISSC）」を創設し，プロジェクト・チームを発足させている．池田は，第2回ISSC会議（1995年8月北京で開催）で，「SSFスポーツライフ調査」に基づき，運動実施の頻度，強度，時間の観点から，イギリス，カナダ，オーストリアの同種の調査結果と比較分析して，わが国成人のスポーツ参加レベルの特徴を発表するとともに，この調査で用いた分析方法が国際比較調査モデルのひとつとして採用されることになる．

ヨーロッパにおいては，イギリスのスポーツ・カウンシル（SC）とイタリア・オリンピック委員会（COIN）の2つの機関のイニシアティブのもとに，「スポーツ参加比較調査プロジェクト」(Co-Ordinated Monitoring of Participation Sports : COMPASS) を発足させている．すでに，CE加盟44カ国すべての国立統計局などの関係機関に調査票を発送し，36カ国から回答を得た結果，20カ国がスポーツ参加に関する調査を実施し，適切なデータが有効であるとの回答を得ている．

このCOMPASS調査の詳細な結果は，クリアリング・ハウスのSIB47号（1998年3月）で報告されている．

5. 結語──「政策研究」から「政策科学」へ

周知のように，スポーツ振興のための新たな財源の確保を目的として，「ス

10章　スポーツ政策研究の国際動向　109

表3-3　ドーピング政策の決定過程：国際比較

段階	オーストラリア	カナダ	アイルランド	イギリス	アメリカ
(1) 問題認知前段階	1980年代はじめにAISで薬物乱用の噂がアスリートおよびコーチの間で広まる．IFおよびIOCから問題解決の圧力がかかる．	1980年代はじめにトレーニングセンターで薬物乱用の噂がアスリートおよびコーチの間で広まる．IFおよびIOCから問題解決の圧力がかかる．	反ドーピング政策がなければ，ヨーロッパ評議会(CE)からの撤収を余儀なくされるとの自覚がせいならびにスポーツ関係者に高まる．	1970年代後半から1980年代後半にかけてスポーツ関係者，科学者，一部政治化が問題を自覚する．	スポーツ関係者，コーチのごく一部のものが，スポーツ団体に働きかける．
(2) 問題認知段階	1987年11月のテレビの特別番組で衝撃的に取り上げられる．1989年に国会に調査委員会発足．既存の政策の見直しが行なわれる．	1988年ソウル・オリンピックでのベン・ジョンソンの衝撃的な失格事件，Dubin調査委員会発足．既存の政策の見直し．	CEを通じて定期的な調査の実施．1996年アトランタ大会でのマイケル・スミスの疑惑に対する弁明にショック．	定期的な検査では特に問題が発見されなかったが，1988年ソウル大会での2人にイギリス選手に陽性検査反応が判明する．	1986年有名選手レン・バイアスの死亡原因にショック．
(3) 政策形成段階	IOCによる指導を受けるが，1989年の国会調査委員会が中心的に役割を果たす．	IOCによる指導を受けるが，1989年のDubin調査委員会が中心的に役割を果たす．	初期の段階で相応の財源および物品援助が与えられる．	IOCによる指導を受けるが，スポーツ担当対人およびスポーツ審議会が重要な役割を果たす．	連邦議会からの支援を一部受けるが，USOC（およびIOC）に政策形成一任される．
(4) 政策決定段階	政府中心．IOCとの密接な連絡を維持．	IOCによる指導を受けるが，1989年のDubin調査委員会が中心的に役割を果たす．	政府が未形成の段階であるが，政府が政策決定を行なう予定．	政府が主導的役割．IOCの指導も常に受ける．	USOC主導．ステロイドの禁止に関して，連邦政府ならび議会の承認を受ける．
(5) 政策実行段階	ASDAを通じて政府による徹底してコントロール．	CCDSを通じて政府による徹底してコントロール．	政府が未形成の段階であるが，政府が政策決定を行なう予定．	政府によるコントロールの徹底．	USCOおよびNCAAなどのスポーツ団体の責任．
(6) 政策評価・廃止・改正段階	ASDAによるコントロール．一部は競技団体が関与．	CCDSによるコントロール．一部は競技団体が関与．	―	スポーツ審議によるコントロール．競技団体の関与も次第に高まる．	ビジネスにつながる場合にはUSCO，NCAAおよび各競技団体に一任される．

注）AIS：Australian Institute of Sport, ASDA：Australian Sport Drug Agency, CCDS：Canadian Centre for Drug-free Sport
（Houlihan B (1997)：Sport, Policy, and Politics-A Comparative Analysis. Routledge：London, p258）

ポーツ振興投票（サッカーくじ）法」が制定された（1998年5月）．この法案の成立をめぐって，政治家や官僚，利害集団（青少年団体およびスポーツ関係団体），マスコミのみならず，一般国民も大きな関心を寄せ，ある意味で"政策アクター"として重要な役割を果たした面もみられる．つまり，今回のサッカーくじ法案の成立過程を通じて，スポーツをめぐる政治的なダイナミズムを生む契機となり，国民のスポーツと政治への接近「政治化（politicalization）」をもたらし，国民の声（世論）がこの法案成立にあたって，少なからず影響を与えたことは否定できない．

　今日，スポーツと政治への急接近が望まれるのは，一般国民サイドだけではない．スポーツ政治化，国際化をめぐる諸問題に対応していくためには，高度な知識と規範的認識を共有したスポーツ研究者集団の"政策アクター"としての役割に期待が寄せられている．「特定分野において専門性と能力が認められ，その分野ないし問題領域内で政策上有効な知識について権威をもって発言できる専門家のネットワーク」をエピステミック・コミュニティ（知識共同体）と称されているが，体育・スポーツ科学の分野においても，国境を越えた専門家集団のネットワークが求められている．より望ましいスポーツ政策の実現を促すために，内外の政策動向を注視し，専門的知見と判断による政策提言を行なっていく，いわば政策科学の一分野を担う「スポーツ科学」の存在をもう少しアピールしていく必要があるのではないかと思えてならない．

［池田　　勝］

　この論文は，「体育学研究」第43巻第5・6号1998年　pp225-233に掲載されたものである．

注）本稿で引用・言及した各国際機関のホームページURLは次のとおりである（http:// は略）．
European Union DGX : europa.eu./comm./dg10/sport
IASI : www.sirc.ca/iasi/html
SIRC : www.sirc.ca/
INSEP : www.online.fr/insep/welcome.html
NORSIB : www.jyu.fi/～library/norsib/

参考文献

Arbena JL ed (1988)：Sport and Society in Laten America：Diffusion, Dependency and the Rise of Mass Culture. Greenwood Press：NY.

Bennett BL, Howell ML and Simri U (1983)：Comparative Physical Education and Sport. 2nd ed. Lea & Febiger：Philadelphia.

Canadian Government (1992)：Sport：The Way Ahead, The report of the minister's task force on federal sport policy. The Ministry of State Fitness and Amateur Sport.

Chalip L, Johnson A and Stachura L (1996) National sport policies：An International Handbook. Greenwood Press：Westport. Conn.

Clearing House (1994-98)：Sport Information Bulletin. pp34-48.

Council of Europe (1989)：Explanatory Report on the Anti-Doping Convention.

Cushman G, Veal AJ and Zuzanek J (1996)：World Leisure Participation：Free Time in the Global Village. CAB International.

De Knop PD et al (eds) (1996)：Worldwide trends in youth sport. Human kinetics：Champaign, IL.

Goodhart PC, Chataway CJ (1968)：War without weapons. W.A. Allen：London.

Haag H et al (1994)：The past, present, and future of comparative methodology in physical education and sport: presidential perspectives. In：Willcox RC, ibid., pp509-521

Houlihan B (1997)：Sport, Policy, and Politics-A Comparative Analysis. Routledge：London.

Hill CR (1996)：Olympic Politics. 2nd ed. Manchester University Press：Manchester, UK.

橋本一夫（1993）：日本放送スポーツ史．大修館書店．

Hulme DL (1990)：The Political Olympics：Moscow, Afghanistan, and the 1990 U.S. Boycott. Praeger：NY.

池田　勝（1990-91）：連載：海外スポーツ指導者事情（1）～（13）．月刊体育施設，第230号～242号．

池田　勝（1993）：ECのスポーツ政策の方向．体協時報，3月号：pp4-8.

池田　勝（1993-94）連載：ヨーロッパ諸国のスポーツ構造（1）～（14）．体協時報，1993年2月号～1994年3月号．

Ikeda M ed (1997)：Sport for All Structures in Asian and Oceanian Countries. ASFAA：Tokyo.

Ikeda M (1996)：Participation in sport and physical activity among Japanese adults：an international comparison. In：International Sport Statistics Committee, Challenge ahead for Improving Sports Statistics. Italian National Olympic Committee (CONI).

池田　勝他（1984）：諸外国のスポーツ振興策．浅見俊雄也編，現代体育スポーツ体系第4巻　体育スポーツの振興．講談社：pp106-156.

猪口邦子編（1996）：政治学のすすめ．筑摩書房：p27.

Johnson W ed (1980)：Sport and Physical Education around the World. Stipes Publishing：Champaign, IL.

Kamphorst TJ et al (1996) : Purposes, methodology, and problems of a cross-national or international comparative project on youth sport. In : De Konp P et al (eds), Worldwide Trends in Youth Sport, ｉbid., p6.

Macintosh D and Hawew D (1994) : Sport and Canadian Diplomacy. McGill-Queen's University Press : Toronto.

Marchand J (1990) : Sport for All in Europe. Council of Europe, HMSO : London.

宮川公男（1994）：政策科学の基礎．東洋経済新報社：p197.

文部省編（1968）：外国における体育・スポーツの現状．大蔵省印刷局．

守能信次（1982）：国際政治とスポーツ．プレス・ギムナスティカ．

Palm J (1991) : Sport for All: Approaches from Utopia to Reality. ICSSPE Sport Science Studies5, Verlag Karl Hofmann, Schorndorf.

Remans A and Delforge M (1997) : Sport Structures in Europe. Clearing House : Brussels.

Riordan J ed (1981) : Sport under Communism. 2nd ed. Hurst : London（古市　英監訳（1987）：共産圏のスポーツ．同朋舎．）

Shaikin B (1988) : Sport and Politics : The Olympic and the Los Angeles Games. Praeger : NY.

Townley S (1995) : The repercussions in England of the European court of justice judgement in the Jean-Marc Bossman case. Sport Law & Finance : 3-4 pp44-47.

Vendien CL and Nixon JE (1968) : The world today in health, physical education and recreation. Prentice-Hall, Englehood Cliffs : NJ.

Wagner EA (1989) : Sport in Asia and Africa. Greenwood press : NY.

Wicklin B (1992) : Statistical analysis of the sport and recreational sector : Methodological and operational problems from the Swedish point of view. Statistical Journal of the United Nations. ECE, 9 : 219-237.

Wilcox RC (1994) : Sport in the Global Village. Fitness Information Technology , Inc. : Morgantown, WV.

Will MR ed (1993) : Sportrecht in Europe. C.F. Muller.

11章 地域スポーツ振興政策からみた「スポーツ振興法」と「保健体育審議会答申」の今日的意義

はじめに

　2000年9月に文部省から「スポーツ振興基本計画」が発表され，21世紀のスポーツ振興の指針が提示された．「スポーツ振興基本計画」は，生涯スポーツの振興について，①できるだけ早期に，成人の週1回以上のスポーツ実施率を50％とする，②2010年までに各市町村に「総合型地域スポーツクラブ」，各都道府県に「広域スポーツセンター」を少なくともひとつは育成するとうたっている．スポーツ実施率については例によってあいまいであるが，まがりなりにも政策目標と達成年度を設定したことで，これまでのスポーツ行政の殻を破った画期的なものとなった．スポーツ振興投票券の販売によって，財政の継続的な裏づけがなされたことも画期的であった．しかし，スポーツ振興の政策的展開の歴史的な流れからみれば，それが1961年に制定されたスポーツ振興法で「基本的計画を定めること」がうたわれて以来，39年目にしてようやく策定されたものであることや，スポーツ環境の整備からいえば，1972年の保健体育審議会答申の内容から大きく後退したままであることも事実である．それゆえ，スポーツ振興基本計画が出されたこの時期を受けて，地域スポーツ振興からみた「スポーツ振興法」と「保健体育審議会答申」の今日的意義について考えてみたい．

1. 「スポーツ振興法」とその法的隘路

1）「スポーツ・フォア・オール憲章」とスポーツ振興法

　1960年代に入って，スポーツ・フォア・オール運動は，いくつかの先導的な国々において，①スポーツの振興が国家的な視点で重要政策として位置づけられ，

②国家的な機関によって，③全国的な公共宣伝の媒体を使って，④国民のすべてをメッセージの受け手とした，スポーツ・フォア・オールのキャンペーン活動が行なわれる段階に達していた（Palm, 1991）．これらのスポーツ・フォア・オール運動の高まりを受けて，1975年，ヨーロッパ・カウンシルのスポーツ担当省大臣会議において「スポーツ・フォア・オール憲章」が採択された．憲章の第1条では，「すべての個人は，スポーツに参加する権利を持つ」と，基本的権利としてのスポーツがうたわれ，第2条では「スポーツの振興は，人間性を発展させるひとつの重要な要素として奨励されるべきであり，これのための援助は，公的財源からの支出をもってなされなければならない」とスポーツ振興のための公的責任が明記された．また，第3条では，「スポーツは，社会・文化を発展させる一要素であるから，各地域，地方および地域計画，環境保全，芸術および余暇対策事業等の分野を異にする政策の立案・計画に対してもかかわりをもたねばならない」と，政策全体にスポーツを位置づけることの重要性が示された．

　ヨーロッパでは，スポーツはこれまでどちらかといえば自由権に属する活動であった．国家はできる限り個人の社会生活に干渉すべきでなく，スポーツは自治の活動としてもっぱら個人の責任において行なわれるものであった．しかし，憲章では，スポーツの実施機会に関する国民の権利を明記するとともに，その請求に応えるべき国家の義務を明らかにしている．スポーツ・フォア・オール憲章は，「みんなのスポーツ」として日本に伝わり，憲章が明記した社会的権利としてのスポーツという考え方は，日本の生涯スポーツ振興の理念に大きな影響を与えたといわれている．

　しかし，「スポーツ・フォア・オール憲章」に先立つ14年前，1961年に制定された「スポーツ振興法」にはすでにスポーツの振興が国民の権利として公的に保障され，同時に国および地方公共団体にその趣旨を遵守する義務があることがうたわれている（森川，1999）．「スポーツ振興法」は，その第1条で「この法律は，スポーツの振興に関する施策の基本を明らかにし，もって国民の心身の健全な発達と明るく豊かな国民生活の形成に寄与することを目的とする」とうたっているように，わが国のスポーツ振興施策が依って立つ基本的な法律である．第3条（施策の方針）には，「国および地方公共団体は，スポーツの振興に関する施策の実施に当たっては，国民の間において行なわれるスポーツに関する自発的な活動に協力しつつ，ひろく国民があらゆる機会と場所において自主的にその適性

および健康状態に応じてスポーツをすることができるような諸条件の整備に努めなければならない」と，スポーツ環境の整備にかかわる国や地方公共団体の責任が明記されている．「スポーツ・フォア・オール憲章」の採択が1975年であり，1961年といえば世界のスポーツ・フォア・運動のモデルとなった西ドイツの「ゴールデンプラン」と「第二の道・トリム運動」がはじまったばかりであったことを考えれば，スポーツ振興法の理念が，国際的にみてもいかに画期的なものであったかがわかる．

2) スポーツ振興法の法的隘路

スポーツ振興法は，東京オリンピックをひかえ国民のスポーツ熱も高まってきた折りだけに，非常な喜びと期待をもって迎えられた（関，1997）．しかし，法律の制定がめざされた1960年前後の労働時間は月間200時間を超え（昭和43年「労働白書」），「最近スポーツをやったことがある」者の割合もわずかに14％と少なかった（総理府「体力・スポーツに関する世論調査」1957年）．スポーツ活動のための社会的・経済的基盤は未成熟で，「する」スポーツへの欲求が開花するにはまだ遠い現状にあった．残念ながら，先述した国際的なスポーツ・フォア・オール運動の発展を促したような大衆的なスポーツ欲求の高まりは，この時点ではいまだみられなかった．スポーツ振興法は，これまで実施されてきた施策に法的根拠を与える側面をもっており，その理念はさておき，スポーツ振興政策の法的支援という面では，当時の時代的限界を反映したものにとどまらざるをえなかった．そのため，スポーツ振興法は実効的法律としてはいくつかの問題点を抱えている．

第1の問題点は，法的拘束力の弱い法律であるという点である．「スポーツ振興基本計画」が，スポーツ振興法が施行されて以来39年を経てようやく策定されたものであると先に述べた．39年間策定されなかったこと自体，法的拘束力の弱さを表しているが，それまでは，第4条の2に「文部大臣は，前項の基本的計画を定めるについては，あらかじめ，保健体育審議会の意見を聞かなければならない」と規定されていることを受けて，諮問機関である保健体育審議会の答申という形で出されたものをもって国の計画ととらえるような状況にあった（島崎，1996）．しかし，審議会答申では法的拘束力は派生せず，それだけに後に述べるようにスポーツ政策の実効性という意味では弱い法律であった．スポーツ振興法

が，全体として『やかましい権利義務の法律というよりは，おおらかな助成措置の法律』，義務法ではなく奨励法として受けとめられ，「訓辞的規定」と見なされてきたことの弊害も大きかった（森川，1999）．

それと関連して第2に，施設建設の財政的裏付けが未整備という問題である．生涯スポーツの振興を図る上で重要なのはスポーツ施設の整備であるが，スポーツ振興法では施設については，第12条の「国および地方公共団体は，体育館，水泳プールその他の制令で定めるスポーツ施設が制令で定める基準に達するよう，その整備に努めなければならない」という条項と，（国の補助）として第20条の「学校のプール」や「一般の利用に供するための体育館，プール」などに要する費用の3分の1を補助することができると規定されている．しかし，建物の建設単価自体が低く見積もられている上に，土地に対する補助が除外されていることから，大都市のように地価が高いところでは，「スポーツ振興法」の補助率は，スポーツ施設を建設する場合，ほとんど有効に機能していない（関，1997）という現実がある．

第3に，スポーツ指導者が専門職として制度化されていないという問題点である．スポーツ振興法では，第19条で「市町村の教育委員会に，体育指導委員を置く」ことが明記された．事務次官通達（「地方スポーツの振興について」1957年）という行政措置で誕生した体育指導委員の実績を尊重し，法制化することでそれを確固たる制度にした（杉山，1997）こと自体は大きな前進である．しかし，その身分は「4．体育指導委員は，非常勤とする」と定められている．スポーツ指導者の制度化がなされないことで，後述するようなスポーツ担当派遣社会教育主事や有資格指導者の配置が進まないなどの問題が生じている．スポーツ振興法で市町村必置とされた体育指導委員も，1997年の地方分権推進委員会の「第二次勧告」では，教育委員会の「任命」から「委嘱」事項とされ，スポーツ振興法成立以前の状況に押し戻されかねない状況も生じている．

先述したようにスポーツ振興法は，理念としては時代を先取りする先見性をもっていたが，スポーツ振興施策の法的支援という面では当時の時代的限界を反映したものにとどまった．そして，それが現在においても改善されないままにスポーツ振興の基本的法律として機能していることで，地域スポーツの振興にさまざまな隘路をもたらしている．

2. 1972年「保健体育審議会答申」のスポーツ政策的意義

　保健体育審議会の第1回答申,「体育・スポーツの振興に関する基本方策について」が答申されたのは1972年6月であった．高度経済成長とその後の公害・都市問題や過密・過疎等による社会・経済の歪みが拡大し，国民の健康に対する関心やスポーツへの欲求は飛躍的な高まりをみせていた．スポーツ人口は60％（総理府「体力・スポーツに関する世論調査」1972年）に達し，スポーツ用品需要も1965年と比較すると2倍超に達していた（総理府「家計調査年報」1972年）．

　答申はこのような健康・スポーツへの関心の高まりを背景として，その序文および現状の問題点で，「国民が健康で文化的な生活をいとなむために，体育・スポーツを振興し，人間尊重を基盤とした健康な社会を建設することが，今後の日本の重要な課題である．その具体的施策として，施設の整備充実，自発的なグループ活動の推進，指導者の養成ならびにこれに伴う資金の確保などを図る必要があり，これらの基本方策の実施に当たっては，生涯体育の観点から目標を明示し，段階的にこれを実現する総合的な計画を策定することが必要である．」と，生涯体育の視点に立つこと，目標を明示し，財源の確保を伴った総合計画を樹立することの必要性をうたった．そして，「一般社会における体育・スポーツ活動については，従来，一般的に選手中心の競技スポーツが盛んであったが，今後は，都市，農村，職場などを通じて，日常の体育・スポーツ活動を活発にする必要がある．」と，競技スポーツの振興から大衆スポーツの振興へ政策目標転換の必要性を明らかにした．その上で，①体育・スポーツ施設の整備，②体育・スポーツへの参加の推進（スポーツグループの育成，スポーツ教室の開催），③体育・スポーツの指導者の養成・確保と，指導体制の確立，④学校体育の充実，⑤研究体制の整備，⑥資金の確保と運用，⑦関係省庁の協力体制の確立，などの具体的施策を総合的に打ち出しており，まさに「初の体系的『スポーツ政策』の出現（関，1997）というべき内容を備えていた．

1）スポーツ施設整備基準の提示

　なかでも特筆すべきは，数値目標を提示して体育・スポーツ施設の整備基準を打ち出したことである．整備の基準は，「それぞれの市町村で約20％に当たる人々が，少なくとも週1回，施設を利用してスポーツを行なえるようにすること

を基本として算定された」（文部省体育局スポーツ課, 1981）もので, 西ドイツの施設整備計画であるゴールデンプランを参考に, 施設別, 地域の人口別に必要な施設数の基準が示された画期的なものであった.

　文部省は, 答申を受けて「スポーツ施設整備緊急五カ年計画」を作成, 翌年には「新七カ年計画」を打ち出して, 整備基準にそった施設建設を進めようとした. しかし, 資金確保の裏づけとなったスポーツ振興法の「補助規定」には, 先に述べたように建設費の算定基準や土地に対する補助の除外など補助規定としての有効性に問題があった. 施設建設は財政的裏づけを欠いて思うように進まず, 1989年答申では数値目標が取り下げられて, 単なる整備基準に後退させられてしまった.

2）専門指導者の配置

　また1972年答申では, 公共社会体育施設に専任の体育・スポーツ専門の指導担当職員を配置すること, 市町村教育委員会に社会体育やスポーツ専門の専任職員を置くことが提言された. 文部省では, 答申を受けて1975年に「派遣社会教育主事（スポーツ担当）」制度を発足させた. 都道府県が社会教育主事の資格を有するスポーツ専門職員を市町村の求めに応じて派遣する制度で, 都道府県に対しては国がその給与費の一部を補助するものである. 専任職員を中心とした地域スポーツの継続的, 組織的な振興を期待させる提言であった. しかし, 答申以降も専任職員の配置はあまり進まず, 1989年答申では行政のスポーツ担当専任職員の配置についての記述は落とされてしまった. また, 派遣社会教育主事についても, 派遣期間を過ぎれば給与は自治体負担となることから1986年で596人となり, 1980年までの当初目標の4,805人（体育・スポーツ指導実務研究会, 1979）を大きく下回っているのが現状である.

　しかし, 1972年答申でははじめて自発的なスポーツグループづくりの必要性に言及し, 現在の総合型地域スポーツクラブづくりにつながるスポーツ振興の幹となる政策に端緒を開くなど, 財政的裏付けを欠くという大きな欠陥をもちながらも, 内容的にはまさにわが国最初の体系的スポーツ政策にふさわしいものであった.

表3-4 体育・スポーツ施設における充足率の現状

	A.必要施設数*		B.現有施設数		C.充足率(%)**			
					37%(2002年)		50%(目標)	
	37%(2002年)	50%(目標)	公共施設数	総施設数	公共施設数	総施設数	公共施設数	総施設数
運動広場	16,663	22,518	19,401	65,625	116.4	393.8	86.2	291.4
コート(面数)	100,107	135,280	27,895	80,205	27.9	80.1	20.6	59.3
体育館	15,394	20,803	9,206	51,852	59.8	336.8	44.3	249.3
プール	16,141	21,813	5,460	39,505	33.8	244.7	25.0	181.1
計	148,305	200,414	61,962	237,187	41.8	159.9	30.9	118.3

文部省体育局（1981）「整備基準からみた体育・スポーツ施設の現況」を基に作成
* ：週1日以上の運動を行っている人口の比率に対する必要施設数
**：充足率は，C=B/Aで算出している　　　　　　　　（総理府（2000）：体力・スポーツに関する調査）

3. スポーツ振興法と1972年「保健体育審議会答申」からみた生涯スポーツ振興の現状

　1972年答申で示された体育・スポーツ施設の数的基準は，30年が経過した今日では全国的にみれば十分に満たされている．しかし，先に述べたようなスポーツ振興法の補助規定の欠陥により，大都市圏域の都市ではいまだ達成にはほど遠いのが現実である．たとえば，2002年現在で阪神地区のⅠ市（人口18万人）では，公共施設に限定すれば体育館の充足率は50.0％，プールは13.3％である．また，人口80万人のS市では，体育館20％，プールにいたってはいまだ屋内プールが皆無の状態である．しかも，これらは週1日以上のスポーツ実施率が20％を想定しての充足率である（文部省体育局スポーツ課，1981）．

　表3－4は，総理府の「体力・スポーツに関する調査」（2000年）の「週1日以上のスポーツ実施率」37％と，スポーツ振興基本計画の目標値50％を基準に，直近の体育・スポーツ施設調査に基づく（文部省，「体育・スポーツ施設現況調査報告」1998年）公共スポーツ施設数と，商業施設や学校体育施設を含めた総施設数からみた全国の体育・スポーツ施設充足率を表している．総施設数では，学校体育施設の貢献が大きく，それぞれ159.9％，118.3％と基準値を満たしているものの，公共スポーツ施設数では，それぞれ41.8％，30.9％で，50％にも満たないのが現実である．スポーツ振興基本計画では，これを受けて総合型地域スポーツクラブの活用を前提とした学校体育施設の充実がうたわれている．しかし，市民スポーツの中核的施設となる公共スポーツ施設の建設については，地方

公共団体の自主的努力を支援することが示されたのみである．

近年，ヨーロッパの国々では，スポーツ関連予算がGDPの0.2％以上を占めるのに対し，わが国では1997年現在で0.17％であり，しかも1996年の4,351億円をピークに2000年の3,950億円へと大きく減少に転じている（笹川スポーツ財団，2001）．先の「社会的権利としてのスポーツ」という視点からみれば，むしろ世界の趨勢から後退しつつあるといわざるをえない．スポーツ振興法では，第3条でスポーツ振興に関する国および地方公共団体の責任が明記されているが，先に述べたようにそれが義務法でなく奨励法として見なされ，「訓示的規定」と見なされてきたことの弊害は大きい（森川，1999）．地方分権化の流れのなかでNPO法やPFI法に基づくスポーツ施設の建設・運営への民間活力の導入が注目を浴びているが，スポーツ環境の整備は，基本的には公共の責任においてなされるべきであることを忘れてはならない．

また，スポーツ振興法で規定され，1972年の保健体育審議会答申で答申されたスポーツ担当専任職員の配置に関しては，体育担当行政職員の専門職化は，総職員の65％と比較的進んでいる（「地方公共団体の生涯スポーツ振興体制に関する調査結果の概要」，文部省，1994年）．しかし，専門職配置の制度化がなされないことで，社会体育指導者資格付与制度に基づいて養成された指導者や派遣社会教育主事（スポーツ担当）など有資格指導者の配置は遅れており，指導者養成とその活用という施策間の不整合さが解消されないままである．

さらに，これまでスポーツ振興計画が出されないまま放置されてきたことで，身近なスポーツ振興の担い手である地方自治体は，具体的なマーケティング目標（スポーツ施設整備基準やスポーツ参加率，クラブ参加率等の目標設定，特定階層をターゲットにした参加率増大戦略など）を明示することには国以上に消極的となった．文部省の調査によれば，地域スポーツクラブへの住民加入率を把握している自治体は13.5％に過ぎなかった（文部省，1997）．

高齢社会，自由時間社会を迎え，健康づくり，生きがいづくりに果たすスポーツへの期待はますます大きくなっている．①公共の福祉の観点からスポーツ振興法の理念に立ち帰り，スポーツ振興における公共の役割を明確にすること，②1972年答申で示された体系的で総合的なスポーツ振興政策の策定と実行が，今，求められている．

［永吉　宏英］

参考文献

文部省（1997）：地域スポーツクラブの育成と地域活性化に関する研究．みんなのスポーツ，10月号：47-49．

文部省体育局スポーツ課（1981）：整備基準からみた体育・スポーツ施設の現況，健康と体力，8月号：p25．

森川貞夫（1999）：地方自治体のスポーツ行政．池田　勝・守能信次編，講座スポーツの社会科学4　スポーツの政治学，杏林書院：p64．

Palm J (1991) : Sports for all-approaches from utopia to reality. Karlf Hofman Gmbh : pp29-30.

笹川スポーツ財団（2001）：スポーツ白書2010．笹川スポーツ財団：p132．

関　春南（1997a）：戦後日本のスポーツ政策．大修館書店：pp154-155．

関　春南（1997b）：戦後日本のスポーツ政策．大修館書店：p201．

関　春南（1997c）：戦後日本のスポーツ政策．大修館書店：p215．

島崎　仁（1996）：スポーツ振興法をよむ・4．みんなのスポーツ，7月号：p30．

杉山重利（1997）：スポーツ振興法をよむ・17．みんなのスポーツ，8月号：p35．

体育・スポーツ指導実務研究会編（1979）：改訂体育指導委員実務必携．ぎょうせい：p39．

12章
わが国の生涯スポーツ政策と自治体におけるスポーツ行政の現状

　2002年5月31日から6月30日にかけて，日韓共同開催によるFIFAワールドカップがアジアではじめて開催され，全世界の注目を浴びた．これまでに，長い歴史をもつワールドカップや，オリンピックなどを中心とする国際スポーツイベントの隆盛により，スポーツが政治・経済・教育・文化，さらには国民生活全般の問題と深くかかわるようになってきた．この他にも，国際化あるいはボーダレス化時代を迎えて，世界的視野でもってスポーツ政策に取り組むことが今後ますます要求されることを池田（1999）は常に指摘していた．つまり，「スポーツ政策」に関する国際的な発展および動向をレビューし，研究を蓄積することが，わが国の「スポーツ政策」にとって非常に重要なことであるということを指摘し，実践し続けたのである．

　「スポーツ政策」とは，「スポーツ問題解決のための手段の体系」であり，言い換えれば，「スポーツの価値を実現するための方策の体系」であると関（1997）は述べている．狭義には，国のそれを一般的には意味するが，「政策」の本質を広義にとらえると，「実現のためのプログラム」のなかで，問題をとらえようとする政策的思考・態度を育て，認識を広げていく上で大きな意味をもっているのである．そして，これらすべての「スポーツ政策」に国民のスポーツの要求をどのように反映させるかが課題となる．

　もともとわが国では，学校教育を中心に「教育」の一環としてスポーツが行なわれてきた．つまり，「体育」という言葉がその流れを象徴してきたといえる．しかし，2001年1月の省庁再編により，「体育局」から「スポーツ・青少年局」へと組織が変更し，はじめて国の局レベルの組織として「スポーツ」という言葉が使われるようになった．また，厳しい国家財政のなか，規制緩和等により，これまでのスポーツ振興法（1961年）に実効性を期待すべく，スポーツ振興投票

（サッカーくじ）法の成立（1998年）や障害者スポーツ基金の創設（1998年）など，新たな財源確保がスタートしている．特に，スポーツ振興投票（サッカーくじ）法案の成立過程を通じて，スポーツをめぐる政治的なダイナミズムを生む契機となり，国民のスポーツと政治への接近「政治化（politicalization）」をもたらし，国民の声（世論）が法案成立にあたって，少なからず影響を与えたと池田（1998）は述べている．さらに，スポーツ以外においても，政治改革関連法（1993年），地方分権法（1995年），NPO法（1998年）の成立等，国民の選択と自己責任を前提とした緩やかな共生型社会へと改革を進めるなか，2000年には「スポーツ振興基本計画」が策定され，生涯スポーツ，競技スポーツ，学校体育にかかわる三本柱の政策について，具体的な政策目標が掲げられた．わが国のスポーツ政策は，この数年で学校と企業を中心とした競争型スポーツシステムから共生型スポーツシステムに大きく変革されつつあると間野（1999）も指摘している．本章では，21世紀のわが国の生涯スポーツ政策と自治体・地域におけるスポーツ行政の現状をまとめていくと同時に，その課題についても触れてみたい．

1. わが国のスポーツ政策とその体制

1）わが国の体育・スポーツ振興体制

わが国におけるスポーツの組織と体制は，1961年に定められた「スポーツ振興法」によって，文部科学省を中心に整備されている．国においては文部科学省のスポーツ・青少年局が，地方においては都道府県および市区町村の教育委員会がスポーツ行政の主務機関となっている（図3-1）．また民間団体としては（財）日本体育協会と（財）日本オリンピック委員会が中核的組織として位置し，補助事業は，文部科学省が一般会計から出しており，行政機構の一部として組み込まれている．

（1）文部科学省におけるスポーツ振興体制

2001年1月の省庁再編により，「体育局」から「スポーツ・青少年局」へと変更した組織は，企画体育課，生涯スポーツ課，競技スポーツ課，学校健康教育課の4課から構成される．企画・体育課では，スポーツ青少年局の総合調整，スポーツ振興に関する基本的な企画立案，学校における体育振興，スポーツ施設の整備，そして，スポーツ振興くじ関連を取り扱っている日本体育・学校健康センターの

124　3部　生涯スポーツの政策学研究

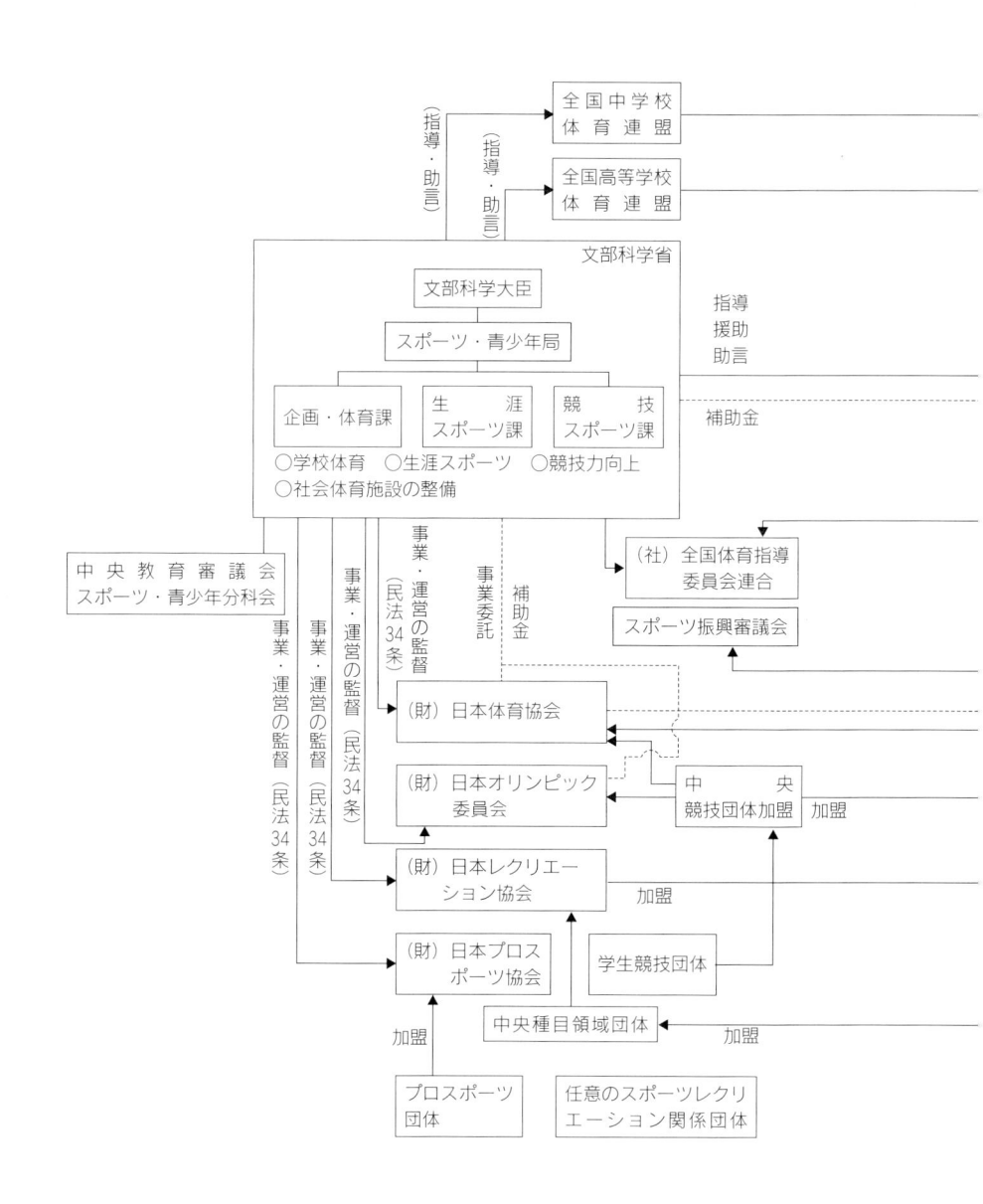

図3－1　わが国の体育・スポーツ振興体制
((財)日本体育協会（2001）：スポーツ指導者必携書2002)

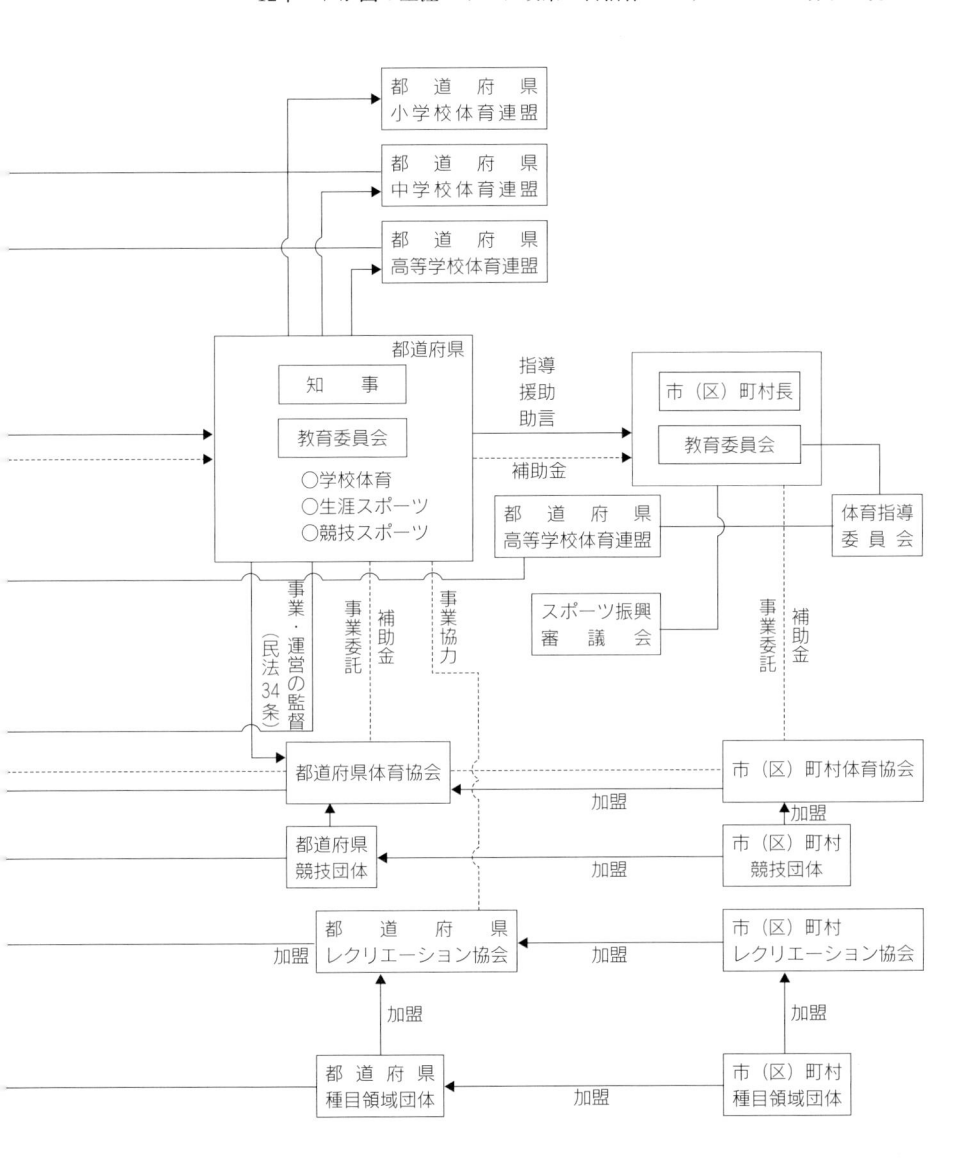

12章　わが国の生涯スポーツ政策と自治体におけるスポーツ行政の現状　125

組織・運営管理の他，スポーツ振興投票準備室や菅平高原体育研究所なども管轄となっている．競技スポーツ課においては，オリンピック，国民体育大会などの国際的・全国的なスポーツ事業，日本オリンピック委員会，日本体育協会との連絡，アンチ・ドーピング活動の推進，企業スポーツ，プロスポーツに関すること，さらに，わが国の競技水準の向上に関することの他，2002年ワールドカップ準備室も競技スポーツの課の管轄であった．そこで以下では，本章の中心である生涯スポーツ課について詳しくみていきたい．

(2) 文部科学省と都道府県の生涯スポーツ振興事業

わが国の生涯スポーツ政策およびスポーツ行政は，文部科学省と都道府県教育委員会および市町村教育委員会が主務機関としてその振興施策の企画立案および推進を努めている．文部科学省生涯スポーツ課では，総合型地域スポーツクラブや広域スポーツセンターの普及などの地域におけるスポーツ振興，全国スポーツ・レクリエーション祭など国際的・全国的なスポーツ事業を職務としている．さらに登山研修所や商業スポーツ施設等のスポーツサービスの質の向上を図るために設置されたスポーツサービス振興室，その他，体育の日の生涯スポーツキャンペーン，体育功労者および社会体育優良団体の表彰，生涯スポーツコンベンションの開催，アウトドアスポーツフェアの開催，マリンスポーツフェアの開催等，国民の日常生活におけるスポーツ活動の促進を図るため，各種の生涯スポーツの振興事業を実施している．

一方，都道府県に目を転じると，スポーツ行政のほとんどが教育部局内にスポーツ担当を組織し，保健体育課，体育課，スポーツ課などの名称を掲げている．しかし，国体や2002FIFAワールドカップ開催時などは，知事部局と別組織を立ち上げる場合が多い他，完全に知事部局へ移行するケースも増えつつある．また，SSF（2001）の調べによると，都道府県の生涯スポーツ関連部課の構成人数は平均27人で，生涯スポーツ担当者は平均4名前後の都道府県が多く，新事業が増加する組織としては多い数値とは言い難い現状である．また，各都道府県がスポーツ振興を進めていく上での問題点は，「子どもの体力低下」，「スポーツ振興関連予算の不足」，「学校内のスポーツ指導者不足」等であった．さらに，スポーツ振興を計画的に進める上で必要とする情報は，「総合型地域スポーツクラブの情報」，「公共スポーツ施設の情報」，「スポーツ指導者の情報」であった．財的資源，人的資源はもちろんのこと，情報システムの確立など経営資源のマネ

ジメントが非常に重要になる．

2）関連省庁のスポーツ政策

スポーツに関連する他の省庁の施策を2001年度体力つくり関係予算調をもとにまとめてみると，まず関係省庁は，文部科学省をはじめに，内閣府，環境庁，厚生労働省，社会保険庁，農林水産省，経済産業省，国土交通省，郵政事業庁，総務省など複数の省庁がかかわっている．おもな政策内容としては，ほとんどの省庁が関連の施設整備を政策として掲げている．文部科学省では独立法人化した施設や国立スポーツ科学センター等の施設整備に関する施策と体育・スポーツ指導者養成にかかわる施策，スポーツ組織の育成等に関する施策，そして，全国スポーツ・レクリエーション祭の開催やナショナルトレーニングセンターの調査研究，そして，総合型地域スポーツクラブや広域スポーツセンター育成モデル事業などのスポーツ事業の振興に関する施策であった．また，スポーツ指導者資格においても，文部科学省と厚生労働省に存在していることは周知のことである．この他にもたとえば，（社）スポーツ産業団体連合会は経済産業省，体育・スポーツではなじみの深いラジオ体操やみんなの体操は郵政事業庁，高齢者および障害者スポーツや全国健康福祉祭（ねんりんピック）やパラリンピックは厚生労働省の管轄で，さらに，国体のメインスタジアムとなる総合運動公園は国土交通省が管轄することになり，スポーツ行政にはいくつかの省庁がかかわっていることがわかる．このように，各省庁が連絡・調整を行なわない関係にあり，ほぼ独立した形でスポーツ政策を遂行することは，わが国のスポーツ政策システムにおける大きな問題点であるといえる．

2．わが国のスポーツ振興計画

文部科学省においてスポーツ政策に関する基本方針を策定する場合は，文部科学大臣裁定となる．これは，スポーツ振興法に則って行なわれるもので，第4条（計画の策定）において「文部科学大臣はスポーツ振興に関する基本計画を定めるものとする」と明記されている．スポーツ振興法が制定されたのは，1961年であり，約40年の時を経て2000年9月にスポーツ振興基本計画が策定された．基本計画を策定するに当たり，2000年6月の段階で一般国民に対して，インター

ネット等を通じたパブリックコメントを募った点なども含め，本来のスポーツ政策の本質である「スポーツ問題解決のための手段の体系」であり，「スポーツの価値を実現するための方策の体系」のひとつの方向性が示された．これまでは，文部大臣の諮問機関である保健体育審議会によって決定され，「審議会答申」という形でまとめられた方針をもとに，文部科学大臣がスポーツ政策の基本方針を策定し，実行していくという流れであった．しかし，過去の答申をみると，審議会構成員の半数以上が競技スポーツ関係者で，生涯スポーツ振興の要求が全面に出てこなかったという事実は否めない．だからこそ，今回の計画には，パブリックコメントを通じて，一国民も要求を提出したり，意見を出したりすることができたという点では画期的な方策であるといえる．

1) スポーツ振興基本計画の概要

スポーツ振興基本計画は，生涯スポーツ，競技スポーツ，学校体育・スポーツの3つの大きな柱で構成されている（図3-2）．この計画は，生涯スポーツの柱がトップで打ち出されている点と，2010年という目標達成年と2005年という見直しの年を設けたこと，そして具体的な政策目標の数値を掲げたことも新しい試みである．

（1）生涯スポーツ社会の実現に向けた，地域におけるスポーツ環境整備充実

政策目標は，①国民の誰もが，それぞれの体力や年齢，技術，興味，目的に応じて，いつでもどこでも，いつまでもスポーツに親しむことができる生涯スポーツ社会を実現する．②その目標として，できる限り早期に，成人の週1回以上のスポーツ実施率が2人に1人（50％）になることを目指す．この政策目標を達成するために必要不可欠な施策が，総合型地域スポーツクラブの全国展開である．そのためには，10年間で全国の各市町村に少なくともひとつは総合型地域スポーツクラブを育成させることと，同じく10年間で，各都道府県において少なくともひとつは広域スポーツセンターを育成することを明記している．これらのための基盤的施策には，スポーツの指導者の養成・確保やスポーツ施設の充実，住民のニーズに応じた的確なスポーツ情報の提供等が求められる．

（2）わが国の国際競技力の総合的な向上策

競技スポーツにおける政策目標は，わが国のメダル獲得数が1996年のオリンピックで1.7％まで低下していることを踏まえ，諸施策を総合的・効果的に推進

12章　わが国の生涯スポーツ政策と自治体におけるスポーツ行政の現状　129

1．生涯スポーツ社会の実現に向けた，地域におけるスポーツ環境の整備充実

政策目標
①国民の誰もが，それぞれの体力や年齢，技術，興味・目的に応じて，いつでも，どこでも，いつまでもスポーツに親しむことができる生涯スポーツ社会を実現する．
②その目標として，できる限り早期に，成人の週1回以上のスポーツ実施率が2人に1人（50％）となることを目指す．

必要不可欠な施策
総合型地域スポーツクラブの全国展開
①10年間で，全国の各市町村において少なくともひとつは総合型地域スポーツクラブを育成（将来的にはすべての中学校区に定着）．
②10年間で，各都道府県において少なくともひとつは広域スポーツセンターを育成（将来的にはすべての広域市町村圏に設置）．

このための基盤的施策
①スポーツ指導者の養成・確保．
②スポーツ施設の充実．
③住民のニーズに応じた的確なスポーツ情報の提供等．

総合型地域スポーツクラブとは？
地域住民が主体的に運営するスポーツクラブで，複数の種目が用意されており，地域の誰もが，年齢，興味・関心，技術・レベルなどに応じて参加できる．

広域スポーツセンターとは？
総合型地域スポーツクラブの創設や運営，活動とともに広域市町村圏のスポーツ活動を支援する．

2．わが国の国際競技力の総合的な向上方策

政策目標
①オリンピック競技大会などの国際競技大会でのわが国のトップレベルの競技者の活躍は，国民に夢や感動を与え，明るく活力ある社会の形成に寄与することから，こうした大会で活躍できる競技者の育成・強化を積極的に推進する．
②具体的には，1996年（平成8年）のオリンピック競技大会でのわが国のメダル獲得率1.7％まで低下していることを踏まえ，わが国のトップレベルの競技者の育成・強化のための諸政策を総合的・計画的に推進し，早期にメダル獲得率が倍増し，3.5％となることを目指す．

必要不可欠な施策
①ジュニア期からトップレベルに至るまで一貫した理念に基づき最適の指導を行なう一貫指導システムの構築．
②ナショナルレベルのトレーニング拠点の早期の整備や地域の強化拠点の整備．
③指導者の養成・確保（専任化の促進，ナショナルコーチアカデミー制度の創設）等を総合的に推進．

このための基盤的施策
①スポーツ医・科学の活用により科学的トレーニング方法の開発等を推進．

3．生涯スポーツおよび競技スポーツと学校体育・スポーツとの連携の推進

政策目標
生涯にわたる豊かなスポーツライフの実現と国際競技力の向上を目指し，生涯スポーツおよび競技スポーツと学校体育・スポーツとの連携を推進する．

必要不可欠な施策
①子どもたちの多様なスポーツニーズに応えるため，学校と地域社会・スポーツ団体との連携を推進．
②国際競技力の向上に向けた学校とスポーツ団体の連携の推進．

このための基盤的施策
①指導者の確保や施策の充実を含めた学校体育の充実．
②新学習指導要領による学校体育の学習指導の充実．
③運動部活動の改善・充実．

図3-2　スポーツ振興基本計画の概要
（文部省「スポーツ振興基本計画のあらまし」（2000））

し，早期にメダル獲得数が倍増し，3.5％とすることを具体的に示している．

(3) 生涯スポーツおよび，競技スポーツと学校体育・スポーツとの連携推進政策

政策目標は①豊かなスポーツライフの実現と国際競技力の向上を目指し，生涯スポーツと競技スポーツと学校体育・スポーツとの連携を推進することを提示しているが，具体的な方策や数値目標が明記されていない点に問題がある．

2）都道府県のスポーツ振興計画

都道府県および市町村におけるスポーツ振興計画は，文部科学大臣が定めたスポーツ振興基本計画を元に，各自治体に応じた独自のスポーツ振興基本計画を策定するよう，スポーツ振興法にて定めている．しかし，**表3-5**に示したように，すでに都道府県のスポーツ振興行政においては，施設設備や競技力向上などを計画的に遂行する必要があることから，独自のスポーツ振興計画を策定している自治体が多いことがわかる．しかし，国のスポーツ振興基本計画のように，具体的な目標年数や見直しの年，政策目標数値などを明記しているところが少ないため，今後は地域の実情に応じた具体的なスポーツ振興計画の策定が期待される．また，スポーツ振興計画策定に際し，スポーツ振興審議会の答申が必要とされるため，形式だけではなく実際に機能する審議会の設置が求められる．さらに，**表3-5**に示した宣言率は，各都道府県で「スポーツ・健康に関する都市宣言」を行なっている市町村の割合を示したものである．基本計画の策定に伴い，スポーツ・健康都市宣言を実施するという政策も視野に入れるという方向性もあるが，基本計画を策定し，宣言を行なうことは比較的実施しやすい．大切なことは，実際に広く地域住民に周知され，実践に移していくシステムづくりであることを忘れてはいけない．また，策定したスポーツ政策が，実際の地域において効果的に機能しているのかを評価するシステムづくりが早急に求められる．

コラム：健康日本21（厚生労働省）とスポーツ振興基本計画（文部科学省）

厚生労働省（旧厚生省）は，1978年から「第1次国民健康作り対策」，1988年からの「第2次国民健康づくり対策（アクティブ80ヘルスプラン）」を通じて国民の健康づくりに取り組んできた．この取り組みを基礎として，2000年度から2010年度までの11年計画で，「21世紀における国民健康づくり運動（健康日本21）」を掲げた．ここでは，科学的根拠に基づいて，がん，心臓病，脳卒中，糖尿病等の生活習慣病の原因となる食

表3-5 スポーツ振興の指針となるような構想や計画と宣言率の一覧

都道府県	スポーツ振興の指針となるような構想や計画等の名称	策定年	目標年	宣言率
北海道	北海道スポーツ振興計画（仮称）	2000	2007	23.6%
青森	あおもりスポーツ立県推進プラン	1999	2009	7.5%
岩手	岩手県スポーツ振興計画	1999	2010	10.2%
宮城				11.3%
秋田	21世紀のスポーツあきた	1999	2010	4.3%
山形	べにばな国体後の山形県体育・スポーツの振興策について（答申）	1992		11.4%
福島	福島県体育・スポーツ振興計画	1993	2000	16.7%
茨城				4.7%
栃木				16.3%
群馬	ぐんまスポーツプラン－第4次「スポーツ県群馬」推進マスタープラン	1996	2000	21.4%
埼玉	埼玉県スポーツ振興計画「彩の国スポーツプラン2010」	1999	2010	29.3%
千葉	千葉県体育・スポーツ振興計画	1996	2000	7.5%
神奈川				18.9%
山梨	山梨県スポーツプラン（第2次実施計画）	1998	2002	3.1%
東京	幼児・児童・生徒の体力づくりの方策について	1999		9.5%
長野	長野県のスポーツ振興の在り方について	1999		6.7%
新潟	新潟県スポーツ振興プラン	1994	2000	18.8%
富山	改訂生涯スポーツプラン	1991	2001	28.6%
石川	石川県における中・高校生のスポーツ活動の振興方策について	2000		7.3%
福井	福井県スポーツ振興プラン	1998	2010	8.6%
岐阜	ぎふスポーツ振興計画	1995	2004	10.1%
静岡				12.2%
愛知	21世紀に向けた県民総スポーツ振興計画	1993	2002	9.7%
三重	第3次三重県スポーツ振興計画	1997	2001	4.3%
滋賀	21世紀を目指す本県の生涯スポーツ振興策について	1992		4.0%
京都	21世紀に向けた京都府の体育・スポーツ振興の基本方策について（答申）	1993		4.5%
大阪	大阪府生涯スポーツ社会づくりプラン	1996	2010	29.5%
兵庫	本県の生涯スポーツ振興方策について	1999		7.7%
奈良	県民総スポーツ運動推進計画	1980	2004	6.4%
和歌山	21世紀を展望した本県のスポーツ振興方策について	1993	2003	4.0%
鳥取				7.7%
島根	島根県生涯スポーツ振興プラン	1997	2010	22.0%
岡山	岡山県スポーツ振興審議会	1996	2005	6.4%
広島	広島県スポーツ振興計画	1997	2005	1.2%
山口				5.4%
徳島	徳島県のスポーツ振興方策について（答申）	2000		0.0%
香川	香川県新総合計画（H13～22）	2001	2010	14.0%
愛媛				15.7%
高知	「生涯スポーツの推進計画（第二次）」「生涯スポーツプラン（仮称）」	1997	2001	13.2%
福岡	福岡県体育・スポーツの振興方策～21世紀に向けたスポーツ振興方策～	1996	2001	6.2%
佐賀	健康・体力づくりの方策について	2000	2001	12.2%
長崎	長崎県生涯スポーツ振興プラン	1999	2010	5.1%
熊本	スポーツ施設を核とした地域づくりの推進	1997	2001	5.3%
大分	大分県スポーツ推進計画「ネオ・スポルコロス21」	1994	2010	3.4%
宮崎				13.6%
鹿児島	鹿児島県スポーツ振興審議会建議書	1971		8.3%
沖縄	21世紀を展望した本県の体育・スポーツの振興策について	1997		9.4%

SSF「スポーツ振興ならびにスポーツ情報に関する調査」（2000）と文部科学省資料（2002）「各都道府県内のスポーツ・健康に関する都市宣言市町村の割合（1998現在）」をもとに作成

生活や運動，休養等の改善に向けた目標等を掲示することにより，健康寿命を延長し生活の質を高めるための取り組みを総合的に推進し，「健康日本21」を総合的かつ効果的に進めるために，地方公共団体や関係者の積極的な取り組みを支援している．ここで注目したいのは，身体活動・運動の目標値である．「健康日本21」では，「成人で意識的に運動を心がける人の増加：男性52.6％→63％以上，女性52.8％→63％以上．日常生活における歩数の増加：男性8,202歩→9,200歩，女性：7,282歩→8,300歩．運動習慣者率増加（1回30分以上の運動を週2回以上実施し1年以上の継続をしている者の割合）：男性28.6％→39％以上，女性24.6％→35％以上」等，具体的な数値目標を掲げている．これらは，文部科学省のスポーツ振興基本計画において示されている「2010年までのできる限り早期に，成人の週1回以上の定期的スポーツ人口を，現在の35％から50％となることを目指す．」という政策目標と非常に重なる部分が大きい．実際に，筑波大学体育研究プロジェクトが，1996年4月から1999年9月までの通算42カ月間の運動回数や医療費，食習慣，睡眠時間など87項目にわたって，秋田県琴丘町の町民を対象に実施した「運動・スポーツに関する調査」によると，継続的に運動している人の医療費は，運動していない人より1カ月当たり平均9万円も低いことがわかった．また，65歳以上では，その差は18万円にまで開くことになるという．秋田県琴丘町では，町民全員が地域スポーツクラブの会員という町で，毎朝「おはようジョギング体操」を実施し，総合型地域スポーツクラブにも力を入れている町である．全国の市区町村を対象に，老人保健法に基づく事業の実施状況と老人医療費の関連を調べた研究によると，事業実施が多い市区町村では，老人医療費が少ないことも明らかになっている．つまり，国でいうところの厚生労働省と文部科学省の管轄の違いはあるが，地域住民にとっては，「健康」というキーワードで重なる部分が大きいため，保健所や保健センター等，健康にかかわる部署が立案する政策とスポーツ政策の内容をリンクさせ，効率のよい多くの事業を展開していくことを各自治体に期待したい（松永，2002）．

3. 各自治体における生涯スポーツ行政の現状

1）各自治体の生涯スポーツ振興への取り組み

わが国のスポーツ政策や各自治体のスポーツ行政について，効果的に機能しているか否かを評価する機関は存在しない．諸外国では，政策評価の手法を用いて，一度実施された政策や効果を見直し，次の政策を立案する際にフィードバックするというシステムを確立しているという事例がある．そこで，各自治体の取り組みを数字で表し，単純に評価をすることを試みた．表3－6は，各都道府県における生涯スポーツ振興への取り組みを5つの視点からまとめたものである．総合型地域スポーツクラブにおいては，昨年2001年度までに，約100地域が文部科学省の総合型地域育成モデル事業の指定を受けている．さらに，全国的な動向を

表3-6 各都道府県における生涯スポーツ振興への取り組み

都道府県	1. 委嘱事業 広域スポーツセンター育成モデル事業	2. 市町村事業（補助事業） 総合型地域スポーツクラブ育成モデル事業	地域スポーツ活動活性化事業	3. 全国調査 総合型地域スポーツクラブ	4. 全国調査 スポーツNPO
北海道	1	6	10	16	22
青森		0	8	3	3
岩手		3	1	18	4
宮城		1	1	4	13
秋田		0	2	25	3
山形	①	1	7	4	11
福島	1	2	3	25	8
茨城		1	5	1	8
栃木		0	5	3	3
群馬	1	1	1	6	10
埼玉		1	1	2	11
千葉	1	0	4	5	10
神奈川	①	0	2	4	29
山梨		1	5	2	5
東京	①	3	7	13	138
長野	1	2	10	4	14
新潟		2	17	3	9
富山	1	5	9	31	5
石川		2	12	7	1
福井		1	4	4	2
岐阜		3	2	11	5
静岡		0	8	4	31
愛知		3	2	8	19
三重		4	4	9	12
滋賀	①	2	12	5	1
京都		2	6	5	15
大阪		1	9	5	74
兵庫		3	9	6	31
奈良		1	2	2	4
和歌山		1	4	2	4
鳥取		1	1	5	6
島根		3	3	4	1
岡山		4	14	5	5
広島	1	6	6	10	7
山口	1	3	5	16	2
徳島		2	4	3	1
香川		2	1	17	2
愛媛	1	1	4	5	5
高知		1	3	1	3
福岡	1	9	5	12	5
佐賀		1	1	2	3
長崎		2	5	2	3
熊本	1	2	7	8	13
大分		3	2	3	4
宮崎		0	5		4
鹿児島		3	4	9	6
沖縄		1	4	4	7
合計	11	96	246	343	589

注）1.2.「文部科学省資料（平成13年度現在の数値），2002」より作成（①は14年度からの新規）．
　　3.「黒須による全国調査，2002．1.31現在」
　　4.「NPO法人クラブネッツホームページ，2002．10.1現在」（内閣総理大臣所轄分95団体を除く）

把握するための調査によって，2002年1月末現在で585の総合型地域スポーツクラブが育成されているという報告もある（黒須，2002）．また，広域スポーツセンターにおいても，すでに，初年度にモデル事業をスタートした，北海道，福島，富山，広島，福岡は事業を終了し，2001年度スタートの群馬，千葉，長野，山口，愛媛，熊本と，2002年度新規スタートの山形，東京，神奈川，滋賀を含めると，15の自治体がセンターを設置することになる．

2）事例：生涯スポーツ振興への取り組み

総合型地域スポーツクラブの設立数の最も多い，富山県に注目すると，教育委員会体育課が中心になり，生涯スポーツプランを策定し，目標年数等を明記している．また，スポーツ・健康に関する都市宣言率も全国で3本の指に入る28.6％という数値である．広域スポーツセンター育成モデル事業も初年度に受け，精力的に事業を展開していくなかで，他の自治体と大きく異なるポイントは人事であった．それは，広域スポーツセンター職員に，民間フィットネスクラブ所属のスタッフを出向社員として採用したのである．その結果も影響してか，総合型地域スポーツクラブ設立数はトップの31クラブとなっている．スポーツNPOの数こそ少ないが，今後この数値は徐々に伸びて行くことは，容易に予想される．総合型地域スポーツクラブ設立数第2位の福島県においても同様の傾向がみられたことから評価すると，今後の自治体における円滑かつ効率的な生涯スポーツ行政の展開には，これまでにない発想でスポーツ行政に取り組むことが重要となるものと考えられる．

4．スポーツ振興のための財源確保

1）わが国のスポーツ振興国家予算

スポーツ政策を遂行するに当たり，重要となるのが財源である．国家予算だけでなく，地方自治体分を合わせてもヨーロッパよりも低い水準といわれているわが国のスポーツ振興国家予算は，体力つくり関係国家予算として，各省庁別で示されている．**表3－7**は，2002年度と2001年度の体力つくり関係予算を示したものである．比較増減額をみてもわかるように，増額されているのは，文部科学省（778億円）と農林水産省（60億円）のみである．さらに，2002年度生涯ス

表3-7 体力つくり関係予算調（省庁別総括表）

(単価：千円)

	省庁別		12年度当初予算額	13年度当初予算額	比較増△減額
	現省庁	旧省庁			
(1)	文部科学省	総務省	180,276	177,532	△2,744
(2)	内閣府	経済企画庁	12,766	11,196	△1,570
			〔1,675,000〕	〔971,000〕	〔△704,000〕
(3)	環境省	環境庁	17,661,143	17,074,702	△586,441
(4)	文部科学省	文部省	71,607,329	77,805,611	6,198,282
(5)	厚生労働省	厚生省	53,839,524	46,749,599	△7,089,925
(6)	社会保険庁	社会保険庁	68,921,919	65,916,689	△3,005,230
(7)	農林水産省	農林水産省	5,179,872	6,060,573	880,701
(8)	経済産業省	通商産業省	51,001	31,308	△19,693
(9)	国土交通省	運輸省	15,782,618	14,192,252	△1,590,366
(10)	郵政事業庁	郵政省	9,120,777	5,703,113	△3,417,664
(11)	厚生労働省	労働省	2,150,331	1,850,878	△299,453
(12)	国土交通省	建設省	159,650,000	155,526,000	△4,124,000
(13)	総務省	自治省	《695,200,000》	《676,600,000》	《△18,600,000》
	合計		《695,200,000》	《676,600,000》	《△18,600,000》
			〔1,675,000〕	〔971,000〕	〔△704,000〕
			404,157,556	391,099,453	△13,058,103

(文部科学省, 2001)

注）〔 〕書は，公共事業配分重点化枠で内数である．
　　《 》書は，地方債計画額で外数である．

ポーツ関係予算においては，総額39億6,500万円で，昨年度よりも2億500万円の減額であるが，これは後にふれるスポーツ振興くじの影響があるものと考えられる．生涯スポーツ予算に目を転じると，スポーツ施設の整備，総合型地域スポーツクラブの育成・支援，スポーツ参加促進のための普及啓発，生涯スポーツ社会に向けたスポーツ環境の基盤的整備の4本の柱で組まれているが，唯一増額しているのは，スポーツ参加促進のための普及啓発であった．わが国の国家予算は1996年をピークに減少に転じているだけではなく，地方自治体においても不況のあおりを受け，スポーツ関連予算は減少傾向にある．このような状況の中，今後もスポーツ関連予算が大幅増額する可能性はきわめて低く，諸外国にみられるような，サッカーくじの導入による財源確保が欠かせないものとなった．

2）スポーツ振興くじ（サッカーくじ）とスポーツ振興基金

わが国では，競馬，競艇，競輪，オートレースの公営競技と宝くじの収益の一部がスポーツ振興事業に当てられているが，表3-8をみてもわかるように，そ

表3-8 わが国の公営競技などによるスポーツ振興費
(1999年度決算額)

種類	当せん金払戻率	公営事業への補助金などの総額	スポーツ関連事業への充当額	補助金等に占めるスポーツ関連事業の割合
中央競馬	75.0%	—	4億4,000万円	—
地方競馬	75.0%	46億8,200万円	3,200万円	0.68%
競艇	75.0%	408億3,900万円	9億800万円	2.22%
競輪	75.0%	213億3,000万円	40億1,100万円	18.80%
オートレース	75.0%	56億6,500万円	10億8,100万円	19.08%
宝くじ	45.6%	177億3,400万円	6億8,700万円	3.87%
スポーツ振興くじ	47.0%		71億円	100.00%

日本中央競馬会,地方競馬全国協会,日本財団,(財)日本自転車振興会,(財)日本小型自動車振興会,(財)日本宝くじ協会,日本体育・学校健康センターの資料よりSSFが作成したものに加筆修正
注)地方競馬の数字は1998年度決算額,スポーツ振興くじは2002年度の内定額

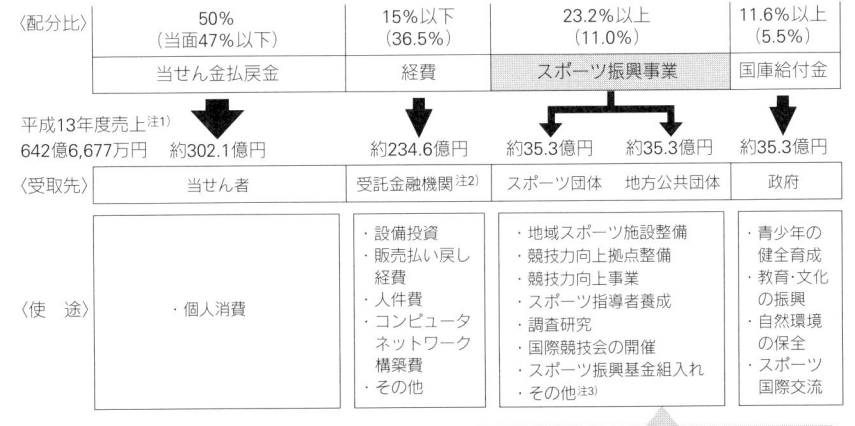

図3-3 スポーツ振興くじの収益金の流れと使途
(間野義之「新たなスポーツ振興財源を-サッカーくじ導入に向けて-」(2001)と日本体育学校健康センターの資料(2002)をもとに作成)

の充当額は決して多いとはいえない.スポーツ振興くじは,補助金に占めるスポーツ関連事業の割合を100%としており,2002年6月に発表された充当額も約71億円と,これまでの公営競技などによるスポーツ振興費の総額にあたる数値となった.1998年に施行されたスポーツ振興投票法の第21条には,収益の使途

が示されている．具体的には**図3-3**に示したような収益金の流れと使途になり，この収益のなかから5億円がスポーツ振興基金に組み込まれることになっている．スポーツ振興基金とは，競技水準の向上を計画的かつ継続的に推進するために，1990年に設置されたもので，2001年度で約8億5,874万円が助成された．さらに，障害者スポーツ基金の創設（1998年）など，新たな財源確保もスタートしている．

スポーツ振興くじ導入を巡っては賛否両論があったが，今年度から配分される収益金をいかに有効に活用できるかが今後のポイントになり，報告の義務や情報公開等により，数年後にはその答えが出るものと考えられる．また，スポーツ振興くじ助成対象がNPO法人であるスポーツ団体と明記されていることから，駆け込みでNPO法人格を取得した団体も少なくない．今後は，NPO団体としての活動にも注目していく必要がある．

おわりに

1995年から文部科学省（旧文部省）の「総合型地域スポーツクラブ育成モデル事業」がスタートし，2年後の1997年には，（財）日本体育協会のスポーツ少年団を核とした「総合型地域スポーツクラブモデル事業」，そして1999年には（財）日本レクリエーション協会の「総合型地域スポーツ・レクリエーションクラブモデル事業」が展開されてきた．しかし，遅々として進まなかった地域クラブ構想も，2000年9月のスポーツ振興基本計画策定と2001年から導入されたスポーツ振興くじによって，総合型地域スポーツクラブづくりや各都道府県の広域スポーツセンター構想は少しずつ増加し，わが国の地域スポーツ振興政策は，現在大きな変革期を迎えているといえる．一方で，大きな課題となっているのが，変わらない行政職員や地域住民の意識の問題である．つまりこれまでは，地域スポーツ振興といっても，行政政策の一環として展開されてきたものがほとんどで，必ずしも，わが町の活性化ために地域住民が主体的にかかわって変革していこう！という発想のものではなかった．しかし，21世紀の生涯スポーツ行政は，スポーツを通じた共生型社会の形成であるといえる．よって，地方分権やNPOのメリットを生かしつつ，産業，保健，福祉，環境，都市計画などあらゆるセクションとリンクしながら，地域住民参画型の生涯スポーツ政策を立案・実行して

いくことが望まれる．

[松永　敬子]

参考文献

厚生省（2000）：厚生白書（平成12年版）．2000．

黒須　充（2002）：全国における「総合型地域スポーツクラブ」育成状況について（中間報告）．

池田　勝（1999）：スポーツ政策研究の発展と動向．池田　勝・守能信次編，講座・スポーツの社会科学4　スポーツの政治学，杏林書院．

池田　勝（1998）：スポーツ政策研究の動向．体育学研究，43：225-233

間野義之（1999）：政治環境の変化とスポーツ政策の課題．池田　勝・守能信次編，講座・スポーツの社会科学4　スポーツの政治学，杏林書院．

間野義之（2001）：新たなスポーツ振興財源を－サッカーくじ導入に向けて－．NEXT・ING，2.1.716：6-7．

松永敬子（2001）：住民の意識改革の必要性と重要性．みんなのスポーツ，11月号．

文部科学省スポーツ・青少年局生涯スポーツ課（2002）：平成14年度生涯スポーツ振興会議資料．

（財）日本体育協会（2001）：スポーツ指導者必携書2002．

日本体育・学校健康センター編著（2002）：スポーツ振興くじ制度の創設と展開～totoすべてのスポーツのために～．ぎょうせい．

NPO法人クラブネッツホームページ：http://www.clubnetz.or.jp/，2002.10.1

関　春南（1997）：戦後の日本のスポーツ政策．大修館書店．

SSF笹川スポーツ財団（2001）：スポーツ白書2010．笹川スポーツ財団．

体育・スポーツ指導実務研究会監修（2002）：体育・スポーツ指導実務必携平成14年版．ぎょうせい．

13章
スポーツ人口増加を目指したキャンペーン政策

はじめに

　近年，人々の運動習慣や定期的スポーツ参加の向上を目標とした生涯スポーツ振興政策や健康増進政策が国内外において精力的に立案・展開されてきている．わが国では，文部科学省のスポーツ振興基本計画において，「週1回以上の定期的スポーツ人口を現在の35％から欧米なみの50％に上昇させる」，また厚生労働省の健康日本21では，「運動習慣者率（1回30分以上の運動を週2回以上実施し1年以上継続している者の割合）を2010年までに男性39％以上（現状値28.6％），女性35％以上（現状値24.6％）に増加させる」等の具体的な数値目標が掲げられた．これらの目標を達成する振興事業のひとつとしてキャンペーンを実施することが計画されているが，具体的なアクションプランや事業は今のところ見当たらない．また，全国目標値達成の鍵を握る自治体のスポーツ振興政策においても独自のキャンペーンを行なうニーズは存在するものの，これまでの成功事例や実証的データ，方法論等に関する情報が不足している．本章では，スポーツ人口増加を目標としたキャンペーンを精力的に展開している海外の先進事例を紹介しながら，わが国におけるスポーツ振興の政策的課題および研究的課題を検討してみたい．

1. スポーツ人口増加を実現した諸外国のキャンペーン政策

　アジアの代表事例はシンガポールスポーツ審議会が中心となって実施している「スポーツ・フォア・ライフ」という全国キャンペーンである．このキャンペーンは，1992年の全国調査結果を基にして，①1週間に最低1回運動やスポーツを

実施する者の割合を1992年の24％から，2000年には40％，2005年には50％にまで上昇させる，②週3回以上の運動・スポーツ実施者の割合を，1992年の8％から，2000年には15％，2005年には20％にまで上昇させる，という2つの数値目標を掲げている．キャンペーン実施後の1997年に全国調査を行なった結果，1週間に1回以上が34％，3回以上の実施者が14％にまで上昇している．主要事業は，地域スポーツ・フィットネス施設の増設，体力テストの実施，スポーツ・運動プログラム開発，イベントなどであるが，1992年度調査で明らかになった64％という非実施者を考慮して，スポーツに対する好ましい「態度」の向上を戦略のターゲットにしている点が注目される．

　北米ではカナダの「アクティブ・リビング」キャンペーンが挙げられる．カナダフィットネス・ライフスタイル調査研究所が中心となって，国と州（プロビンス），および準州との共同で1998年から2003年の間に，運動非実施者を10％にまで引き下げるという国家目標を設定した．これが達成されれば，50億ドルの医療費が削減できるという予測をしており，2001年時点で各州とも運動非実施者の減少が確認されている．振興キャンペーンの具体的施策立案のために，5つの地区でパイロットスタディ（モデル事業）を行ない，この評価を基に運動・スポーツ実施による便益やメリットについての正しい知識を普及させることを目的とした教育資料やパンフレット，学習機材などの情報提供戦略を展開している．またカナダでは自治体レベルのキャンペーンも活発に実施されている．ケベック州においては，運動・スポーツ推進中枢機関であるKino Quebecが「Un pas vers la sante（よりよい健康への第一ステップ）」という高齢者をターゲットとしたキャンペーンを実施しており，ニーズ調査で明らかになったウォーキング，サイクリング，カヌー，カヤック，ハイキングという人気種目を中心に定期プログラムやイベントを開催してきた．1988年にKino-Quebecとケベック高齢市民連合が共同で創設した高齢者ボランティアネットワーク機関「VIACTIVE」がキャンペーンの推進母体となっている．このネットワークメンバーは，運動・スポーツの指導サービスをする高齢者ボランティアであり，1998年には60歳以上の高齢者ボランティア35,000人の機関に成長し，平均して1週当たり約3,000人のボランティアが1,500の組織に対して指導を行なったという．またKino Quebecは青少年をターゲットとした運動・スポーツ振興キャンペーンも進めている．ケベック州が1999年に実施した健康・運動調査と1981年のカナダフィッ

トネス調査を比較した結果，青少年層における筋力と持久力の低下，体脂肪率の上昇と，身体活動量の著しい低下が明らかとなり，特に女子生徒の筋力の低下は著しく，小学校の生徒の76％は腹筋運動ができないという状況であった．これ以降，「Kino-Quebecプログラム」といわれる10歳から19歳の青少年をターゲットとした学校体育教師に対する指導ガイドブックを提供し，州の全学校をあげたコンテストや，マスメディア，特にテレビによる啓発活動などが展開された．特筆すべきこととしては，ケベック州政府の公衆衛生部門が独自のアクションプランを設定していることが挙げられる．2005年と2010年に達成されるべき目標を数値設定しており，州調査により明らかになった運動実施の阻害要因（社会的なサポートの不足，役割モデルの少なさ，運動能力の過小評価，楽しさの欠如，仲間の不足，家族のサポート不足，興味のあるプログラムの不足）をアクションターゲットにして，政策決定者，メディア関係者，専門家，地域住民との共同で戦略を決定している．特に各個人にメッセージを送るさまざまなマスメディアを用いた情報戦略がテレビ放映によって行なわれ，また「HOP」というスポーツ，身体活動，健康に関する雑誌が1年に8回発行され無料で提供されている．重要な点はこれらの情報戦略は先ほど述べた阻害要因をいかに克服し打破するかということに向けられていることである．同キャンペーンの立案時には「better understanding for better action（よりよい行動の前によりよい理解を）」というコンセンサスが述べられ，問題解決をするためにすぐに戦略や政策を立てるのではなく，どのような阻害要因を解決すれば問題が解決できるかという理解が，政策立案者の間に浸透していたことがうかがえる．

　オセアニアではオーストラリアにおける「Active Australia」という国家計画のもと，数値目標設定によるさまざまなマスメディアキャンペーンが展開され，その結果特に，ニューサウスウェールズ州やビクトリア州においてスポーツ人口の増加が全国調査により明らかとなっている．オーストラリアスポーツ審議会が主導している高齢者を対象としたキャンペーンでは，「never too later！（遅すぎるということはない！）」というテレビ番組を用いたマスメディア戦略が試みられる．不活発な雰囲気を象徴したブリキ人形の姿をした一人の高齢者が運動をするようになり，そのブリキがだんだん外れていき，健康的な高齢者に変身していくストーリーをキャンペーンメッセージとして発信している．

　ヨーロッパにおいては，まずスイスのキャンペーンが注目される．スイスシニ

アスポーツ同盟とスイスオリンピック協会により「Allez Hop（さあ，体を動かそう！）」という全国キャンペーンが実施されている．ウォーキング，室内エクササイズ，水泳，テニスに重点を置いたプログラムで，30歳以上の運動非実施者のうち1年間で2万人を運動実施者に変えることに成功し，その背景に8,000人のボランティアの活躍があったと報告されている．

　また，ルーマニアでは，国家プロジェクト「ルーマニア2000」が展開され，1991年から2000年までの実績では，「スポーツ非実施者でしかも関心がない人」が36％から8％に減少し，「運動やスポーツは実施していないが関心のある人」が，33％から69.4％に増加し，「週1回以上のスポーツ実施者」が10％から22.6％に増加したということであった．ルーマニア2000の特徴は，世代や地域ごとにマーケット（顧客）をグループ化しそれぞれに合ったキャンペーンを実施している点である．たとえば，乳幼児には"baby sport"，10歳代の青少年には"teen sport"，高齢者には"old sport"，農村地域では"rural sport"，また旅先でスポーツをする"Pronatura"など計23種類が存在する．運動・スポーツへの関心層が33％から69.4％に増加した最大の理由はこのプログラム機会の多さにあると考えられる．

　ヨーロッパ諸国のなかで，現在最も注目されているのがオランダの「Netehrlands on the move（NOM）」キャンペーンである．これはオランダオリンピック委員会，オランダスポーツ連盟，オランダ心臓財団，オランダ癌協会により55歳以上の国民の身体活動を促進するために1995年に開始されたキャンペーンで，現在は高齢者をターゲットにした運動・スポーツ振興の国家プロジェクト「55-plus on the move」として実践されている．このプロジェクトは国立高齢者運動促進財団（MBvO）の主導のもと，オランダ応用科学研究組織（TNO），グロニンゲン大学人間身体運動学部（RUG），オランダ心臓財団（NHS）がサポートする共同振興事業であり，現在まで8つの全国プロジェクトが展開されてきている．特に，「グロニンゲン・アクティブ・リビング・プロジェクト」は非活動的な高齢者を活動的にするという目標を全面に打ち出し，州レベルのスポーツ審議会や国立高齢者運動促進財団の担当者による指導のもと，地域グループが自ら運営・実践を行なっている．このモデルは，プロジェクトへの加入を勧誘する「導入期」と，運動の継続化を促す「継続期」という2つの段階から構成されている．導入期における勧誘は直接電話で行ない体力テストを受けて

もらうというもので，この方法は従来のビデオ，新聞広告，集団面接などの勧誘方法に比べて4倍の成功率が認められている．そして継続期ではさまざまな運動・スポーツ種目において12週間と30週間のプログラムが地域のスポーツクラブで実施され，地域のスポーツ審議会が管理している．これまでのところ200箇所の自治体がこのプロジェクトを実践している（全国の自治体の約30％）．他の7つの高齢者に対するプロジェクトも同時に実施されており，今後，高齢者を対象とした運動スポーツ振興における先駆的なモデル事業として世界的に注目されよう（長ヶ原，2000）．

2．キャンペーン・シナリオの重要性

　上記で挙げた代表的なキャンペーンの成功事例に共通するものは，明確な目標とそれを達成するための情報と人材の集中投入である．現在ではキャンペーンという用語は多様に解釈され，そのなかにはポスター作成など単一の広告事業だけで，特定の期間あるいは目標をもたない事業も数多い．しかしながら上記したキャンペーンは，野川（2001）が定義するように，「特定の目的を達成するために，期間を限定し，その期間内における目標達成を目指して，各種のプロモーション手段を組織的・総合的・集中的に展開する活動」として捉えることができる．また注目されるのは，ターゲットとなる集団のスポーツ行動を喚起するための条件を検討し，その条件改善に向けてキャンペーン戦略を工夫している点である．ヘルスプロモーション分野におけるキャンペーン研究では，特にターゲットとなる行動の要因や先行条件を明確にすることが重要視されている．キャンペーンでは運動・スポーツ実施潜在層や非実施層がターゲットとして頻繁に挙げられるが，このようなプロモーションが届きにくい人々（hard to reach population）に対しては，「事業（インプット）」→「運動・スポーツ行動（アウトプット）」といった短絡的な図式ではなく，事業とスポーツ行動の間に介在する行動条件を理解した上で，その条件変化を目標としたキャンペーン開発を行なうことが，スポーツ行動という改善されにくい行動変容を促がすためには重要であることが強調されている（図3－4参照）．

　前述した各国の事例は，キャンペーンを構成する主要事業（独立変数），スポーツ行動指標（従属変数）だけではなく，その間に介在するスポーツ行動を生起さ

```
独立変数              媒介変数              従属変数

キャンペーン          X?                   キャンペーン
インプット           (スポーツ行動条件)    アウトプット
(事業内容)                                 (スポーツ行動)
```

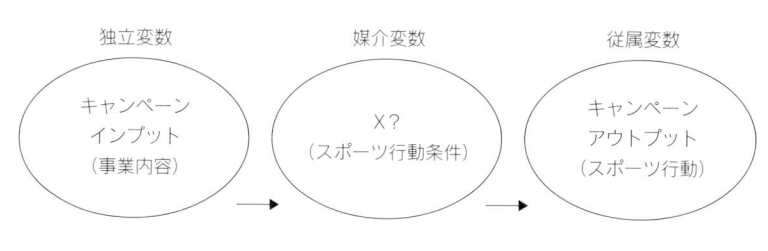

図3-4　キャンペーン・シナリオの枠組み

せる条件指標（媒介変数）が明確であるという共通性がみられる．すなわち人々の行動にどのように影響を及ぼすかという因果関係がキャンペーンの策定段階で検討されることによって，事業を成功させる確率を高めているといえる．この事前のキャンペーンシナリオを作成するには，現状調査やパイロットプロジェクトの実施，あるいはスポーツ行動研究における科学的知見に基づいて，ターゲット集団のスポーツ行動を生起させるような要因（先行条件）を明確にすることが望まれる．

表3-9は，上記の代表事例も含めて，スポーツ人口増加を目指したキャンペーン政策を国レベル・自治体レベルから抽出したものである．このなかで条件指標（先行条件）を集約すると，①スポーツに対する正しい知識や好ましい態度などの住民自身の前提条件，②人々を取り巻く家族，友人，指導者，健康増進関係者，ボランティアからのサポートレベルなどの対人的な強化条件，そして，③スポーツ参加の受け皿となるイベントや機会，場所や施設の充実度や接近性などの実現条件が挙げられており，効果的なキャンペーンにはこれらの条件がより多く構成されている傾向がみられる．相対的に欧米諸国のキャンペーンは，①の住民自身の前提条件に重点が置かれている．人々がスポーツを開始するためには，スポーツ施設や機会が近くにあるということ以上に，その当事者のスポーツに対する理解や欲求，動機が存在することが第一条件であり，これが無くては行動変容は決して起こらず，たとえ強制的に実施を促されても継続行動は伴わないという前提が基盤になっていると考えられる．環境や指導者も運動・スポーツ行動の条件であるが，本人の態度が変化しなくては最初のアクションは起こらない．行動変容を最終目標とした態度変容を促進することがキャンペーンの重要課題といえよう．

表3-9 スポーツ人口増加を目標とした海外のスポーツ振興キャンペーン

＜全国レベル＞
●Sport for Life（シンガポール）
主要事業：地域スポーツ・フィットネス施設の増設，体力テストの実施，スポーツ・運動プログラム開発，イベント開催，プリントメディア
条件指標：スポーツに対する好ましい態度
行動指標：1週間に最低1回以上のスポーツ実施者率と週3回以上の実施者率

●Active Living（カナダ）
主要事業：テレビ・プリントメディア広報，教育資料・パンフレット配布，学習機材開発，運動カウンセリングサービス「Business Case」等
条件指標：運動・スポーツ実施による便益や"メリットに関する正しい知識
行動指標：運動非実施者率（の減少）

●The Active Australia/International Year of Older Persons Project（オーストラリア）
主要事業：公共教育キャンペーン（tin man），テレビコマーシャル，プリントメディア，ラジオ放送による啓発，イベント
条件指標：健康増進関連職者，運動・スポーツ・レクリエーション関係者の定期的運動実施の便益に対する認知，55歳以上の運動非実施者における定期的運動実施の便益に対する認知，運動実施者と運動実施潜在層における運動実施意欲レベルの維持
行動指標：55歳以上の定期的スポーツ実施率

●Fit for Life（フィンランド）
主要事業：マスメディアによるPR，指導者研修，組織ネットワーキング，地域プロジェクトコンテスト
条件指標：全国・地方・自治体レベルの健康増進課，スポーツ振興課，環境課・交通運輸課，メディア機関，スポーツクラブからのサポートレベル
行動指標：全国40歳以上人口の定期的な運動・スポーツ実施率

●Getting Switzerland to Move: Allez Hop!（スイス）
主要事業：ウォーキング，室内エクササイズ，水泳，テニスに重点を置いた地域教育・プログラム開発・指導者教育
条件指標：スポーツクラブ指導者・ボランティアからの社会的サポート
行動指標：女性，高齢者，低学歴者，移民をターゲットとしたスポーツ頻度

●Netherlands on the move /The Groningen Active Living Model（オランダ）
主要事業：地域におけるスクリーニングテスト，マスメディア広報，スタッフの手紙と直接訪問によるプログラム参加への呼びかけ，プログラム参加者自身によるネットワーク型勧誘，体力テスト・ニーズ調査に基づいた多様なプログラム提供
条件指標：体力感，社会サポート，自己効力感，運動・スポーツ実施の楽しさ
行動指標：プログラム継続率，余暇時間の身体活動量

●Romania 2000（ルーマニア）
主要事業：世代別・地域別プログラム開発・イベント・マスメディア広報（乳幼児"baby sport"，10歳代青少年"teen sport"，高齢者"old sport"，農村地域"rural sport"，旅行スポーツPronatura"など計23種類）
条件指標：運動・スポーツに対する態度と関心
行動指標：週1回以上のスポーツ実施者率

＜自治体レベル＞
●Kino Quebec（カナダ）
主要事業：高齢者ボランティアネットワーク機関「VIACTIVE」，定期的イベント
条件指標：ボランティアサポート，指導ガイドブックの提供，学校コンテストや，テレビによる啓発活動，運動実施の阻害要因（社会的なサポートの不足，役割モデルの少なさ，運動能力の過小評価，楽しさの欠如，仲間の不足，家族のサポート不足，興味のあるプログラムの不足）
行動指標：青少年と高齢者のスポーツ実施率
●Minnesota Heart Health Program（アメリカ）
主要事業：キャンペーン推進団体の設立，マスメディア広報（テレビ番組「Shape up」，ラジオ，新聞），プログラム開発，地域イベント（Fitfest）の開催，地域リーダーの参与
条件指標：身体活動に対する動機とスキル，身体活動を実施する場所・施設への近接性
行動指標：余暇時間におけるエネルギー総消費量
●Stanford Five-City Project（アメリカ）
主要事業：マスメディア，プリントメディアによる教育，セミナー・ワークショップ，地域ウォーキングイベントの開催，体力テスト，団体コンテスト，リスクグループに対する地域リーダーの個人指導
条件指標：運動に関する正しい知識，気づき，運動による便益の理解，積極的態度，自己効力感
行動指標：余暇時間におけるエネルギー総消費量
●Pawtucket Heart Health Program（アメリカ）
主要事業：ボランティアマネジメント，教会などの主要地域団体の関与，メディア戦略
行動指標：エネルギー総消費量
●Get Fit（アメリカ）
主要事業：10週間キャンペーンイベント，サポートマニュアルの配布，賞品（Tシャツ，ピン，スポーツクラブ利用チケット，無料航空券）の配布
条件指標：関係組織からのサポート，地域機関における身体活動プログラム機会セットの充実，
行動指標：週3回以上の30分継続する運動
●Imagine Action Campaign（アメリカ）
主要事業：サポートマニュアル，週イベント（Fun walks, activity night）（6週間）
条件指標：住民の意識高揚，社会的解放，情緒的覚醒，自己再評価，コミットメント，報酬，カウンタリング，環境統制，支援者関係
行動指標：運動習慣ステージ（無関心→関心→開始→継続）
●The North Karelia Project（フィンランド）
主要事業：マスメディア広報，地域組織ネットワーク（心臓協会，医師会，婦人団体）
行動指標：身体活動量
●Senior Sporting Project & Physical Activity Cluster for Senior Citizens（フィンランド）
主要事業：プリントメディアによる指導者啓発，イベント
条件指標：運動・スポーツ指導者，健康増進関連職者，政策立案者，スポーツクラブからのサポートレベル
行動指標：運動・スポーツクラブ所属率，スポーツ参加頻度
●Stockholm Diabetes Prevention Program（スウェーデン）
主要事業：新聞広告，ショッピングセンターでの宣伝，ボランティア採用と研修
条件指標：ボランティアサポート，運動機会へのアクセス
行動指標：ウォーキング量，身体活動頻度

●Heart Areas Project（デンマーク）
主要事業：ローカルメディア（テレビ，ラジオ，新聞）による広報・啓発，体力テスト・研修会・イベント
条件指標：地域プログラムの認知度・参加，ソーシャルネットワークとメディアからのサポートレベル
行動指標：運動実施頻度
●Health Education Board for Scotland Walking Campaign （イギリス）
主要事業：テレビ広報，電話相談システム（Fitline），サポートマニュアルの配布
条件指標：キャンペーンメッセージの記憶，運動に関する好意的態度と信念，運動開始への意図
行動指標：毎日30分以上のウォーキング
●Gesond duëch Bewegung（Healthy by Moving） （ルクセンブルグ）
主要事業：テレビ番組広報，ラジオPR，マニュアル配布
条件指標：学校教育関係者，運動・スポーツ指導者の意識，サポート
行動指標：高齢者と身障者のスポーツ参加率
●Healthy Dubeč Project （チェコスロバキア）
主要事業：啓発・教育キャンペーン（テレビ，ラジオ，新聞），家族を対象にマニュアル（Physical Activity Kit）配布，定期的フェア（Healthy Fair）の開催
行動指標：身体活動量
●Heart Areas Project（デンマーク）
主要事業：テレビ，ラジオ，新聞による広告・PR，体力テスト・講義・イベント
条件指標：地域プログラムの認知度・参加，ソーシャルネットワークとメディアからの影響
行動指標：運動実施頻度

3. キャンペーン効果の到達性（キャンペーン・パッケージとチャンネル）

図3—5はコミュニケーションモデルに基づいて，マスメディア・キャンペーンがターゲット集団の態度や運動・行動にどの程度影響を及ぼしたかを研究したDonovanとOwen（1994）の分析結果である．運動・スポーツを勧める宣伝番組を100人をターゲットに流したと仮定すると，まずその100人のなかで宣伝を見る確率は50％であり，次に見た人のなかで注意して番組を見た人は25％に減り，またその宣伝の内容を理解した人は12.5％に減少し，その宣伝の内容を受容（納得）した人はさらに6.25％に減少し，そしてその結果運動をやってみようと思った人は3.14％で，実際にやってみた人は1.56％であり，最後に運動を継続できた者はわずかに0.78％と，1％にも満たない．つまりテレビの宣伝に影響され運動を続けている人は100人中1人にもならないという結果である．

しかしながら，これはマスメディア戦略が役に立たないということを意味するものではない．マスメディアは「行動」には直接大きな影響を及ぼさないが，100人中6人の運動に対する「態度（受容）」には影響を及ぼすことから，この

```
ターゲット         100%    ████████████████████████████
テレビ視聴         50%     ██████████████
注意して視聴       25%     ███████
内容を理解         12.5%   ████
内容を受容         6.25%   ██
運動実施の意図     3.14%   █
運動開始           1.56%   ▌
運動継続           0.78%   ▎
```

図3-5 マスメディアキャンペーンの段階的効果

(Donovan RJ and Owen DR (1994): Social marketing and population interventions. In: Dishman R (ed), Advances in exercise adherence. Human Kinetics: Champaign, IL.)

6人を行動（運動実施）に結びつけていく別の戦略を補充することが必要である．つまり，スポーツ人口増加を目標としてマスメディアによるキャンペーンを行なう場合には，運動やスポーツに関心をもった後に，その人々が行動を実際に移せるような機会セットを提供する事業を合わせて実施することが重要であろう．先の事例や**表3-9**で挙げられているキャンペーンは，マスメディア戦略の啓発・教育事業に加えて，それで生起した関心を行動に移せる機会，たとえば多様なイベントやプログラムの機会セットを組み合わせている傾向がみられる．このようないくつかのキャンペーン事業の組み合わせは，ヘルスプロモーション政策において「キャンペーン・パッケージ」と呼ばれている．キャンペーンといえばすぐマスメディアを連想しがちであるが，スポーツ振興事業などのライフスタイル支援事業では，マスメディア戦略だけでは限界があることを認識し，それを補充するための事業を効果的に組み込んで総合的なキャンペーンを展開する工夫が必要であろう．数打てば当たるの「乱射型」や，ひとつの戦略のみに偏る「こだわり型」のキャンペーンではなく，ターゲットグループに対して，効率的・効果的に影響を及ぼすことのできる複数戦略のキャンペーン・パッケージの開発が今後わが国においても求められる．

また，**図3-5**で示された各段階の条件指標はそれぞれの相関関係の強さが確認されている．これはすなわち，人々の知識や態度，行動の間には関連性があることを意味し，キャンペーンメッセージの効果が最終的に多く残るためには，注

意や記憶の段階で影響を多く及ぼすことが重要となることを示唆している．このためには興味を引く刺激のある「メッセージの質」と，発信の頻度を多くして記憶させる「メッセージの量」という2つの側面を考慮する必要がある．諸外国のキャンペーンは，いずれもさまざまなコミュニケーション・チャンネルを用いて地域住民に何度も刺激的なメッセージが到達し注目されるような工夫を行なっている．たとえば，アメリカやカナダでは，多くのローカルネットワークの気象情報士と提携し，天気予報のなかでその日の天気に適した運動やスポーツ種目を何回も紹介するユニークなマスメディアキャンペーンを展開している．欧米諸国全体に共通してみられるのは，ターゲットグループと関係の深い組織，指導者，ボランティア，医療福祉従事者を中間ターゲットとし，メッセージの伝達がより頻繁でパワフルになるように考慮している．欧米諸国の禁煙政策が成功した大きな理由として医師の禁煙キャンペーンへの参与があったといわれているが，人々の健康行動に影響を及ぼすこのような医療関係者や，価値観に影響を与える教会関係者がスポーツ振興キャンペーンに参加する傾向もみられる．イギリスの健康教育庁の調査では，メッセージの内容や情報チャンネル（媒体）の評価分析を行なっており，主要な分析結果として，①運動そのものではなくその運動実施がもたらす便益や効果を具体的に述べたもの，②登場人物がテレビ・映画スターやヒーロー，あるいは役割モデルになっている内容，③質問をして情報を得ることができる双方向のコミュニケーションであること，以上の3つがマスメディアキャンペーンの成功要因であったことを報告している．わが国でも以上のような海外の実践成果と研究成果を活用しながら，スポーツ振興のための本格的なキャンペーンを独自に展開する時期にきている．

結語：わが国のスポーツ振興政策の課題

これまでの諸外国のスポーツ振興キャンペーン政策に関する重要な動向として，自治体レベルのキャンペーンが実践されているということは注目すべき点である．政策は国レベルのものいう固定観念から脱却し，政策の作成，実践，評価が地方分権化（decentralization）していることが世界に共通してみられる傾向である．わが国でも地方自治体ごとのユニークな運動・スポーツ振興を推進していく政策開発・実践能力が今後より一層問われる時代となろう．しかしながら，地域政策に対する政策科学的な情報支援は立ち遅れており，たとえば，①目標値

設定型の振興事業の計画化と評価方法を具体的に述べたガイドラインやマニュアルが見当たらない，②定期的なスポーツ実施率を実際に増加させることに成功した地域スポーツ振興や啓発キャンペーンに関するモデル事業の情報が不足している，③50％の定期的スポーツ実施率，あるいは男性39％以上，女性35％以上の運動習慣者率を実現するための条件指標とその最低目標値の設定に関するデータが見当たらない，④特にスポーツ実施潜在層に働きかける啓発事業の計画化と評価方法に関するアイディアが不足している，などに代表されるスポーツ振興関係者からの戸惑いと悩みの声が多く聞かれる．一方，定期的なスポーツ実施率を高水準まで増加させてきた欧米諸国では，研究サイドから地域に対してスポーツ振興（プロモーション）に応用できる政策科学的な情報支援が精力的に行なわれてきた．実例として，カナダ，フィンランド，オランダ，イギリス，オーストラリアでは，国内外を問わずさまざまな地域レベルの振興事業とスポーツ人口推移に関する情報の収集・分析に基づき，具体的な成功事例や定期的スポーツ実施率向上を実現させうる共通点を列挙しながら，事業計画・評価プロセスモデルを作成しそのアイディアを地域行政に発信している．日本においても推進主体である自治体に対して，今後の重要課題である定期的運動・スポーツ人口実施率向上を目標とした振興事業の計画策定とその評価方法に関する研究者サイドからのより一層の政策科学的な情報支援が急務である．

［長ヶ原　誠］

参考文献

長ヶ原誠（2000）：海外におけるスポーツ・フォア・オール振興政策の動向．第8回世界スポーツ・フォア・オール会議（Ⅷ World Sport for All Congress），体力つくり情報，6：42-48．
Donovan RJ and Owen DR (1994)：Social marketing and population interventions. In：Dishman R (ed), Advances in exercise adherence. Human Kinetics：Champaign, IL.
野川春夫（2001）：生涯スポーツ推進キャンペーン，スポーツクラブ白書2000．日本スポーツクラブ協会：pp88-94．

4部 生涯スポーツの人的資源研究

- 14章　海外指導者事情
- 15章　フィットネス指導者に求められる新しい身体運動観
- 16章　スポーツ・ボランティアの動向と今後の可能性を探る
- 17章　指導者の資質向上論

14章
海外指導者事情
—アメリカ，カナダ，オーストラリア，イギリス，ドイツ—

　運動による健康づくりの指導者資格認定をめぐって，わが国ではこれまでさまざまな議論がなされてきているが，アメリカやカナダ，オーストラリアといった海外諸国においても，指導者の資格認定をめぐる問題は，1980年代以降急速にクローズアップされ，今日まで大きな社会的関心事となっており，そのあり方について現在も論議が続けられている．そこで，諸外国の各機関が認定している指導者資格制度についていくつか紹介する．

1. フィットネス先進国＝アメリカ合衆国

1）アメリカ・スポーツ医学会（ACSM）

　健康づくりのための専門指導者資格認定制度として，最も権威があると国際的にも認められているのがアメリカ・スポーツ医学会（American College of Sports Medicine：ACSM）が付与する資格制度である．ACSMは1954年に医師，生理学者，体育関係者等11人によって自発的に設立された団体で，国内外を問わず会員数は12,000人[注1]にのぼる．会員の構成もいわゆるスポーツ・ドクターのみならず，運動生理学やバイオメカニクスの専門家，臨床検査技師，理学療法士，栄養士，アスレティック・トレーナー，エアロビクス・インストラクター等広範囲な領域に及んでいる．

　ACSMの事業活動として3,000人以上の会員が参加する年次総会（研究発表数約600題），機関誌，会報，専門刊行物の出版，職業紹介等の会員サービス，指導者資格の認定といったこととともに，研究プロジェクト・チームを作って，緊急に対処すべきスポーツ医学の諸問題に対するACSMの公式見解（position paper）を逐次発表し，スポーツ界に大きなインパクトを与えている．

資格の種類としては，疾病予防・健康増進を主眼とする領域"Health & Fitness Track"に「グループ・エクササイズ・リーダー」，「ヘルス・フィットネス・インストラクター」，「ヘルス・フィットネス・ディレクター」の3種類，機能回復（リハビリテーション）を主眼とする領域"Clinical Track"に「運動専門指導士」，「運動プログラムディレクター」，「公認臨床運動生理士」の3種類の計6種類がある．これらは，単にインストラクターのレベルに留まらず，この分野に対する社会的要請に応じて専門分化していることがわかる．

2）全米アスレティック・トレーナー協会（NATA）

アマ・プロを問わずハイレベルなアメリカの競技スポーツのトレーナーとして第一戦で活躍するためには不可欠な資格として要求されるのが，全米アスレティック・トレーナー協会（National Athletic Trainers Association : NATA）が認定するアスレティック・トレーナー（AT）である．

NATAは，1950年に競技トレーナーの資質の向上，現場での直面する諸問題を解決するための会員相互の意見交換や各種の会議の開催等を目的として設立された．しかしながら，1980年代に入り，NATAの存在は，単なる競技トレーナーの情報交換の場としての機関から，スポーツ・ドクターや理学療法士（PT）等と同様の専門職集団として高い社会的認知を受けるようになった．そのきっかけとなったのが，従来のNATA公認ATの資格認定制度を現状の問題や現場の要請等に即して抜本的に見直し，アメリカの大手テスト業者に試験内容の検討，改善，実施に関して全面的な協力を仰ぐことを決定し，1982年にNATA専門教育委員会を設置したことがあげられる[注2]．

公認ATの試験を受験するためには，4年制の大学を卒業し学士号を有していること，救急処置法と救急蘇生法の認定資格を有していること，スポーツ現場での実習を経験していることが必須とされる．また，試験では筆記試験，口頭試験に加え，迅速な状況把握・判断・対処能力が問われるシミュレーションテストがある．

アメリカにおいて，バスケットボールやフットボール等のカレッジ・スポーツは，"歳入スポーツ（revenue sports）"として位置づけられ，大学の財政確保に大いに寄与している．反面また，大学に対する政府からの財政補助の大幅な削減，大学進学率の低下，学校体育教師市場の縮小等の理由により，体育学部もそ

の存在理由が問われ，生き残り作戦のための対応に迫られるようになった．

体育学部の存在に危機感を強く抱いたのは，大半の者がそこに所属し，いわばそこで生計をたてているATであり，ATの集合体であるNATAであった．このため，1983年にNATAは「AT教育プログラム」を作成し，大学がNATAの資格認定機関として承認されATを独自に養成していくためには，このカリキュラム基準に沿った専攻学科もしくはそれに準ずるコースを設置することを義務づけた．これにより体育学部のサバイバルにかける大学側は，NATA公認の専任教官を"終身在職教育職（tenure）"としての待遇で迎える等で対応し，専攻コースの設置に努めるようになった．

NATAの基準に従うためには，800時間の実習（clinical internship）を行ない，しかもそのうちの4分の1にあたる200時間をフットボールやアイスホッケー等の危険を伴うスポーツ（dangerous sports）にあてなければならない．また，実習はNATA公認トレーナーの下で実施されることになっているが，指導する実習生数はAT1人につき8人までと定められており，こうした厳しい基準を考えても，よほど本腰で専攻コースの設置に取り組まないと，AT養成が容易に実現できないことが理解できよう．

3）社会的評価を受ける理由

アメリカには多くのスポーツ資格認定機関が存在しているが，ACSMやNATAがなぜ社会的評価を受け，専門職としてのインストラクターへの登龍門として位置づけられるようになってきたのだろうか．

その理由として，まず第1に，テストの厳正を期するために，自前で実施するのではなく，信頼できる外部機関の協力を得て実施している．第2に，受験者に対する決め細かな配慮である．いずれの機関も試験会場を全米各地に用意し，関係学会や年次大学に合わせて，その会場で試験を実施している．受験に際しても，試験時間，問題数，回答方法，出題例，参考文献，合格基準をあらかじめ明確に提示している．

第3に，合格者に対するフォローアップ，すなわち資格の更新に際して，各種の関連講習会に意欲的に参加し，研修を積み重ねていることを証明するために「生涯教育単位（CEU）」を一定数以上取得しておくことを義務づけている．第4に，指導者の資質の向上をさらに促すために，単一種類の資格だけでなく，ラン

クづけと指導者の役割分化に応じた多様な資格が用意されるようになってきている．この例は，リハビリテーションを目的とした指導者に細分化したACSMの資格認定基準がその代表的なものである．

そして最後に，体育系の大学において，これらの全国レベルの資格認定基準に合わせて，カリキュラムの改善が積極的に行なわれるようになってきている．時代のニーズを先取りすることが大学の使命であるが，逆にいえばACSMやNATAの資格がそれだけに高い評価を受けているといえる．

以上，アメリカにおける代表的な2つの資格認定制度について紹介をしたが，こうした資格基準は，決して「見切り発車」ではなく，また，一朝一夕にして定められたものでないことは，その制定プロセスからもうかがえる．

2. 健康づくり運動推進国＝カナダ

国民の体力向上とアマチュア・スポーツの振興を目的とした「フィットネス・アマチュアスポーツ振興法」が1961年に制定されて以来，カナダ政府は国民の健康づくり運動に積極的に取り組んできた．1971年にParticipation（参加）とAction（行動）の2つの言葉を合成した"ParticipACTION"と称するフィットネスキャンペーンを専門に取り扱う法人組織が発足して以来，国民の健康づくりに対する関心は一層高まった．

国民の健康づくり運動の推進者としての指導者の役割は大きく，そのため1983年にFitness Canada（厚生省内に設置された健康づくり運動をプロモートするセクション）がイニシアティブをとり，これまで指導者の養成に意を注いできた大学やカナダ保健体育レクリエーション学会，公園レクリエーション協会，公衆衛生学会，赤十字社，YMCA等の全国関係団体，さらには各州政府の代表者が一堂に参集して，「フィットネス指導者に関する中央審議会（NFLAC）」を創設し，指導者の養成ならびに認定プログラムに関するガイドライン（指針）をはじめて指示した．

NFLACが提示したガイドラインの最大の狙いは，これまで大学や関係団体，各州がバラバラに行なってきた指導者養成と認定プログラムを時代のニーズに即応した統一した方向を示すことであった．しかしながら，その実施にあたっては，それぞれの機関における主体性の尊重を原則としている．また，NFLACは指導

表4-1 資格の種類および概要（NFLAC）

資　格	概　要
フィットネス・リーダー (Fitness Leader)	もっとも基本となる指導者資格で，12領域にわたる基礎知識に加えて，コミュニケーション技術や音楽の効果的利用といった実践能力，さらに人命救助法の基礎となる"Heart Saver"の資格が要求される．
スペシャリスト・リーダー (Specialist Fitness Leader)	フィットネス・リーダーの資格を取得後，特定の指導領域に関する研修を終了もしくは認定試験を受けた者に与えられる．ダンス・フィットネス，高齢者フィットネス，ミュージック・フィットネス，筋力トレーニング，青少年フィットネス，アクア・フィットネス，マタニティ・フィットネスの7領域のスペシャリスト・プログラムが提供されている．スペシャリスト・リーダーに対してCPR（心配蘇生法）の資格も要求される．
上級リーダー (Trainer of Fitness Leader)	上記2つのレベルの指導者資格と大学の体育学士号及び指導者に対する研修経験と指導技術が，要求される．上級リーダーは，いわば，「指導教官（teacher of leaders）」として位置づけられている資格である．
マスター・トレーナー (Trainer of Fitness Trainers)	最高位にランクづけられた資格で，教育研修プログラムに精通した指導者に与えられる．すでにマスター・トレーナー用のマニュアルもオンタリオ州で開発されており，このマニュアルに沿って各州もマスター・トレーナーの認定制度を実施しつつある．

者養成プログラムの研修基準内容（performance standards）を詳細に示したマニュアルを作成しているが，これについてもカナダ全体を統合するものではなく，あくまでも各機関が歩調を合わせるための指針として提示されている．**表4-1**は，NFLACが認定するの4つの指導者資格である．

3. "みんなのスポーツ運動"＝オーストラリア

"Life be in it !!（生活を生き生きとしよう）"を合言葉に，1970年代前半から"みんなのスポーツ運動"を大々的に展開してきたオーストラリアにおいて，フィットネスの指導者資格をめぐる問題が生じてきたのは，アメリカやカナダと同様，1980年代に入ってからである．

1984年5月，オーストラリア体育学会とスポーツ医学会の合意のもとに「オーストラリア・フィットネス指導者認定委員会」（Australian Fittness Acreditation Council：AFAC）が発足し，翌年，政府代表者ならびに産業界の代表者が加わり，AFACの役割が確認された．

表4-2のような全国的な資格基準にしたがって各州が指導者資格を認定する

表4-2 資格の種類および概要（AFAC）

資 格	概 要
フィットネス・リーダー	AFAC認定の講習会または認定機関のコースで60時間の単位を取得した者に付与される．さらに，次にあげる分野のひとつにすぐれた専門指導技術を有することを要求される：エアロビクス・エクササイズ,ウェイト・トレーニング,体力測定,ウォーター・エクササイズ,フィットネスと栄養,高齢者のための運動,女性のための運動.
フィットネス・カウンセラー	運動処方や体力測定の実施，個人の危険因子の発見と確認，ライフスタイルに関する助言，フィットネス・リーダーの指導と監督を行うために付与される．大学で体育学または健康教育学を専攻し，学士号および免許状を取得し，最低120時間単位以上取得していること，その内最低80時間はAFAC認定の指導実習終了証明書が要求される.

かたちをとっている．オーストラリアの8州のうち7州がAFACの認定基準に準拠してフィットネス・リーダーとフィットネス・カウンセラーの指導者養成を実施しているが，州によってはこれらの資格基準単位に加えて，40時間の実習CPR（心肺蘇生法）の資格，実技試験の実施等を求めているところもみられる．カナダと同様に，国家が全国的に資格を統一するのではなく，各州の独自性を最大限に尊重しているわけである．

4. 近代スポーツ発祥の国＝イギリス

近代スポーツ発祥の国・イギリスのスポーツ振興に大きな役割を果たしてきた「社会体育中央審議会（The Central Council of Physical Recreation：CCPR）は，エリザベス女王を名誉総裁に，エディンバラ公を会長に推薦し，300の国内・スポーツ団体を統括するヨーロッパで最大の法人組織として存在している．現在は，政府の公的機関であるスポーツ審議会（The Sports Council）と深い関係をもちつつ，スポーツ問題全般を審議する「諮問機関」としての役割を担っている．

CCPRが民間のスポーツクラブや青少年団体のスポーツ指導者育成のために，本格的に取り組み始めたのは「コミュニティ・スポーツリーダー認定制度（The Community Sports Leaders Award：CSLA）」を制定した1982年からで，1990年までに2,000以上の養成講習会を開講し，26,000人の認定指導者を輩出している．

表4-3　資格の種類および概要（DSB）

資　格	概　要
スポーツ指導者	初級と上級の2つがあり，初級レベルは地区あるいは州の競技団体，スポーツ協会主催の指導者養成講習会（120授業時間）を受講し，理論および指導実習試験に合格すれば取得できる．上級の資格は，初級の資格取得後，30時間の講習会を受講し，試験に合格すれば付与される．上級は次の3つの専門レベルにコースに分化されている：少年スポーツ指導者，成人スポーツ指導者（中高年層対象のスポーツ指導者），心疾患リハビリテーション指導者．
特定競技種目の指導者（コーチ）	初級，中級，上級，そして"コーチ学士"と称される資格の4つのコーチ資格に分けられている．最初の3段階のコーチ資格は所定の講習会を受講した後，試験に合格すれば認定されるが，最上級レベルのコーチ学士の資格は，ケルンにあるコーチ・アカデミーのコースを終了し，国家認定試験に合格しなければならない．
青少年指導者	青少年の学校外スポーツ活動を援助し，青少年の育成を担う指導者に付与されるもので，旧西ドイツ・スポーツ少年団の青少年団体が主催する養成講習会（120時間）を受講した者に与えられる．
スポーツ管理者	スポーツクラブの経営，管理，運営面での近代化，つまり実質的で効果的な管理運営を行なうために，ビジネス・センスを有する管理運営者の養成が目的である．初級，中級，上級の3つの段階があり，初級は120時間，中級は30時間の指導者養成講習会を受講後，テストに合格すれば取得できる．中級レベルでは，①リーダーシップと法律，②企画，組織と管理，③財務と税制，④広報・プロモーション活動－の4つの専門コースに分けられる．上級は，旧西ベルリンにあるヴィリー・ヴァイヤー・アカデミー（スポーツ管理者養成スクール）の90時間のコースを終了すれば取得できる．

共通する授業内容は，①歴史と社会学，②スポーツと管理組織論，③スポーツ医学，運動学，⑤スポーツ教育学，⑥コーチング学とトレーニング論，⑦青少年指導，⑧指導実習

　CSLAは，地域社会のスポーツクラブや青少年団体のスポーツ指導者として活躍したいと希望する16歳以上の青年および成人に付与されるボランティアの指導者資格制度で，原則としてCCPR認定の講習会に16時間以上受講し，さらに10時間の現場での実習経験を経て認定される．CSLAは，いわばイギリスのスポーツ指導者の登龍門として位置づけられており，この資格を取得したあと，各競技団体やレクリエーション団体，青少年団体，野外活動団体，フィットネス団体の専門指導資格（コーチ，審判，インストラクター等）にチャレンジするよう方向づけられている．

5. 国民スポーツ振興運動"トリム"＝ドイツ

　世界の生涯スポーツのメッカといってもよい「ドイツ・スポーツ連盟（DSB）」（本部・フランクフルト）の成果をその会員数でみると，トリム運動のスタート時点の1970年では1,000万人であったのが，20年後の1990年には旧西ドイツ総人口の34.3％にあたる2,100万人に達している．また，毎週規則的に運動・スポーツを実施する人々が1,200万人から総人口の69％にあたる3,600万人に増加したことが報告されている．トリム運動の成果の要因として，その強力な推進者であるDSBのユーゲン・パルム氏は"ゴールデン・プラン"と称する戦後のアデナウワー政権以来の壮大なスポーツ施設整備計画の着実な成果と，最新のマーケティング技法を駆使してのトリム運動の徹底したキャンペーン活動，そしてトリム運動を理解し，情熱をもって取り組んでくれる指導者の養成の3点をあげている．

　とくに，1972年のミュンヘン・オリンピック大会以降，競技スポーツの向上と国民スポーツの普及の両面から指導者養成に重点がおかれ，それまで検討されてきた青少年指導者，スポーツクラブ経営管理者といった専門的な指導者養成制度の確立にも着手するようになった．以下，**表4－3**はDSBが設定した4つの指導者資格である．

　こうした有資格者は約460,000人いるといわれ，そのうち約40％が無給のボランティアとして，スポーツクラブ等で活躍している．毎年，州のスポーツ協会や競技団体等100機関で40,000人が研修を受け，各種の資格にチャレンジしている．これでも3,600万人のスポーツ人口を指導するためには決して十分な数とはいえないと，パルムは指導者不足を訴えていた．

　　　　　　　　　　　　　　　　　　　　　　　　　　　　［池田　　勝］

　注1）2002年現在，会員数は18,000人以上と報告されている．
　注2）2002年現在，会員数は23,000名を超える．

参考文献

池田　勝（1990）：海外指導者事情：フィットネス先進国アメリカでは…（1）．月刊体育施設，4月号：130-132．
池田　勝（1990）：海外指導者事情：フィットネス先進国アメリカでは…（2）．月刊体育施設，5月号：130-132．
池田　勝（1990）：海外指導者事情：フィットネス先進国アメリカでは…（3）．月刊体育施設，6月号：130-132．
池田　勝（1990）：海外指導者事情：フィットネス先進国アメリカでは…（4）．月刊体育施設，7月号：120-122．
池田　勝（1990）：海外指導者事情：フィットネス先進国アメリカでは…（5）．月刊体育施設，8月号：98-100．
池田　勝（1990）：海外指導者事情：健康づくり運動推進国カナダでは…（1）．月刊体育施設，9月号：128-130．
池田　勝（1990）：海外指導者事情：健康づくり運動推進国カナダでは…（2）．月刊体育施設，10月号：102-104．
池田　勝（1990）：海外指導者事情："みんなのスポーツ運動"のオーストラリアでは…．月刊体育施設，11月号：90-92．
池田　勝（1990）：海外指導者事情：近代スポーツ発祥の国イギリスでは…．月刊体育施設，12月号：86-88．
池田　勝（1991）：海外指導者事情：生涯スポーツ指導者の資質向上に関する国際シンポジウムを終えて．月刊体育施設，1月号：118-120．
池田　勝（1991）：海外指導者事情："野外活動指導者"のための資格認定制度（BETA）．月刊体育施設，2月号：134-136．
池田　勝（1991）：海外指導者事情：カナダ・スポーツ科学学会の体力測定実施者資格．月刊体育施設，3月号：94-96．
池田　勝（1991）：海外指導者事情：国民スポーツ振興運動"トリム"の推進役ドイツでは．月刊体育施設，4月号：114-116．

本章は上記の池田勝先生の文献を大阪体育大学大学院生宮崎千枝氏がまとめたものである．

15章
フィットネス指導者に求められる新しい身体運動観

はじめに

　スポーツや体力づくりのための運動は性別，年齢，身体的特徴や能力，あるいは社会的，経済的状況にかかわらず，生活の一部として実践されることが理想である．研究知見の蓄積と，多くの唱道者たちの慧眼と献身に支えられて，これまでさまざまな教育・啓発，奨励・振興のための施策や仕組みづくりが行なわれてきた．

　身体活動は個人の体力と健康にとって重要な刺激であり，生活を満たす要素として幸福に寄与する．精神的，物質的豊かさを生み出している点で，社会にとっては経済的，文化的意義をも担っている．

　スポーツへの参加者や体力づくりの実践者が増えてきたことは，新たな世紀を迎えた私たちにとって大いなる前進である．肉体のなかに住み，あるいは肉体そのものの存在である私たちがその性能を高め，それを駆使して自らの生の充実感を味わい，そのことによってさらに多くの人々の喜びが引き出されていくという仕組みのありようは，文明的であるといっても過言でないであろう．

　一方で，そうした大いなる流れのなかには，時として行き過ぎや逆行やある種の病理的現象が浮かび上がる．私たちはその都度，方向性や価値観の点検と修正を迫られている．ここまでは総じてうまくいっているといえようが，今も私たちが直面している課題は少なくない．

　この小論では，身体運動をめぐる近年の現象や私たちの営みを振り返って眺めてみたい．あたかもそれはさまざまな現象が横糸に織り込まれたタペストリーのように，私たちのからだや身体運動の本質を描き出しているかもしれない．

1. カラダ・健康・体力問題の背景

　私たちの社会は絶えざる変化を遂げ続け，それらは相互に関連しあって派生的な現象を生んでいる．これまで健康や体力について語る際のコンテクストは，生活における身体活動量の減少，負のストレスの増大，そして余暇の拡大というものであった．

　しかし，もはや数十年間の変化をもって現状を説明するのは現実的でない．かといって，現在を横断的に切り取って解釈してもすぐに陳腐化する恐れがある．したがって，諸現象の本質的部分を理解するために，ここではおもに「健康ブーム」が言われた1970年代以降に関していくつかのキーワードをあげながら考えてみたい．

1)「生活習慣病」－運動不足とストレス－

　過去半世紀のうちに飛躍的に発展した運動生理学の知見により，私たちは望ましい体力水準を維持し，あるいは向上させるための身体運動の原則と方法を理解した．多くが都市に住んでいる私たちにとって，都市の規定する生活パターンでは，あまりに身体活動量が少ないことがわかった．

　人間の身体はじつに多様な動作を行なえるにもかかわらず，私たちの一般的な一日のうちに実行している運動量はそう多くない．エレベーターやキャスター付きの事務椅子に象徴されるように，筋肉の力をあまり使わなくてもすむような工夫があちらこちらになされているからである．

　「私の仕事は体力勝負だ」というサラリーマンがいても，その場合の「体力」とは「継続的な精神的緊張や睡眠時間の短さに耐えられること」をおもに指しているのであって，筋力や呼吸循環系の機能と有酸素的なエネルギー供給機構によって成り立つ全身持久力ではないであろう．仕事の中に，息を弾ませ額に汗がにじむような身体運動はほとんどない．もともとそれは私たちの望むところであり，労働の質や生産性を高めるためには必要なことであったが，仕事を中心とした日常生活には体力を維持させる刺激となるだけの身体運動の場面がないという現実は理解されなければならない．

　さらに都市生活には多くのストレスがついてまわる．騒音や振動，汚染された空気といった環境ストレスに加え，仕事と人間関係に起因する心理的，情緒的ス

トレスは，解消されないまま積み重なっては私たちを蝕むことになりがちである．

　身体活動の不足や絶え間ないストレスが，高血圧，心臓病，肥満，糖尿病，あるいは腰痛や膝痛といった疾病の原因であることはすでに明らかにされている．日本人の死因の第2位，3位である心臓病と脳卒中には身体運動の不足が大きくかかわっており，第1位のがんでさえ成長期の運動習慣の有無によって発生率に差があるという疫学データが報告されている．

　ルーの法則にあるとおり，からだは使われないために機能低下を来たし，燃やされないエネルギー源は脂肪細胞に過剰に蓄積される．そこに食事の問題や喫煙等のネガティブな生活習慣の悪影響が加わり，ストレスによる心身症的な反応が相まって，現在の私たちを悩ます多くの疾病の原因となっているのである．

　一方で，ある強度，持続時間，頻度の身体運動がそうした疾病に対して治療的効果をもち得るという医科学的知見が蓄積されている．いまや私たちは，高度な医療技術や新薬が次々に開発されても，すべての疾病が完全に征服されるわけではないことに気づき，生活習慣に起因する病気は自分の生活の問題を解決しなければ克服され得ないことを理解した．身体運動は疾病の予防的，治療的効果をもつ点で，私たちにとって「救い」である．さらには国家財政にとっても，GNPの伸び率を上回る国民医療費の急激な膨張を抑えるための予防医学的措置として，その重要性を高めている．

2）「高齢社会」―病気と老化への恐怖―

　ところで，健康維持や体力づくりへのことさらなる関心は，私たちが不健康で体力のないことの表れであろうか．けがや病気によってからだが不調なときには，健康の価値が強く意識されるので，そう疑いたくもなる．

　厚生労働省による平成10年度の国民生活基礎調査によると，健康状態が「よい」と答えた者は27.5％，「まあよい」と答えた者は17.0％，「ふつう」が41.8％．「よくない」，「あまりよくない」との回答はあわせて10.8％となっている．つまり，数字の上では9割近くが自分の健康は悪くないと考えていることがわかる．この数字は12年前の昭和61年度調査でもほぼ同じだった．一方，同調査で何らかの自覚症状のある者は30.5％，最も気になる症状について治療している者は70.4％，通院している者は28.5％となっている．10人いれば3人くらいは不調を訴えて会社を休んだり入院，通院をしたりしているという結果である．

支出についてもみておけば，政府がまとめた1998年度の国民医療費は29兆8,000億円である．さらに，医療経済研究機構によると入院時の差額ベッド代や大衆薬の購入費など公的医療保険が利かない患者負担分を入れれば，34兆5,000億円になるという推計もあり，国民1人当たりにすれば年間27万5,000円あまりを病気やけがのために費やしていることになる．やはり，自分では健康だと思っている病人が多いということなのであろうか．

　健康の定義もあやふやなままであるが現実的な見方として，健康な者は多いといえよう．先の調査結果中の「気になる症状」についての回答で最も多いのが腰痛，肩こりといった，いわゆる不定愁訴であることからもうかがえるように，不調はそれほど「病的」ではない．

　そうなると，一見矛盾する数字から読みとれるのはおそらく「不安」ではなかろうか．現在では，ほとんどの病気が医療技術の対象となり，各種機器を用いて診断されて投薬を受け，痛みは取り除かれる．この意味では私たちはいま，たやすく健康を手に入れているといえる．しかし，病気が医療の対象として当たり前に客観化されているので，私たちは自分の病気に対して薬や医学がなんとかしてくれるだろうと思う反面，自分自身ではどう扱ってよいかわからなくなっている．自分のからだをめぐるその不安が，病気に対する恐怖心を強めているのではなかろうか．

　エイズという新たな不治の病の出現もあるが，多くの感染症は治療され得るので，もはや怖れなくてすむ．しかし，がんは依然として怖い．そしてもっと怖いのは，毎日繰り返す生活習慣に根ざす疾病である．それらは，いってみれば自分が原因の病気なのである．こんなに恐ろしい事実はない．想像力を働かせてみれば，いま何をしなければならないのか理解できる．いても立ってもいられずにジョギングをはじめる人がいてもおかしくはない．

　そして恐怖心は「老い」に対しても強まっているだろう．いまやみんなが大挙して老いていく時代である．それなら怖くはないだろうとも思えるが，みんな同じように登り詰めていくのに，自分だけ脱落したり加速して老け込んだりするわけにはいかない．病いと老いへのこの高まる恐怖心が私たちを必要以上の健康志向へと駆り立てているといえないであろうか．

3）「ボディー・イメージ」－美しいからだという幻想－

1980年代半ばまでファッションモデルは長身で痩せ型であった．しかし，いわゆるボディコン（ボディーライン・コンシャス）が流行の兆しをみせるや，突如として肉感的になった．1990年代に入ってモデル界にはもうひとつの変化が生じた．高額の収入，モデル業以外の分野での活躍，そして華やかな私生活に関する情報が盛んに取りざたされる「スーパーモデル」の出現である．

モデルたちはかつての着せ替え人形のような実在感の希薄な存在から，誰もが理想にしたくなるような体型をもつあこがれの人物像になり，彼女たちの出演するエクササイズ・ビデオは大いに売れた．同じように美しくなりたいと願いながら自宅で汗を流していた女性は（男性も？）多かったことであろう．その意味ではフィットネスの実践者を増やすことに貢献したといえる．しかし，罪つくりな面もあったはずである．

もとよりモデルたちは，デザイナーの服をきれいにみせる「人形」であり，広告のなかではたっぷりヘアメークを施されて演出家の思い通りにされる「キャンバス」のごとき存在であった．できあがったモデルはいわば芸術作品であり，架空の人物像である．しかしメディアに頻繁に登場するそうしたモデルたちの姿は私たちの心のなかに刷り込まれた．

モデルたちのからだは，私たちが意識する，しないにかかわらず「美しいからだ，理想的なからだ」の典型となって，ダイエットやエクササイズの動機になったであろう．美しいからだとはそういうものでしかないと思い込み，無意識のうちにも，それ以外はダメだと感じていたかもしれない．

しかし，それは虚像である．その美しさは幻想なのである．メーキャップアーティストと照明係とカメラマンが時間とテクニックをたっぷりつぎ込んだ末に作り出した「イメージ」に過ぎない．私たちが実在しない「幻のカラダ」を目指しておいしいものを我慢し，膝やすねを痛めてしまうほど走ったり踊ったりしていたとすれば，悲劇的である．努力は報われないし，挫折感や失敗の反動も大きかったであろう．

アメリカの心理療法士の団体が1980年代末に，深刻な摂食障害の原因の一端はバービー人形にあると示唆して論議を呼んだ．バービーは1960年に発売された着せ替え人形である．全体的にスラッとしていて背が高く，胸は豊かでウエストは引き締まり，手足はあくまでも細い．何を着せても，どんなポーズを取らせ

てもさまになるようにするためである．

　わかりやすく等身大にしてみるとバストが90cm，ウエストは45cm，ヒップは83cmという非現実的な体型になる．「女の子たちは遊ぶときくらいはファンタジーの世界に浸りたいのだ」と発売元は反論したが，反対派は「バービーで遊ぶことで女の子は，人から愛されてうまくやっていくためには痩せていてセクシーでなければならないということを，無意識のうちにも思いこまされてしまう」と批判した．自分は太っていると思いこみ，不要なダイエットに身をやつし，果ては摂食障害に陥ってしまうのは，女性の体型についての誤った認識のせいであるという（The New York Times紙，1991年8月15日付）．

　いずれにしても，漠然とした美のイメージや認識は私たちの内面に潜んでいただろう．もしかするとそれは現在でも続いているかもしれない．

4)「フィットネス」ー大義名分としての身体活動ー

　私たちが自らの健康ため，体力向上のために何かをするのは，本当は何のためであったのか．食べたいものを我慢したり，ひとつ手前の駅で降りたり，早起きして公園まで走ったりするのは，単にからだのため，気分爽快のためなのであろうか．運動をさぼったり，からだに悪いとされることをしたときにひどく後悔したり，うしろめたさや罪悪感すら覚えてしまうのはなぜなのか．私たちを突き動かしていたのは，何かもっと精神的なものではなかったか．

　世の中の動きは無縁ではなかったであろう．繰り返される政治家や官僚の汚職，政治への失望．スポーツ選手はドーピングに走り，芸能人は犯罪に手を染め，宗教の名を借りた無差別大量殺人が起きる．国際的にみれば事態はさらに激しく，利権やエゴの醜いぶつかり合い，流血の続く民族抗争や核の問題にはまるで解決の見通しがない．

　私たちが切実に求めていたのは，世の中の出来事にいっこうに見いだすことのできない「純粋な正しさ」であったのかもしれない．それほど私たちは現実に失望を繰り返し，無力感を味わい，倫理的に渇いていたはずである．私たちは生きていくなかで自分の生の充実感を求めている．自分なりに満足できることが幸せの基準である．かくして私たちはからだを動かしはじめた．

　健康に気を遣い，身体運動を実践することはきわめて健全で誰にも後ろ指を指されることのない，いわば道徳的に正しい行為である．私たちはフィットネスや

ダイエットに励みながら，非常にまっとうで正当な営みを実行しているという満足感を得ていたであろう．自分のために汗をかくことは善であり，フィットネスこそ私たちが求めてやまない純粋な正しさを与えてくれるものであると，無意識のうちにも感じていたのではないであろうか．

もちろんその満足感は一時的なもので，本質的には満たされていないのであるし，それだけで完結してしまっては本当に私たちが取り組まなければならない問題は解決されないまま残ってしまう．そして身体運動は単なる代償行為でしかなくなってしまう．私たちは少なくとも自暴自棄になってはいなかったが，身体運動は世の中を変える原動力となりうると信じていた者は，そう多くなかったであろう．

5）「身体の記号化」－ポトラッチ的自分主義－

私たちはみんながある程度健康であるからこそ，そこからはみ出してしまうことを怖れる．病気と老化はその例であるが，このことは私たちが到達した本質的状況を反映しているのかもしれない．すなわち，社会全体が文化的に画一化され，均質になってきていたということである．価値の多様化がいわれ，個性がもてはやされたのはつい最近のことであったが，そのことはいかに全体の価値が似通っていて個性がないかということの裏返しであった．経済的格差は最小と最大で著しいが中間層は膨らみ続け，誰もがある程度のものを手に入れることができる．メディアの発達によって情報に関する満足感についてはあまり個人差がなくなっており，あらゆる事象について擬似的な体験ができるようになっている．こんな状況では周りの人たちと自分がひどく異なっていると不安である．しかしそれでいて，私たちはまったく同じであることにも耐えられない．

かつては，他者がもっていない新しいモノや珍しいモノを所有することによって，違いを示そうとしていた．しかし，モノで一時的に差をつけるようにもすぐに流行して皆がもつようになり，差異は消滅してしまう．何度かそうした差異の追いかけっこを繰り返した末に，決して他者が手に入れることのできない唯一無二のモノこそ「自分のからだ」であることを発見した．こうして自分のからだを見直し，対象化し，J・ボードリヤール（1970）のいうように他者との違いを表示する決定的なモノ（記号）として捉えるようになっていった（『消費社会の神話と構造』．1970）．

この状況はM.モース（1925）の紹介した「ポトラッチ」に似ている．北米西海岸にすむ先住民族間で行なわれる儀礼のひとつであるポトラッチは，2つの集団の首長が互いに贈り物をしあい，相手より価値のあるモノを提供することのできる方が優位性をしめるという制度である．食物や財宝からはじまって部族の労働力として大切な奴隷までをも贈り，果ては相手の面前で破壊してみせたり，殺してみせたりしたという．物品では決着がつかずに，ついには人間の身体をもちだすという点で，私たちの状況はポトラッチ的であった．

画一的で均質化した社会の中で，私たちは他人と同一であるよりは自分の生活や趣味，嗜好を優先させようとしている．「自分主義」とでもいうべき新たな価値観とライフスタイルのなかで，からだこそ自分そのものであり，絶対的な価値表示記号としてどのように変えられるのかを模索しているであろう．トレーニングによってからだの形を変えることは，当初はタトゥー（入れ墨）やボディーピアスと同次元にあったかもしれないが，やがて質的展開をみることになる．

6）「蕩尽論」－身体改造と快楽主義－

人間は，生活するのに必要であるからという理由だけでは，モノを生産しない．栗本慎一郎によれば，必要以上のモノ，すなわち過剰を意識的に作り出してため込み，あるとき，非日常的な聖なる空間でそれを一気に蕩尽するために営々と働いている（栗本，1980）．ポトラッチにはモノの過剰な生産とその費消という，経済の本質を表す現象としての解釈が与えられているが，それはそのまま人間の活動の本質を示唆していよう．

私たちが健康に関心を強めてきたのは何も仕事のためではない．充実した人生に思いをめぐらし，いまよりももっと楽しく，大きな生の喜びを得るためにはどうしたらよいのかを考えてきたところで自分のからだが気になりだしたのである．たとえば体力があればあるほどスポーツをしてもより楽しめるし，より気持ちよく，より厳しく真剣に行なえる．同じことをするなら体力のあった方がつぎ込めるエネルギーの絶対量が大きくなってダイナミックでスリリングにできるし，得られる爽快感，達成感は大きくなるということである．

こうして私たちはジムで重い鉄の塊を何度ももち上げたり，動かない自転車をこいだり，合理性を追求する労働の価値観からはひどくかけ離れた作業によって筋力を強化し，全身持久力を高める．それは機械化され省力化された日常生活の

各場面では無駄,すなわち過剰でしかない体力であるが,私たちは懸命に取り組んでいる.何も皮肉なことではない.その裏にあるのは人間が本性として求めてやまない蕩尽の快楽であり,より大きな生のエクスタシーを得んがために過剰としての体力を大きくため込もうとしているわけである.

過剰を蕩尽する快楽という言葉で表現される側面には,皮肉な見方や拒否反応もある.必要以上に身体を鍛えることは不自然な行為であると感じ,快楽主義の一形式に過ぎないとして距離を置こうとする人々もみられた.また,人間のからだが過剰のより高められたモノとなればそれ自体の破壊,すなわち「死」が究極的な蕩尽となってしまうのではないかという怖れも潜在意識のなかにあるかもしれない.しかし,幸い私たちは歴史を学び,無事に新たな世紀を迎えている.

7)「フィットネス革命」－史実をふまえて－

アメリカ合衆国は世界のスポーツの中心地的な存在であり,現在につながるフィットネス・ムーヴメントの大いなる潮流を生んだ国である.日本は米国の後追いをしがちであるが,よい面は見習うにしても行き過ぎた部分まで真似る必要はない.私たちは日本の歴史的,文化的背景もふまえ,清濁併せ飲んでビクともしない逞しき身体運動の価値観をうち立てなくてはならない.そのためにはアメリカのフィットネスの原点をみつめ直しておく必要もあろう.ここでは現象面の流れをおおまかに振り返っておきたい.

1980年代から1990年代後半までのアメリカは筋肉の時代であった.第41代ジョージ・H・W・ブッシュ大統領による政権下で,大統領体力・スポーツ審議会(President's Council on Physical Fitness and Sports：PCPFS)の委員長を務めたのが俳優のアーノルド・シュワルツェネガー氏であったことは象徴的ではなかったか.アメリカが国家としての強さをあからさまに誇示していた時代である.

PCPFSは1956年に設立された.先立つ1954年に発表されたアメリカとヨーロッパ諸国との青少年体力比較調査の結果で,アメリカの青少年の体力が著しく劣っていたことを深刻に受け止めたアイゼンハワー大統領が設立した大統領直属の機関である.トップレベルのスポーツはアメリカ・オリンピック委員会(USOC)が担うが,PCPFSは体力づくりやスポーツ振興のためにガイドラインを示し,各種プログラムの開発,研究の促進といった役割をもつ.

1980年代にはエアロビック・ダンスがブーム的に普及し,1990年代にはさま

ざまなヴァリエーションを生んでいる．筋力強化のトレーニングは各種マシンの開発とともに一般化した．それまではアスリートたちがフリーウェイトを使って行なっていたに過ぎなかったが，ウェイト・トレーニングマシンがフィットネスクラブの増加とともに普及し，筋力強化は安全で効果的にできるようになった．そのおかげで1990年代のクリントン政権時代にはフィジカルエリートたちだけではなく，誰もがトレーニングを身近なもの，生活の一部として捉えるようになったのであった．

　1970年代には，ベトナム反戦ムードのなかで軍事的なパワーの象徴である男性の筋力が価値を失っていた．そしてウォーターゲート事件による大統領の失墜は人々の精神的な支えを崩した．先立つ1960年代にはマリリン・モンローの謎の死，ジョン・F・ケネディ大統領とその弟，さらには人種差別撤廃運動指導者キング牧師の暗殺があった．アメリカは1960年代以降，物質的な繁栄の時代を謳歌しているかにみえたが，やり場のない敗北感と倫理的な自信喪失感は募っていったのであった．

　1960年代末にはすでに走ることに救いを求めた人々がいたが，身体運動の革命的な展開は1970年代のジェーン・フォンダからであろう．学生運動を率い，ベトナム反戦を訴えた知性派女優が，軍隊における訓練カリキュラムに端を発したエアロビック・ダンスをはじめ，アメリカをフィットネス・ブームへと牽引した．有酸素的な運動は肉体だけではなく心の問題もすべて解決し，健康は人物の容貌・外見に表れると信じられた．人々は自分を変える証を得たいかのようにウェイト・トレーニングにも精を出した．こうして1980年代に筋肉は復権したのである．

　「国民の体力がアメリカにとってもっとも重要な資源である」――ジョン・F・ケネディは演説のたびにそう語り，強いアメリカのための個々人の健康を強調した．そんな考え方を示したのはJFKがはじめてではなく，いわばアメリカ建国以来の伝統的価値観であろう．身体強健にして日々を快活に過ごすべしというプロテスタントの教え（Muscular Christianity）が底に流れてもいる．ともあれ，JFKによって軍はもとより学校でのカリキュラムにフィジカル・フィットネス強化策を導入した．授業としての体育は各州政府にまかされていたが，子どもたちの体力アップは国家的な目標となった．

　その時代の子どもたちは，1980年代のフィットネス・ブームを支え，現在

50代になっている人たちである．子どもの頃はトレーニングが嫌いだったかも知れない．しかし，からだは運動によって鍛えるものであるという考え方は刷り込まれた．ケネディー大統領を敬愛していた当時の大人たちは，暗殺直後の失意の時代にはエクササイズを習慣にする気にはなれなかったであろう．しかし，毎朝のジョギングをはじめたのは1970年代の彼らであった．

アメリカ全体が立ち直ったことでフィットネス・ブームがはじまったというより，人々が身体を動かしはじめたことでアメリカは救われたようにも思われるが，いずれにしても新たなミレニアムに入ってなお，筋肉は美と健康の象徴である．一方で，およそ7,800万人もいるベビーブーマーが一斉に50歳代に入りはじめており，高齢者のイメージも変わっていくであろう．

2. 美と健康の病理的部分

私たちが自分のからだを気にするようになり，形を変えようと奮闘したり性能アップをもくろんだりして努力してきた背景は少しだけみえた．その方法が身体運動なら，理由や動機がどうあれ楽観できる．生理学的な意味で身体運動は習慣化した方がよいし，いったんはじめてみればメリットはさまざまに実感されるであろうからである．しかし，私たちの認識が問題点を孕み，誤った方向に向かっている恐れ，あるいは身体運動の価値を損なわせる危険性のある状況をうかがわせるいくつかの現象がある．どのように評価し，いかに対処していくべきなのかが現在の私たちの課題である．

1）からだは何を表すのか？

人物が評価されるときに，学歴や家柄などにもまして容姿や外見がものをいう場合がある．若々しい，美しい，ハンサムである，ヴァイタリティーに満ちているといったことに加えて，肥満しておらず，筋肉の性能がよさそうで，健康的にみえることがプラスになることは確かであろう．

1980年代前半，アメリカ合衆国では「おなかの出た男性は管理職になれない」ということがまことしやかにいわれていた．恰幅のよさが社会的な地位や裕福さを表していた時代もあったかもしれないが，血液循環系の疾患が著しく増えるにつれて身体運動を習慣化することの重要性が盛んに謳われるようになり，からだ

は自己管理能力の象徴として捉えられるようになった．組織のなかで多くの従業員の上に立つ人物は，自分自身をコントロールする能力にも長けていなくてはならないと考えられるのは当然であろう．

　身体運動は体力を維持，向上させ，肩こりや腰痛などを軽減し，体調を良好に保つのに役立つ．心臓と血管にゆとりをもたらし，筋肉の性能を高めて増量し，皮下脂肪を減らすことによってボディーラインを引き締める．汗をかくことも手伝って爽快感が得られ，ストレス解消になる．身体運動に当てる時間をスケジュールに組み入れ実行していくことによって，自分をコントロールしているという感覚も強化されうる．そのことは自信やプライドとも無関係ではないであろう．

　身体運動によって誰もがこうした効果を期待することはできる．ただ，身体運動の効果とされる事項についてマイナスの状態にある人に対して，すべてをその人の自己管理能力の欠如や意志の弱さに起因することであると決めつけて非難するのは，私たちの陥りやすい過ちである．太っていたり，高血圧や糖尿病など運動不足と関係が深いとされる症状をもっていたりする人を，怠惰で不摂生だからであると決めつけてしまうのは大きな誤りを生む．運動不足病，生活習慣病としてあげられる疾病にも遺伝子的要因が存在するし，ある生活様式を強いるような歴史的，社会的要因や経済的困難によって，本人に否応なくそうなっている場合もある．真の問題を見過ごさないようにしなければならない．

　からだはトレーニングによって変わる．からだのかたちはその人の努力と，そのもとにある強い意思をよく反映する．その意味でからだのかたちは多くを語るであろう．しかし，もちろん，すべてをではない．私たちが本当に尊ぶべきものは，何かを成し遂げようとしている意志の力であって，かたちではないということも忘れてはならない．

2）美容整形は自己欺瞞か？

　「エクササイズによって本当の自分を発見しよう」——これは1980年代に世界的なブームとなったフィジカル・フィットネス・ムーヴメントのキャッチコピーのひとつである．もともと身体に備わっているはずの機能が運動不足のために発揮されず，体調不良の原因となり，やがては容貌外見にまで影響してしまうのであるから，身体運動によって本来の姿を取り戻さなくてはならない，という意味であった．しかし1990年代を経て，いま目立っているのはからだへのこだわり

である．

　アメリカ合衆国では美容整形術を受ける人がますます増えている．美容外科医による業界団体，アメリカ美容整形協会（American Society for Aesthetic Plastic Surgery）によると，2001年にアメリカ国内で施術された美容目的の外科手術と注射等の非観血的処置の総件数は約850万件におよび，1997年の3倍の数字となった．男性の受けた件数はその12％で100万件を超えている．この大幅な伸びは身体にメスを入れない医療処置によるところが大きく，近年開発されて2001年には160万件が施されたボツリヌス菌の毒素注入によるシワの除去処置や，ケミカルピールと呼ばれる薬品による皮膚のシワやくすみの除去処置（136万件），コラーゲン注入処置（110万件）などがある．メスを使わない方法に人気がでるのは理解できないわけではないが，結果にある程度満足した人たちは次のステップとして外科手術に移行しやすいという．

　アメリカ美容整形学会（American Academy of Cosmetic Surgery）の調査によると，2000年に行なわれた手術で最も多いのは脂肪吸引除去術の67万2,793件である．これは1990年の7万1,632件から約9.4倍に増加した．次いでまぶたの形成術が46万5,000件で5.6倍，豊胸術が28万8,000件で6.9倍，顔のたるみ・シワの除去術が24万4,000件で6.6倍に増えている．いま，身体の形を変えるための観血的な処置はこれだけでも年間167万件を超えているのである．

　生まれつきの顔の特徴や体型を外科手術によって変えるということに対して，アメリカの人々はあまり抵抗を感じていないかのような数字が多い．有名な俳優やアーティストが自分の手術について平然と，あるいは誇らしげに語ることも，人々の考え方に影響していることであろう．アメリカ美容整形協会が2002年2月に実施した調査では美容整形を是認するアメリカ人の割合は55％，女性だけでは57％，男性では53％である．

　アメリカの人口で最も大きな層を占めているベイビーブーマー世代（45～54歳）でみると60％，若年層（18～24歳）では48％である．女性全体の34％は手術を受けることを検討していると回答し，男性では19％がすぐに，あるいは将来的に受けてもいいと答えている．美容整形術を受けたことを公表するかどうかを尋ねた質問では年齢の若い層ほど「隠しておきたい」という回答が多く，若年層で32％，65歳以上では最も少なく13％となっている．

　美容整形が，まるで髪を切ることと同じ気軽さで行なわれるようになっている

ことについてはアメリカ国内でも議論がある．広大で多様性に富んだアメリカという国について一般化した評価をするのは困難であるが，美容整形容認派が多く，実際に盛んに行なわれている状況からは身体の形や容貌に対するこだわりの強さがうかがえる．

ちなみに，国際的な美容外科の協会組織である国際美容整形協会（International Society of Aesthetic Plastic Surgery）によると施術数で最も多い国はアメリカ，次いでブラジル，イギリス，フランスとなっている．韓国が8位で，日本はドイツに次いで10位である．

「ミス・アメリカのようになりたいとは思わないけど，自分らしさを残しながらできるだけ美しくなりたい」

美容整形であごと鼻の骨を削って小さくし，おなかの皮下脂肪をとる手術を受けたある女性はそんなふうにいいながら，手術によって気持ちが変わったことを主張する．より積極的になり自信がでてきたという．化粧の心理も同様であることは明らかであるが，しかし美容整形には手術の失敗や健康被害などのトラブルが絶えずつきまとう．それらの危険性がまったくないとしても，いったん手術を受けてしまったら二度と厳密に元の通りには戻せない．その恐怖はないのであろうか．あるいは自分が自分でなくなってしまうようには感じないのであろうか．

美容整形は身体の形へのこだわりの行き過ぎた手段であり，自己欺瞞だという批判がある．しかし，施術を望む人の著しい増加を思えば，逆にそうした考え方自体がからだの形にこだわりをもち過ぎている証なのかもしれず，美容整形をめぐる論議は続いている．

3）健康至上主義と体力崇拝

誰もが健康であることを願い，よりよい人生を生きるために体力づくりに励む．健康至上主義や体力崇拝はその意味においては肯定されうる．しかし，からだの形へのこだわりは身体運動を習慣化させる動機付けとなる一方で，摂食障害の原因となったり，体力レベルや外見に対しての偏見を生んだりした．私たちはつねに，行き過ぎや曖昧な現象を警戒する必要がある．

1980年代に健康ブーム，体力づくりブームがメディアに盛んに報じられたときには，傍目には厳しすぎるのではないかと思われるほど生活を厳しく律する人々の例が紹介されたり，嵐の日にも休まずに皇居の周囲を走る人々の姿が取り

上げられたりして，まるで「健康になれるのなら死んでもいい」といわんばかりであると揶揄された．ジムに通う若者の増加には，鍛え上げた身体も単なるモノであり，中身がないとの批判もあった．

　そうしたネガティブな評価は，いったい何のために鍛えているのかという根本的な問いかけであったろう．体力を高めることや健康そのものが目的になってしまった場合，私たちは何かを見失ってしまう．「死んでもいいから健康になりたい」というジョークにも笑えないであろう．あるいは先述したように私たちが倫理的な正しさを求めて自分たちの身体に目を向け，身体運動によって一時的な満足感や充実感を得ているのだとしても，本質的には満たされることのないまま，逆にかすかな罪悪感すら残すことになりかねない．体力づくりが代償的な行為として行なわれたり，問題を先送りする言い訳になったり，思考停止や無関心を助長するとしたら，身体運動の価値は減じられてしまうのである．

　私たちはつねに体力づくりや健康に対して目的意識をもたなくてはならない．それは好みのスポーツをもっと楽しむため，という目的であってもよいし，おいしいものをもっとたくさん食べても太らないようにというものでもよい．個人的な夢を実現させるための手段であるという意識は，長く続けていくための強いモチベーションとなるであろう．生活のなかで身体運動を習慣的に実践する活力あふれる個人が増えていくことが，社会の変革を生む原動力になると信じたい．

　糾されなければならないのは，美しいからだの幻想であるかも知れないし，あるいは，何かの代償行為としての運動のありようである．そして，私たちの生活のなかで身体運動がどんな位置にあるかということが，いま問われている．

4）"NO PAIN，NO GAIN" は諸刃の剣

　ジョギング中の突然死がニュースとなったとき，私たちは驚き，警戒し，次いでそわそわと落ち着きを失ってしまった．健康のために走りはじめた中高年が相次いで亡くなるという皮肉な事態に無力感をおぼえ，健康は自分で努力して獲得するものであるという通念を疑う気持ちがわいてくるのを禁じ得なかった．その後，エアロビック・ダンスのインストラクターや熱心な愛好者の間に膝やすねの障害が多発しているという報告がなされたり，「スポーツは体に悪い」というタイトルを堂々と掲げた書物が，東京大学教授という権威を著者に登場したりするにいたっては，ジョギングシューズを捨ててガーデニングに転向した者もたくさ

ん出たかもしれない．

　はっきりさせておかねばならないのは，私たちの取り組んでいた身体活動が「体調をととのえ，体力を維持，向上させること」を目的とした，いわゆるフィットネスであることである．それは決して他者と競い合ったり，限界に挑戦したりする行為ではなく，ごく個人的な営みである．身体運動の形態も目的に対して効果的であるために単純である．運動を継続する能力を維持，向上させるための，ジョギングやエアロビック・ダンスをはじめとする有酸素的な全身運動（エアロビクス），力強さのためのウェイト・トレーニング，からだのしなやかさを養うストレッチングなどが，個々人の必要に応じて組み合わされる．実施に当たっては負荷（運動強度），持続時間（反復回数），そして頻度に関して運動生理学の示す原則に則って行なわれる．原則をはずれては効果が得られないばかりか逆に体力を低下させたり，健康を損なったりする事態をも招きかねない．したがってかなり注意深いコントロールが求められてくる．

　このことは私たちのライフスタイルや，それを対象とする研究手法にも大きくかかわってくるので具体例を挙げてみたい．フィットネスとしてエアロビック・ダンスやジョギングをするときには運動強度を測る目安として心拍数が用いられ，その個人のニーズと体力レベルにあわせてターゲットゾーン（目標心拍数域）が設定され，上限が確認される．

　たとえば，健康上のリスクの少ない者が心肺機能を高めたい場合には最大酸素摂取量の50％から70％に対応する心拍数の範囲が求められ，あるいは血中尿酸濃度の高い人なら30％から50％というように設定される．このターゲットゾーンは，運動が効果的でかつ危険のないように設けられるが，後にあげた例の場合にはとくに上限が守られないと，身体運動によってさらに尿酸濃度を高めてしまうというマイナスの結果をもたらす．本格的な高尿酸血症に移行して痛風の発作に至る危険性もあるのである．強度としての30〜50％とは少し速く歩く程度の運動になるので，うっかりするとすぐに上限を踏み越えてしまう．心拍数が注意深くモニターされ，運動強度が調節されなければならない．もちろん，どんな個人でも身体運動の前には体調チェックが必要なのはいうまでもないことである．

　さて，ここにある種の困難が存在する．たとえば，運動中に気分が高揚し爽快になってくると，目的域内では強度に物足りなさを感じてしまうことがある．あるいは，「調子がいいから，今日はいつものペースより速く走ってみようか」と

いう気持ちになったり，無意識のうちにもインストラクターのダイナミックな運動に少しでも近づければと頑張ってしまったりする．慣れるにしたがって，心理的な運動強度が下がっていくこともあるであろう．いったん運動後の爽快感を味わってしまうと，体調が悪いのに行なってしまうことも起きる．もとより面倒だという気持ちがあるので，それなら，行なうときにはより強い運動をより激しく行なって，よりキツイ思いをすれば効果は上がるであろうと考えてしまいがちなことも心理的背景になる．学生時代に運動部でたたき込まれた「苦しみなくしては勝利なし（NO PAIN, NO GAIN）」という教えを思い出してしまう人もいるであろう．

　しかし，そこでは厳しく踏みとどまらなくてはいけない．フィットネスでは，からだから沸き上がる快感やチャレンジ精神を抑えなければいけないこともある．身体活動のなかでもフィットネスとして行なわれる運動には，あくまでも原則を守るストイックさと，喜びから身を遠ざけておく自制心が必要なのである．もしも，それができないのなら，行なっていることをフィットネスと呼んではいけない．はっきりとスポーツであると宣言すべきである．身体活動として同じようにみえ，容易に移り変わりうる行為であっても，目的が違うなら，行ない方も，得られるものも違う．まずはこのことをはっきりさせておかなくてはならない．

3. スポーツとフィットネスのパラダイム

　フィジカル・フィットネス（physical fitness）はかつて「身体適性」と訳され，いまでは体力，あるいは体力づくりの意味で使われている言葉である．からだを自分の望む状態にフィット（fit）するように変えていくこと，自分がどうありたいか，何をしたいのか，すなわち夢や感性を実現するための基本的かつ究極的な努力が，フィットネスという肉体の変革なのである．

1）「手段としてのフィットネス」と「目的としてのスポーツ」

　その語源通り，フィットネスには必ず目的がある．私たちの望む目標を実現させるための手段としての身体運動がフィットネスである．一方で，私たちがスポーツと呼ぶ身体活動がある．さまざまな競技名を列挙して操作的に定義することもできようが，一般的には一定のルールのもとに行なわれ，競争や挑戦といっ

た要素をもつ組織的な身体活動を指す．フィットネスが「手段」ならスポーツは私たちにとって「目的」である．スポーツは暇つぶしにもなるが，生きがいにもなりうる．個人が何の見返りも必要としないで取り組める活動のひとつとして，私たちはスポーツという文化を得て，人生に喜びや達成感をもたらしているのである．

　私たちはもっと言葉にこだわるべきである．「スポーツ」と「フィットネス」を区別してそれぞれの価値を称えていかなくては，両者の価値が台無しになってしまう恐れがある．フィットネスのつもりでスポーツ的な取り組み方がなされては，フィットネスが誤解されてしまう．フィットネスは生理学的に不可欠の取り組みなのである．一方で「スポーツは体に悪い」という命題には，経験者なら古傷をさすりながら，「まったくその通りだ」と苦笑してうなづくであろう．それでも代えがたい幸福な思い出であり得るのがスポーツなのである．

　言葉にこだわるのは簡単ではない．身体運動としての形式には差がないものも多いからである．たとえば「ウォーキング」は運動強度を意識して健康維持や体力づくりを目標に行なわれるものを指すであろう．つまりウォーキングはフィットネスである．かたやそれ以外の自己目的的な持続的歩行を「散歩」と呼ぶとすれば，散歩はスポーツ的であるといえる．歩いている人の意識によって言い換えられることになるが，おそらく散歩の方が運動強度は低いケースが多いと想像できることもあって，語感的には違和感がないわけではない．もちろん，イギリスにおける由緒ある散歩の歴史も考慮したいところであるが，いずれにせよ，散歩もウォーキングも身体活動に関する実施率やその質的な部分を論じるときにはスポーツに一括しないことを，勇気をもって決断すべきである．

　同様に「体操（軽い体操，ラジオ体操等）」や「筋力トレーニング」，「ジョギング」などはスポーツではない．フィットネスというカテゴリーでまとめられるべきであろう．フィットネスなら運動生理学的な原則論から分析できるので明快な評価が可能である．一方，スポーツはそれぞれの種目特性や社会的背景が異なり，とくに実施頻度には差が出てくる．

　これまでは「海水浴」でさえもスポーツとしてカウントされる場合が多かった．明治期にはじまった海水浴は，当初は「治療法」であったが，やがて海浜での多分に身体運動を含む活動へと変質していったものである．時代が変われば，言葉の位置づけも変わる．スポーツではないものはダメであるという烙印を押すわけ

表4-4 スポーツとフィットネスの対比的特性

スポーツ	フィットネス
消費	生産
目的	手段
プレイ	テクノロジー
非日常	日常

ではないので別のカテゴリーとすべきである.

　これらの活動では実施者にスポーツ的な気分が伴うであろう. それこそ英語の"sport"の意味のひとつでもある. だから分け難かったが, 21世紀を迎えて私たちは身体活動の質を問いはじめているはずである. 言葉にこだわり, 必要なら再定義していくことが不可欠である.

2)「生産としてのフィットネス」と「消費としてのスポーツ」

　身体活動という点では同じように括られるが, スポーツとフィットネスは別物である. **表4-4**に示すように, いくつかの対比的な特性をもつ活動として捉えられる.

　フィットネスが体力の各要素を強化し, 能力を高めていくという点で「生産」であるとすれば, スポーツはあるルールのもとに自分の体力の要素を最大限に発揮させる点で「消費」である. フィットネスは運動生理学によって明らかにされた原則にしたがって自律的に行なわれる行為であり, 取り組みが真剣になればなるほど自制心をもってからだへのダメージを回避しつつ, 効率よく能力を高めなければならないトレーニングである.

　一方でスポーツでは真剣さが増すにつれ, 極度の疲労やケガの危険性を受容していかなくてはならない. スポーツとは, もてる能力のすべてを注ぐべき挑戦であり闘いであり, 究極的には自らの生命を賭してまでも行なわれる行為である. 生産としてのフィットネスと消費としてのスポーツの差はここで際立つことになる.

3)「テクノロジーとしてのフィットネス」と「プレイとしてのスポーツ」

　スポーツはプレイ論をもちだすまでもなく, 本質的には自由で自発的な活動である. 基本的にいつ実行しても, その価値の減じられることはない遊びであり,

何の見返りも必要としない自己目的的な活動である．語源が示すように日常性からの遊離であり，一定の枠組みはあっても展開はつねに未知である．それだけに気晴らしになり娯楽となり，満足感，達成感，充実感が伴う．

一方で，フィットネスは原則に厳しく則ってからだの機能を働かせる"フォーマットされた"運動である．それをはずれては効果が減じられ，あるいはからだにダメージを与えるリスクもあることから，自制心をもって原則を守る禁欲性を要求する活動である．

トレーニング効果を上げるために筋力強化では隔日，有酸素性作業能力の向上のためには週3日以上という定期的，日常的頻度が設定され，有効な負荷の範囲が個々人に相対的に決められることになる．フィットネスは運動生理学やバイオメカニクスを中心とした医科学研究によるソフトウエアと測定機器，トレーニング機器といったハードウエア面での開発に基づくテクノロジーである．今後の研究知見やエンジニアリングの進展によって新たな方法がもたらされることもあろう．

4）フィットネスの存亡はスポーツが握る

スポーツは厳しくても楽しいが，フィットネスは面倒でつらい．もちろん，フィットネスも爽快感を生み，エアロビック・ダンスのように音楽に合わせて身体を動かす喜びを感じつつ行なえる種目もあるし，ストレッチングや各種の体操では，自分の肉体と対話をするかのような，静かで穏やかな充実感も味わえる．

そうした体験によって自分なりの価値を見いだし，効果を実感しながら自分の生活のなかで生涯にわたって反復できる習慣にしてしまえれば，フィットネスは特別なことと捉えられることなく，いまよりもっと日常的な営みになるであろう．そのキーになるのはスポーツである．スポーツは継続的にフィットネスに取り組む動機付けとしてはわかりやすいし，打ってつけであるからである．

スポーツへのかかわり方は拡大してきている（表4－5）．自分自身が身体を動かさなくとも情熱を注ぎ，献身し，喜びの対象となりうる．スポーツをしなくてもフィットネスは必要であるが，やはり自らが行なう自分なりのスポーツをもつことは，代えがたい価値をもつであろう．

生活における両者の位置づけを考えてみればよくわかる．ジョギングとゴルフ，前の晩ワクワクして眠れないのはどっちであろう．ゴルフが好きで，もっとよいプレイをするためにジョギングをしてスタミナを養おうと考え，飛距離を伸ばし

表4-5 スポーツへの関わり方の拡がり

直接参与		楽　極
間接参与	消費的参与	学　観　買
	メディア的参与	教　伝　支　属
	生産的参与	究　産

楽：楽しむ（自らからだを動かす）
極：極める（競技志向で取り組む）
学：学ぶ（習う・知る）
教：教える（指導・教育）
究：究める（学術研究）
観：見る（観戦・鑑賞）
伝：伝える（書く・写す・話す）
支：支える（組織・ボランティア）
産：開発する・生産する（関連産業）
買：買う・出資する（経済活動）
属：所属する（ネットワーキング）

たくて筋力トレーニングに取り組もうとするときの動機づけの強さは，太りたくないからとか，病気にならないようにという理由で身体を動かそうとする意志の力よりもはるかに強大である．

　心から楽しめるスポーツに出会うことで，私たちは大きなエネルギーの源泉を得るのである．そのエネルギーこそ，社会の様々な問題を解決し幸せを実現していくための，私たちの心のエネルギーとなる．

[小松　直行]

参考文献

アメリカ美容整形協会(American Society for Aesthetic Plastic Surgery)：
　http://surgery.org/
アメリカ美容整形学会(American Academy of Cosmetic Surgery)：
　http://www.cosmeticsurgery.org/
Glassner B (1988)：Bodies. G.P.Putnam's Sons：New York.
Green H (1986)： Fit For America. Health, Fitness, Sport and American Society. Pantheon Books：New York.
国際美容整形協会(International Society of Aesthetic Plastic Surgery)：
　http://www.isaps.org/
栗本慎一郎（1980）：幻想としての経済．青土社．

M. モース（有地　亨訳）（1962）：贈与論．勁草書房．

Overman SJ (1997) : The Influence of the Protestant Ethic on Sport and Recreation. Avebury Ashgate Publishing Limited : England, U.K.

16章
スポーツ・ボランティアの動向と今後の可能性を探る

1.「スポーツ・ボランティア」とは

　スポーツへの参与にはいくつかあり，スポーツを「する」,「みる」,「きく」,「よむ」,「はなす」,「おしえる」,「おうえんする」などである．最近では「するスポーツ」,「みるスポーツ」に加えて，スポーツを教えたり，チームを運営するなどの「スポーツをささえる活動」が，スポーツ・ボランティアとして意識されるようになってきた．

　ボランティアの語源は，ラテン語の「voluntas （ウォランタス）」で，自主性や自由意志を意味する．スポーツ・ボランティアは「地域におけるスポーツクラブやスポーツ団体において，報酬を目的としないで，クラブ・団体の運営や指導活動を日常的に支えたり，また，国際競技会や地域スポーツ大会などにおいて，専門的能力や時間などを進んで提供し，大会の運営を支える人のこと」(文部省，1997) と定義されている．

　定義だけでは具体的なイメージが湧かないため，スポーツ・ボランティアの役割と範囲を示した（表4－6）．役割と範囲は，これまで大きく2つに分けられてきた．1つは非日常的な活動で，不定期的な活動である「イベント・ボランティア」,2つめは定期的に行なわれる日常的な「クラブ・団体ボランティア」であったが，山口は，これまでの役割にトップ・アスリートによる「アスリート・ボランティア」といった概念を加えた（山口，2002）．

　「アスリート・ボランティア」とは，トップ・アスリートやスポーツ団体によるボランティア活動を指している．海外ではプロのスポーツ選手がオフ・シーズンの間に，少年たちを対象にした指導にかかわるボランティア活動などが行なわれている．わが国でも，プロ野球やJリーグのチームなどでも実践されている報

表4−6 スポーツ・ボランティアの役割と範囲

イベント・ボランティア
(地域スポーツ大会, 国際・全国スポーツ大会)
<非日常的・不定期的活動>
専門ボランティア
(審判, 通訳, 医療救護, 大会役員, データ処理など)
一般ボランティア
(給水・給食, 案内・受付, 記録・掲示, 交通整理, 運搬・運転, ホストファミリーなど)
クラブ・団体ボランティア
(クラブ・スポーツ団体)
<日常的・定期的活動>
ボランティア指導者
(監督・コーチ, 指導アシスタント)
運営ボランティア
(クラブ役員・監事, 世話係, 運搬・運転, 広報, データ処理, 競技団体役員など)
アスリート・ボランティア
<トップアスリート・スポーツ団体による活動>
(ジュニアの指導, 施設訪問, 地域イベントへの参加など)

(SSF笹川スポーツ財団 (2001):スポーツ白書2010より作成)

道はあるが,このアスリート・ボランティアは,プロやアマ,現役やOBに限らず各競技のトップクラスの選手個人やその団体が,ジュニア世代の指導や地域におけるイベントへの参加やそれらの企画等,社会貢献活動も含めて行なう活動自体を意味する.

2. スポーツ・ボランティアの現状

わが国のスポーツ・ボランティアの現状はどうであろうか.全国の20歳以上の男女でみたところ (SSF, 2000),過去1年間にスポーツ・ボランティア活動を1回でも実施したことのある者は成人全体のわずか8.3％,人口にして約825万人と推計できる.性別でみると男性11.6％,女性5.1％と男性の割合が高い.年代別では40歳代が13.6％と最も高く,次いで30歳代の9.3％,50歳代7.6％,60歳代6.8％と続く.ちなみに福祉系のボランティアでは女性が多いのに対し,スポーツのボランティアは男性が中心である.

活動の内容をみると (**表4−7**),地域のスポーツイベントにおける「大会やイ

表4-7 スポーツ・ボランティア活動の実施状況（複数回答）

スポーツ・ボランティア活動の内容		実施率 (n=174)	実施回数 (回／年)	活動に対する補助の有無（%）	
				無償	実費程度（交通費・弁当代等）
日常的な活動	スポーツの指導	28.7	35.0	76.0	24.0
	スポーツの審判	23.6	8.0	65.0	35.0
	団体・クラブの運営や世話	31.6	10.1	83.0	17.0
	スポーツ施設の管理の手伝い	8.6	5.2	80.0	20.0
地域のスポーツイベント	スポーツ審判	25.9	6.2	68.2	31.8
	大会・イベントの運営や世話	47.1	2.8	72.2	27.8
全国的・国際的なスポーツイベント	スポーツ審判	6.3	4.8	18.2	81.8
	大会・イベントの運営や世話	8.6	1.8	46.7	53.3

（SSF笹川スポーツ財団（2001）：スポーツライフに関する調査より作成）

ベントの運営や世話」が47.1％と最も多く，次いで日常的な活動の「団体・クラブの運営や世話」31.6％，日常的な「スポーツ指導」28.7％，地域のスポーツ・イベントでの「スポーツの審判」25.9％などが上位を占める．年間の実施回数では，日常的な「スポーツ指導」が平均35回と最も多く，次いで日常的な活動の「団体・クラブの運営や世話」平均10.1回，「スポーツの審判」平均8回の順であった．

活動に対する報酬については，「無償なのか，あるいは，実費程度（交通費・弁当代等）の支給があるのか」をたずねたところ，日常的な活動や地域のスポーツ・イベントなどの活動では無償傾向が強く，7割から8割の者は無償で活動していた．一方，全国的・国際的なスポーツ・イベントでは，「スポーツの審判」が8割，「大会・イベントの運営や世話」で5割の者が実費程度は受け取っており，現状では活動内容により，報酬の状況が異なる傾向がみられる．

3. イベント・ボランティア

イベント・ボランティアは，地域のマラソン大会やスポーツ・フェスティバル，また国民体育大会や国際大会などを支えるボランティアを指している．具体的には審判や通訳，医療救護などの専門的な知識を有する「専門ボランティア」と，受付や案内，交通整理，運搬業務，ホスト・ファミリーなど特別な技術や知識が

表4-8　おもなスポーツ・イベントでのボランティア情報一覧

大会名	開催年	ボランティア数(人)
ユニバーシアード神戸大会	1985	8,300
ユニバーシアード福岡大会	1995	12,500
長野冬季オリンピック	1998	32,579
シドニーオリンピック	2000	46,000
ワールドゲームズ（秋田）	2001	3,841
世界移植者スポーツ大会（神戸）	2001	1,484
2002FIFAワールドカップ(JAWOC募集分)	2002	28,729

（SSF笹川スポーツ財団（2001）：スポーツ白書2010より作成）

なくても，簡単な事前研修を受けることによって誰にでも容易にかかわることのできる「一般ボランティア」に分けることができる．

　スポーツ・イベントのボランティアが，わが国で最も注目を集めたのは1998年に開催された長野オリンピック冬季競技大会である．32,579名のボランティアが大会の運営を支え，貢献したのは記憶に新しい．これまでに国内で開催されたおもなスポーツ・イベントでも，多くのボランティアが大会を支えている．

　ユニバーシアード神戸大会（1985年）では8,300名，ユニバーシアード福岡大会（1995年）では12,500名，2001年に秋田で開催された第6回ワールドゲームズでは3,841名，同じく2001年に神戸で開催された第13回世界移植者スポーツ大会では1,484名と，大会の規模に応じてさまざまな数のボランティアが大会をサポートしている（表4-8）．また，サッカーの2002FIFAワールドカップ（W杯）では，2002年FIFAワールドカップ日本組織委員会（JAWOC）が募集した予定人員16,500人に対し，応募者数が28,729人と1.7倍の登録があった．

　イベント・ボランティアの特徴のひとつに，女性ボランティアの割合の多いことが上げられる．ユニバーシアード福岡大会（1995年）では男性ボランティアの2割に対し，女性ボランティアが8割と女性のボランティアが圧倒的に多かった．第6回ワールドゲームズ（2001年）でも男性の3割に対して女性は7割と倍以上を占め，JAWOCが募集したサッカーの2002FIFAW杯でも，男性の4割に対し女性は6割と女性のボランティアが男性を上回っている．この現状は，大きな国際大会になればなるほど開催期間が長く，平日・休日にまたがっていることが多いことから，企業などに勤めている男性の参画が難しいことなど時間的な問

題も一因ではないかと考えられる．

4．クラブ・団体ボランティア

　クラブ・団体ボランティアとは，地域スポーツクラブやスポーツ団体でのボランティア活動を指していて，指導者のアシスタントをする「ボランティア指導者」と，クラブや団体の役員や監事，練習時の給水等の世話係，試合会場への運搬・運転係，入会チラシ等を作成する広報係などの「運営ボランティア」に分けられる．ところが，一般的に無償で指導している監督やコーチも含めた「ボランティア指導者」は比較的イメージされやすいが，「運営ボランティア」については，実際に行なっている者でさえその活動が「運営ボランティア」であることを自覚していない場合が多い．たとえば，スポーツをすることが苦手な人でも，簿記などの経理事務に明るい者は会計担当としてクラブの運営をサポートすることができるし，大型運転免許があれば試合会場までの選手の送迎や荷物の搬送ができる．ギターなどの楽器が得意な者は，クラブのクリスマス会などでその腕前を披露し，メンバーの懇親を促すことができる．つまり「運営ボランティア」は，個人がもつスポーツ以外の能力を十二分に生かし活動できることを再確認する必要がある．

　具体的には，地域のスポーツ少年団やママさんバレーボールチーム，草野球チームなど既存のスポーツ団体はそのほとんどがボランティア指導者や運営ボランティアによって活動が支えられている．さらに，現在文部科学省等がすすめる，総合型地域スポーツクラブにおいても，ボランティアの存在は不可欠であり，今後一層「運営ボランティア」の重要性が高まっている．

5．アスリート・ボランティア

　トップ・アスリートおよびスポーツ団体による，ジュニア指導や地域イベントへの参加・企画，社会貢献活動等の事例を紹介する．

　プロ野球のオリックス・ブルーウェーブでは，小・中学生を対象に，現役選手を交えた野球教室を年8回程度実施している．運営はおもにブルーウェーブ野球教室のスタッフが行なうが，現役選手が必ず一名は参加してくれるため，子ども

たちも大喜びである．定員は200名，子どもたちの参加費は無料である．

　Jリーグの各クラブでは，「Jリーグ百年構想」のスローガンのもと，ホームタウンを中心に地域スポーツの振興活動を積極的に行なっている．「アビスパ福岡」では，サッカーはもちろんのこと，バレーボールやラグビーなどの指導者，審判，インストラクター，トレーナーといった各分野に造詣が深いクラブスタッフで"アビスパ福岡スポーツ講師団"を結成し，地元の自治体，学校，企業，民間グループ，スポーツ同好会等さまざまな組織の要請を受けて，スポーツ指導や講演を行なっている．かかる費用は交通費程度と破格である．

　その他，広島には全国初の異競技連携組織「広島トップスポーツクラブネットワーク，(略称：トップス広島)」が2000年に旗揚げした．構成団体は，サッカーの「サンフレッチェ広島」，バレーボールの「JT」，ハンドボールの「湧永製薬」と「イズミ」，バスケットボールの「広島銀行」，バドミントンの「広島ガス」の5競技6団体である．小学校の授業や中学校の部活動での指導，地域行事等に可能な限り積極的に参加している．

　また，元トップ・アスリートたちが競技の垣根を越えてNPO法人MIPスポーツ・プロジェクトを立ち上げ，総合型地域スポーツクラブへ指導陣を派遣する人材バンクを目指して活動をはじめた．夏には山梨県河口湖で子どものサマーキャンプも実施しており，バレーボールの中田久美やサッカーの中西哲夫，プロラグビーコーチの大西一平などが駆けつけてくれる．

　トップ・アスリートやスポーツ団体によるボランティア活動は，子どもたちや地域に与える影響力が強く，ボランティアに対する意識を効果的に高めることが予測される．元トップ・アスリートはまだまだ地域に埋もれている可能性が高く，今後の積極的な活動を期待したい．

6. スポーツ・ボランティアの潜在人口と今後の可能性

　今後のスポーツ・ボランティアの実施希望について全国調査の結果からみると(SSF笹川スポーツ財団，2000年)，成人の14.8％の者が今後スポーツにかかわるボランティア活動を「行ないたい」と答えており，推計すると約1,470万人の潜在人口となる．希望する活動内容は「地域のスポーツ・イベントの運営や世話」が49.5％と約半数を占め，次いで「日常的な団体・クラブの運営や世話」28.4％，

「日常的なスポーツの指導」24.2%,「日常的なスポーツ施設の管理」19.3%,「全国的・国際的なスポーツ・イベントの運営や世話」13.5%の順となる．性別では,「日常的なスポーツの指導」,「日常的なスポーツの審判」,「地域のスポーツ・イベントでの審判」,「全国的・国際的なスポーツ・イベントの運営や世話」の項目において男性の実施希望が高く,「日常的な団体・クラブの運営や世話」については女性の希望が高くなっていた．年代別では「全国的・国際的なスポーツ・イベントの運営や世話」については20歳代と30歳代の若年齢層で希望する割合が高く,「日常的なスポーツ施設の管理の手伝い」については60歳代の高齢者層で希望率が高くなっていた．

　スポーツ・ボランティアの活動を盛んにしていくためには，スポーツ・ボランティアの意義や価値の理解を促すとともに，その活動の場や情報を計画的に提供できるトータルなシステムの構築が必要である．大規模なスポーツ・イベントでのスポーツ・ボランティアの活躍，地域スポーツクラブを支えるボランティアスタッフの努力，トップ・アスリートによるボランティア活動が盛んになりつつある現在，スポーツ・ボランティアの飛躍の可能性は大いにあるといえる．

　最後にスポーツを推進する視点として,「いつまでもボランティアでよいのか！」という問いかけも併せてもっていたい．スポーツをささえる人たちは将来的には，個人の能力や資格，かかわり方に応じて，いわゆるボランティアではない有給のスタッフやマネジャー，プロの指導者としてのポジションを整備・確立していくべき生涯スポーツを担う人的資源の地位確保を考える姿勢も見失ってはならないと考える．

［工藤　保子］

参考文献

（財）秋田ワールドゲームズ2001組織委員会（2001）：ワールドゲームズボランティア活動記録集．

文部省スポーツにおけるボランティア活動の実態等に関する調査研究協力者会議（2000）：スポーツにおけるボランティア活動の実態等に関する調査研究報告書．

（社）日本プロサッカーリーグ（2001）：21世紀のスポーツに向けて．

SSF笹川スポーツ財団（1996）：スポーツ白書〜2001年のスポーツ・フォア・オールに向けて．

SSF笹川スポーツ財団（2001）：スポーツ白書2010〜Sport for All から Sport for Everyoneへ．
SSF笹川スポーツ財団（2000）：スポーツライフ・データ2000〜スポーツライフに関する調査報告書．
山口泰雄（2002）：世界と日本のスポーツ・ボランティアの動向，第1回スポーツNPOサミット in Kobe．基調講演資料．

17章
指導者の資質向上論
―公益に資する"人財"育成の再考―

1. スポーツ指導者と社会化—significant othersとしての存在意義—

　スポーツ場面における社会化については,「スポーツへの社会化」(socialization into sport) と「スポーツによる社会化」(socialization through sport) という2つの側面からのアプローチがある．スポーツへの誘いやスポーツの継続という,主体としてのスポーツ参加者の意識に影響を及ぼす大きな要因として「重要なる他者」(significant others) の存在がある．このなかにあってスポーツ指導者とは,これらの役割を果たす重要で不可欠な人的資源としてとらえることができる．

　わが国において,スポーツと社会化の関係を形成する空間として,「学校」が大きな意味をもち続けている．市町村の体育館やプールなどで教室事業が実施されている場面でも,受講者はスポーツ指導の担当者を「先生」と呼ぶことが少なくないが,これなどは象徴的なシーンである．ここでのスポーツとは"教えてもらう"不可視的な財であり,教えてくれる人は教えてもらう人からみれば「先生」という存在となる．絵本創作家として著名な五味太郎が興味深い文章を示している．

> 「先生ってなに…／先生と生徒の関係を考える」
> 　これはぼく自身の話ですが,何年ぶりかにスキーをしましたところ,どうもうまく滑れません．そこでスキーの達人の美しい人に「ぼくの先生になりなさい」といいました．彼女が先生,ぼくが生徒と決めました．なまいきな生徒です．そして先生に先に滑ってもらい,ぼくはその姿をじっくり観察しながら後ろからついて行きました．何度もそうしました．そして先生の3割ぐらいのところまで上達しました．彼女は先生のつもりは毛頭ありませんが,先生なのです．生徒が求めているから先生なのです．

もうひとつ別の話で，こちらはテニスです．ぼくはけっこうテニスがうまいので，その日も調子にのって球を打っておりましたら，ある男がやってきて，「ぜひわたしを先生にしてください」とぼくにたのみました．指導したいというわけです．あなたのテニスはなっていない，しかし才能がありそうだから，わたしが指導すればめきめき上達することを請合います，と熱をこめていうのです．ぼくは少しムッとしましたが，その人を先生にしてあげました．そしてめきめきとはゆかないけれど，かなり上達しました．くやしいけど本当です．テニスがさらに楽しくなりました．

　どうやら先生と生徒の関係は，このような二つのパターンがありそうです．生徒が先生を選んで指導してもらう．先生のほうは注文さえあればいつでもなんでも応えましょうと，おおらかに待機している，ややオーバーに言えば，受身の愛．まさに先生という感じ．そしてもうひとつは，わたしはこういった指導技術があると看板をかかげ，ここについてはわたしにお任せなさいと，ときには注文をとりに出かけてゆく，つまり能動的な愛ですね．そう，これはまさに仕事，商売，職業としての先生．ですからこのタイプは需要がなければなりたちません．効果が上がらなければ嫌われます．そして，この場合，生徒はまさにお客様です．お客あっての商売です．

　あらためて多くの現状をみて不思議に思います．先生と生徒の関係が大混乱しています．どちらの形にせよ，愛があまり見えません．先生の自覚，そして生徒の自覚がおたがい不足しているように思えます．

（五味太郎「じょうぶな頭とかしこい体になるために」1991年，p.27，ブロンズ新社）

　スポーツ振興にかかわる政策的な動きのなかでは，指導者の機能がどのような形で発揮されるべきなのか，具体的な方向性が示されないでいる．前述の五味が指摘した後者の「先生と生徒の関係」（つまり，「こういった指導技術があると看板をかかげ，ここについてはわたしにお任せなさいと，ときには注文をとりに出かけてゆく」という能動的な意志をもつ指導者の姿勢）を便宜的にスポーツの社会へもち込み，学校や地域に期待している，あるいは強要しているようにもみえる．学校を中心とした地域クラブの育成が推進され，学校が有するスポーツ施設や人的ネットワーク資源の有効な活用方法を考えていく必要があるから，指導者の機能は永続的に重要な意味をもつが，スポーツを楽しむ人々が与えられた指導者に対応するというものではなく，指導者を求める側からの選択の余地をもつくり出すべきである．

　また，生涯学習社会へつなげるための教育を要求されるかぎり，教師がスポーツや運動に対する子どもたちの価値観の育成に大きく関与する．しかしながら，ニーズのないところにその仕掛けを施したとしてもその資本の投入に価値がある

のかという疑問が残る．スポーツ指導者のリーダーズ・バンク制度が活発に機能していない状況は，システムの公開や登録内容などの方法論的な不備によるものだけではないように思えて仕方ない．「スポーツの指導＝過去の学校体育での指導」という経験に基づくもので，スポーツへの不信感や不安感が消失できないのではないであろうか．

　山口はスポーツへの社会化過程を示し，"社会化→継続→離脱→再社会化"という構図を作成したが（山口，1996），スポーツからの離脱を考える際に「運動嫌い」と「体育嫌い」の関係は有益な情報として扱うことができそうである．この「運動嫌い・体育嫌い」に関する検証は継続的に行なわれてきているが，教師にみる体育科教育の価値や意味への理解の乏しさなど基本的な部分が問題視されている．教師自身がスポーツや運動の楽しさを知らないから，教えることができないという側面もひとつの要因として考えることができるであろう．教員養成を目的とする大学での専門教育のあり方も大きな問題としてとらえなければならない．

　また，統計上に示されているスポーツ人口に対する信憑性についても再考すべきであるという海老原の主張にも目を向ける必要がある．「擬似的スポーツ参与者」という概念は（海老原，1996），スポーツの実践者だけではなく，指導者にも同じような存在が確認されると考えることができないであろうか．わが国の学校における課外活動を顧問という役割を担っている教員のなかには，担当するスポーツについて詳しくないが，課外活動における運動部の需要に対応するために尽力する姿勢をもつ人材もいるけれども，そうではない顧問も少なくない．

　「学校体育と社会体育」という二分概念から「生涯スポーツ」へとシフトした現代においても，その実情に大きな変化がみられないのは，指導者への評価もスポーツのもつ性格，つまり「自由さ」と「自発性」の中に隠蔽されてしまっているからである．学校において教師に対する児童や生徒からの評価が表面化することは稀であるけれども，学校の課外活動下にあるスポーツクラブの減退はひとつの評価的な材料としてとらえてみると興味深いものとなろう．スポーツへの参加や継続における社会学的な問題を提示してくれる格好の現象であって，さまざまな観点からの考察を生み出すことができそうである．

　少子化による児童数や生徒数の減少，教師の高齢化を，課外活動におけるスポーツクラブ減退の理由とする向きがあるが，子どもの欲求を満たすための方策を実

現しようという大人の責任や義務が放棄されていることこそ，根本的な問題としてとらえてみることもできよう．先の絵本にもあったように，子ども（生徒）の自覚も不足しているが，実はこれも大人（教師，親，指導者…）の育み方に起因する．

地域在住の外部指導者を活用することや複数の学校でクラブを共同運用しようという試みがなされ，問題解決に尽力しようという動きがみられるが，単に「地域社会への丸投げ」や「他の学校への押し付け」となっていないかを見極めなくてはならない．この不安が現実のものとなってしまったら，それはスポーツにおける社会化や継続に関与する「重要なる他者」や「社会化状況」を抹消しようとしていることにつながる行為となるではないのか．五味のいうように「先生と生徒の関係が大混乱しています」という状況にスポーツが追い込まれている．スポーツ・ビジネスの繁栄の影で，人的資源の存在価値に対して疑問符が投げかけられ，わが国における「重要なる他者」としての真価が問われている．

2. 指導者参与の概念モデルー指導内容の多様化とその生産性ー

ゲームやレースなどの大会が行なわれるためには，多くの支援者がなくては開催することができないことは周知のとおりである．スポーツ参与の概念モデルは，Kenyonによって作成されたが，消費者（consumer）と供給者（producer）という様式（mode）の関係からスポーツ場面を整理し，インストラクター（instructor），コーチ（coach），監督（manager）などの指導者（leader）は，供給側の人材として配置されている（山口，1996）．

スポーツの高度化は，アスリートを取り巻く人的資源の専門化を促し，Kenyonがつくったスポーツ参与の概念モデルには登場しなかった多様な役割（role）が存在する．スポーツが科学的な支援を必要とするようになり，アスレティック・トレーナーやコンディショニング・コーチの存在，そして学術的な観点からスポーツを分析する科学者との連携などは，ナショナルチームに限らず，一流のチームには欠かせない人材としてとらえられている．アスリートが競技を職業として実践する際，コーチングにかかわる者だけでなく，すべての人材がプロフェッショナルとしての技量を要求されることとなることは当然であろう．

しかしながら，一流ではないけれども，スポーツや健康づくりのための運動を

楽しみたいというごく一般の実践者を対象とする指導専門職の必要性について，もっと深く広く議論されなければならないではないか．好況期に栄えたフィットネスクラブに代表される民間企業において「インストラクター」と呼ばれる指導職が生まれ，体育系大学の卒業者や社会体育専門学校の修了者たちがそこでの仕事を得たことだけで，スポーツ指導にかかわる専門職が完備されたと受けとめることは到底できない．

　スポーツ環境の創造に関する推進力のなさは，指導者問題に限定されるものではない．現在，生涯スポーツ振興のキーワードとしてもてはやされている「総合型地域スポーツクラブ」にしても，1970年代の後半に「スポーツクラブ」を地域にという動きがあり，前川らが著した「指導者のためのスポーツクラブ」という書物が1979年に出版されていた．その中身をみると，今日，さまざまなスポーツ団体や教育委員会が作成している「総合型地域スポーツクラブの進め方」と大きな変化はないことに驚く．政策として「スポーツ振興基本計画」や「健康日本21」を掲げ，その必要性を論じているにもかかわらず，スポーツ指導者の養成については抽象的な形式としてふれても，専門職化についての具体的な方向性は明確になっていないし，行政主導で立ち上げられた指導者資格制度との関係についても不透明感はぬぐいきれない．スポーツや健康づくりについての行政的な扱いがきわめて難しいことをうかがわせる．

　わが国において唯一の国立体育単科大学である鹿屋体育大学は，社会体育指導者の養成を目的のひとつに掲げ，1984年に開学した．初代学長を務めた江橋は次のような記述を残している．「多様な指導者の存在」と題された文章には，20年近くが経とうしているにもかかわらず，なんら古めかしさは感じられない．生涯スポーツの環境づくりにかかわる政策的な実行力の乏しさを省みることができる．

「社会体育指導者の現状と課題／多様な指導者の存在」
　簡単に社会体育指導者とはいうけれども，その内容は，たいへん多彩であり，学校体育に比すれば，均質的でないという点がまたひとつの特色でもある．
　例えば，対象は，乳幼児から高齢者までが含まれるのであり，高齢者のための体育指導は，青少年のそれとは相当に異なることはいうまでもない．また，実施される種目についても，学校体育では，比較的，指導要領に示された学校という塀のなかで実施される種目に限定されがちであるが，社会体育の場合は，実に多彩であり，場所も

変化の激しい自然環境も含まれてくる．スポーツ技術の指導にしても，初級，中級，上級と，実施者のそれぞれの技術水準に応じた指導の開発が必要であり，さらに，このような指導者ばかりでなく，指導主事，施設の管理・運営，地域の社会体育推進計画の策定実施，実施結果の評価，さらには調査研究等とさまざまな役割をもった指導者を必要とする．
(江橋慎四郎「健康と体力」昭和59年10月号，p.7，第一法規出版)

村上龍の「あの金で何が買えたか」によると，総敷地面積49ヘクタール，天然芝のピッチ10面，5,000人収容可能なスタジアム，雨天練習場，宿泊施設などからなるサッカー専用のトレーニング・センター「Jビレッジ」（福島県双葉郡楢葉町）の総工費は130億円で，福島・原子力発電所の見返りとして東京電力が全額を負担したという（村上，1999）．大阪体育大学（大阪府泉南郡熊取町）に設置されたサッカー用の人工芝グラウンドは，プレイする上で支障をきたさない工夫をなされ，およそ1面8,000万円で施工されたことを大学関係者が教えてくれた．この人工芝グラウンドのケースで単純に考えてみると，10年間の耐久性を見込んでいることから，1年間で800万円，1カ月67万円，1日2万円強となるから，40名がプレイしたとすると1日／1人当たりの使用費用は500円である．需要が増えれば，コストの低減も考えられ，もっと安価に一年中青い芝の上でプレイすることができるのである．

このように施設の使用料に対する価格は，モノ消費としての性格，つまり可視性があるために，比較的理解されやすい．ところが，指導者に対する費用となると指導や運営管理というユーザーにとっては不可視便益への支払いとなるため，その必要性が強く認知されないかぎり負担を要求することが難しい．たとえば，フィットネスクラブでの会費についても，ユーザー側は施設使用料としての意識が比較的高いし，その一方で経営者も人件費の削減によって会費の値下げを考えるのが通例である．そこには「空間消費財」としてのフィットネスクラブという考え方があるからである．一過性のサービス消費であって，その場限りで指導を受けたこと以外には，何も残らないという意識がある．

しかし，指導というサービスの効用・効果を確認するには時間が必要となる．そういう意味でいえば，フィットネスのための運動指導というのは「生産財」としての価値がある．健康づくりの運動処方は，トレーニング・プログラムとしては一過性ではあるけれども，身体の変化はジムのなかでは終わってはいない．継

続することにより理想としたボディの獲得が可能となるし，社会性や経済性を育むために不可欠な健康的な身体の獲得となる．

　スポーツに関する技術的な指導においても同様で，コーチが担うのは技術レベルの向上であり，トレーナーはゲームやレースへの参加を可能にしてくれる存在である．指導効果がみられない状況が続けば「消費財」となってしまい，指導者の存在価値はゼロからマイナスとなる．指導の効用，効果，便益をいかにして目にみえる形で示していくかが鍵となる．

3. 資格制度の課題―運用改善と方向性―

　周知のとおり，わが国にはスポーツに参与する人的資源，つまりコーチ，トレーナー，ドクター，レフェリーなどの資格制度が多岐にわたって運用されている．スポーツをその語源にしたがって広義に捉え，健康保持増進を目的とした運動指導やレクリエーション指導なども含めるとその数は計り知れない．

　特にスポーツや健康づくりのための運動を指導する人たちの資格制度に関する論議は，1980年代後半に制度内容が明らかになり，その運用がスタートした時点から繰り返し行なわれてきた．資格取得者数については明示されているが，本質的な部分として考えなくてはならない資格取得者の活動内容やその評価についての情報は極めて少ないのが現状である．

　1991年に鹿屋体育大学で開催された「21世紀に向けての指導者像―生涯スポーツ指導者の資質向上に関する国際シンポジウム―」では，「指導者資格」に関する海外での様相を知るための詳細な情報が提示され，わが国の指導者資格の制度的な問題点についても討議されている．このシンポジウムの報告書にある編集後記には，まとめとして「スポーツ指導者の社会的な認知と信頼性」に関する提案が示されているが，資格制度と指導者の資質向上に関連する項目としてその概要を以下のようにまとめることができる．

- ●スポーツ環境の実情に合わせた指導者の養成制度が各国に存在する．
- ●スポーツの産業化に対応するための人的資源の養成制度が存在する．
- ●地域クラブの活動に対応するための人的資源の養成制度が存在する．
- ●特定団体組織の管轄下で一元的に資格を管理する制度は機能しない．

　スポーツ環境を整える際にスポーツ先進国の実情をモデルとすることで満足す

る時代は終わり，わが国のスポーツ環境の実情に応じた制度的な改善が不可欠である．上記の4つの視点は，先にも述べた「スポーツと社会化」や「スポーツと参与／役割」をわが国の実情に照らし，適合する指導システムを構築するためのヒントとなろう．

特に指導者資格にかかわる問題として「特定団体組織の管轄下で一元的に資格を管理する制度は機能しない.」について言及する必要がある．省庁の認可事業として実施されている指導者資格は，省庁の関係する法人団体によって，「資格，名称，役割，基準内容等の決定」（certification），「認定機関の決定」（accreditation），「登録・更新」（registration），「免許許可システム」（licensure）の機能が統轄され運用されているのが現状であるが，海外の事例をみるとこれら4つの機能を，「資格取得者で構成する団体・組織」，「関連する学会」，「高等教育機関」，「資格認定団体・組織」のなかで明確に分割させている．さらには，これらの機能に対する評価を相互に行なう姿勢がみられ，具体的な指導者の活動範囲，つまり，どのような施設で，どのような対象者に対して，どのような役割を果たすのかを明示している点がわが国との決定的な違いとしてみることができる．

また，資格取得者の活動状況に関する具体的な情報が開示されない現状は，その指導者資格自体の有用性を疑う材料として扱うことができる．指導者資格の取得者数が多くとも，その指導活動がそれぞれの指導者資格の特性に応じたものなのか否かについての評価指標が必要であるが，これを開示することによって「スポーツと指導者資格」の関係を冷静にみつめなおす人々は増えるであろう．

「資格の価値」との関連から経済学的な視点から資格についてのアプローチを概観してみると，スポーツの経済学は未開域であることがよくわかる．今野ら（1995）の「職業に直接関連する資格に限定する」と述べた上で，「スポーツや文化などにかかわる資格は，検討の対象から除外する」という主張である．無論，彼らの著書「資格の経済学」が「ホワイトカラーの再生シナリオ」という副題を用いていることによって，その理由の説明として受けとめることとしなければならないのであろうが，近年のスポーツの産業化，健康意識の高揚に関連するフィットネス産業の隆盛をみれば，そこには労働が存在し，財・サービスと貨幣の"交換"があることは周知のとおりである．

指導者資格は，スポーツやフィットネスの指導に不可欠なものではない．しかしながら，スポーツの高度化や商品化が進むなかで，それらに携わる人材の価値

や社会的な地位を高めるための方策として資格の制度が利用されているケースもある．

　田嶋（2000）によれば，わが国におけるサッカーの社会ではトップリーグに位置するJリーグの規約には，コーチの資格と活動の空間との関連で以下のような記載があるという．明確な活動区分を提示することで，本来，自発性に富み積極的に学ぶ姿勢のある指導者（コーチ）を対象とした質の高い学習機会を提供するこの試みは，日本のサッカーレベルが世界ランキングで30位程度にまで向上したことにも何らかの好影響を与えたのではないであろうか．

- 13条：トップチームの監督へのS級コーチライセンス保有義務
- 14条：サテライトチーム，下部組織チームの監督またはコーチの競技力向上，B級コーチライセンス，競技力向上C級コーチライセンス保有義務

　トップレベルだけでなく少年期のサッカー選手と接する指導者の育成についても，その役割や活動区分を明確化したことは，指導対象を意識した画期的な方策である．資格取得にかかる経費について原則的に「受益者負担」である．経費・時間の負担に相応な学びの機会でなくては存続できないシステムを作り上げている点は指導者養成の重要性を考慮し，その責任を果たそうとする種目団体の意気込みがみえる．

　「資格の商品化」に起因する問題は少なくない．指導者資格を取得する上で必要な研修への参加には費用や時間の負担があるわけだが，イヴァン・イリイチ（1982）のいう「シャドウ・ワーク」と同等であるという批判もある．大学や専門学校の高等教育機関と資格付与制度を統括する団体との間で，履修科目の単位互換を認める方向で，この問題を解消しようという動きはみられる．しかしながら，資格取得に相応する専門的な知識や技能をはかるのであれば，「研修→（試験）→認定」という形式にこだわらず，「試験→認定」という方法を提案したい．

　この方法で資格取得の希望者の実力を確認するためには，知識と技能に重点を置いた試験が必要である．指導者として実務に耐えうる能力を指導の対象者を前にして十分に発揮できるのか，モデル空間の設定や複数のアセッサー（評価者）の配置など，実際的な試験を実施すべきである．このような方法の試験事例としては，球技系のスポーツの団体で行なわれるレフェリーや審判員の育成システムが参考になると思われる．

　球技系のスポーツにおけるレフェリーの役割とは，ゲームの行なわれる特定の

空間に限定されるものではあるけれども，ゲームがうまく進行するための技量が審査の対象となる．ゲームなかでの判定や促進を果たすために必要な体力レベルの確認も同時に行なわれるケースが多い．さらには，指導者やプレイヤーとのルール解釈の相違を解消すべく，コミュニケーションの能力や言動などというレフェリーとしての人間性にも言及されることもある．無論，レフェリー資格取得者に対する一定期間後の更新も同様に行なわれているが，資格取得がすべてではなく，要求される人的資源とならなくては存在の意味がないのである．

レフェリーの技術向上は，スポーツの発展のためには不可欠であるという考え方は，指導者養成の考え方とも共通する．しかしながら，知識や技能が向上しても，これだけが指導者の資質向上につながるというような簡単なものではない．

4．資質の向上策―文化的な価値観と情報術の獲得―

指導者資格は，現在のわが国においてあくまでもシンボル的な意味合いしかない．指導者の価値とは，ニーズの有無によって，ある程度はかることができる．スポーツや健康づくりのための運動等の指導にたずさわる人材の社会的な認知が進まない原因は，一般社会のなかでその専門性に対する価値意識が低いということが考えられる．

自発性を背景に実践される行為，つまり音楽や芸術といった文化的な財として，同等にスポーツが存在しているのに，「学校体育」のなかで体力向上の手段として扱われ，「強要される事象」の代表的な存在という感覚が染み付いている．こういった影響が指導者の価値や社会的地位の形成にもマイナスに作用している．

目的が明示されずに運動を継続することはかなり難しい．トレーニングの中身と目的や目標との不釣合いを正すことも技術的な指導者として必要な能力であろう．しかしながら，もっと大切な行動がスポーツ指導者には欠落していると思われる．それは，「スポーツの意味と価値」の理解と「コミュニケーション能力の開発」に対する取り組みである．

1）スポーツ文化論の視点

世界的な生涯スポーツへの取り組みは，生活習慣病の克服や崩壊しかけているコミュニティの再生といった実利的な部分に焦点があてられている．健康づくり

のための手段としてあるいはコミュニケーション・ツールとしての存在も事実であるが，人間の基本的な欲求として存在する「プレイ欲求の充足」という機能を十分に理解した上で指導者としての活動を考えることである．

　人々がスポーツやフィットネスに社会化する過程において，実利性や有効性に偏っていたとしても，活動を継続するなかで態度の変化が確認できる．確保できた健康的な身体を活かし，知らぬ間にスポーツを楽しむことができるようになり，さらには「自発性に富んだ戯れ」としてプレイを興じるようになる．

　メンバーやアスリートを「我を忘れるほど没頭するなかで，行為と意識，自身と外界が一体になったような融合感を有しながらも，気もちの内面では自分を見失うことなく統制できている安定感も存在する」という感覚（ミハイ・チクセントミハイ（1996）の『フロー経験』）へ誘うことこそ，さまざまな役割に携わるスポーツ指導者たちの究極的な役割ではないか．その指導の根底に備える理念としての「スポーツの文化的な価値観」の創造という作業には，多くの経験やさまざまな観点からの学習が手助けしてくれるものであろう．

　このような姿勢こそ，手段論に傾倒することなく良識をもって行動できる指導者が生まれ，真のリーダーシップとして問われるべき本質的な資質があると考える．そして，そこにはスポーツ指導者自身も「フロー」を体験する可能性が潜んでいるかもしれない．

2）行動決定要因—「意思」と「情報」の操作術—

　コーチやトレーナーを必要としているクラブやチームは少なくないであろうが，使いやすい施設やクラブ組織をコーディネートできるマネジャーも必要であって，いずれの役割にしてもコミュニケーションの能力を備える必要がある．コーチングでも外部交渉にしてもプレゼンテーションの能力がその成果を左右することはいうまでもない．

　スポーツ消費の意思決定プロセスは仲澤によってバーナード・ミューリンらのモデルが解説された．これには以下に示したAIDAの法則が関連する（池田・守能，1999）．

- ＜Attention：購買対象への注目・注意＞
- ＜Interest：購買対象への興味・関心＞
- ＜Desire：購買対象への欲求・欲望＞

●＜Action：購買対象の購入・利用＞

　たとえば，コーチングを専門とする指導者を例にとると，コーチがプレイヤーやアスリートに提供する練習メニューをプログラムとすれば，その消費者はプレイヤーやアスリート，つまり競技の実践者となるから，指導者の良し悪しは消費者が下すこととなる．つまり上記にある「購買対象の購入・利用」が繰り返し行なわれること，プログラムの消費者がリピーターとなってこそ，指導者への信頼が生まれたことになる．

　コーチングに限らず，さまざまな形でスポーツを支援する人々を指導者として定義するならば，上記のプロセスはすべての指導者が考えるべき視点として応用すべきである．指導者としての立場を維持する上で，また，新規に指導者として活動を望むならば，個々に必要な専門理論だけではなく，指導者自身のプログラム開発に際して伴うべき自己の評価を客観的にみつめる必要がある．

　スポーツに限らず，行動は「意思」と「情報」によって規定されると考えるならば，意思を刺激するだけの情報提供の方法が問われる．その情報の量と質が受け手側にうまく伝えられるか否かが資質のひとつであろう．指導者の言動は，指示を行なうタイミングの見極めから，プログラムの内容と実践者の求める最終的な目的との整合性に到るまで，その責務に裏づけされたものでなくてはならない．

　情報にかかわる多様なツールの発展は，スポーツ指導者にとっても歓迎すべき点は多いが，指導をうける側も多くの情報を得ることになるため，指導者は積極的な姿勢で専門的な学習が要求されることとなる．すでに多くの指導者が努力されていることは改めて記す必要はないのかもしれないが，今後，スポーツ指導者を志す人々には理解してもらいたい．スポーツ環境の整備とは，施設などのハード面だけが重視されるものではない．「施設一流，指導者二流，実践者三流」などと陰口をたたかれることのないよう，スポーツの文化価値を確認し，過度の情報をうまく操作するという資質が求められる．

5．指導者養成システムの再考―スポーツの公益性―

　スポーツの産業化は，高度なスポーツ・イベントといった「みるスポーツ」にみられる経済波及効果や，健康維持増進のためのフィットネス活動といった「するスポーツ」にみられる経済的な効果という具体化された金額でその効用につい

て考えられてきた．古くて新しいと表現される「わが国におけるスポーツの経済学」では，スポーツ社会学やスポーツ経営学での実証的な検討から導き出される論証が少なくないのが現状であるが，これを批判するのではなく，新しい「学」として発展するためのプロセスとしては不可欠な取り組みであると認識すべきであろう．スポーツやフィットネス活動などの不可視的なサービスの実践が，日常的な行動に多く存在するために，その「公益性」について学問や科学の対象として取り上げることがとても困難である．スポーツ社会学やスポーツ経営学に限らず，関連する学問的な成果を積み上げて「スポーツの経済学」としての理論化や体系化が行なわれなくてはならない．

スポーツやフィットネスなどの活動における「費用と便益の関係」という視点に立つとき，便益は「スポーツや運動を行なうことにより得られる効果，利益，価値，意識の総称」と定義づけられ，社会学的，心理学的な色合いが濃く，経済学的な意味合いは薄い．実際に，諸外国で行なわれてきた研究では，個人としての便益にかかわる意見を集約することによって便益の内容を具体化してきた．ワンケルとバーガーによって示されたスポーツ・ベネフィットは「個人的な楽しみ」，「個人的な成長」，「社会的な調和」，「社会的な変化」の4つに分類されている．このなかで「社会的な調和」に注目すると，「社会化」，「集団間の関係」，「コミュニティの統合」といった「公益性」に資するものが該当していることがわかる（鈴木，1995）．

公益とは，「国家または社会公共の利益．広く世人に益すること．」（「広辞苑」第二版補訂版，岩波書店）であり，「社会一般の利益．」（「日本語大辞典」第二版，講談社）である．スポーツの公益性をこれに資する人材が認識すべきは，「公益学のすすめ」を著した小松隆二のいう「自分本位，自分のみのためということが先にあるのではなく，相手の立場に立つ社会的利益の認識が先行する」という意味であろう（小松，2000）．無論，スポーツ指導を職務とする場合，これを否定する考え方もあるかもしれない．しかし，スーパースターと呼ばれるようなプロスポーツ選手たちが行なっている学校訪問や，観戦シートの提供などのボランティア行動に目をむければ，スポーツの有する公益性について理解してもらえるのではないであろうか．ここには「スポーツの公益性」という価値が存在しており，提供側には自分に有利な市場関係に帰するための駆け引きなどをもち込んではいない．

わが国における指導者養成の具体的な機関として，専門的な教育研究が行なわ

れる大学，職業人としての知識・技能を教育する専門学校，公益法人で行なわれている資格付与制度，市町村などで実施されている指導者育成制度などが上げられる．これらの仕組みをみると，いずれも学校教育に近いシステムで行なわれている．知識や技術に関する教育プログラムの提供を「決められた教師」から学ぶシステムである．どんな専門家が何を教えてくれるのかという情報さえも与えられずに学ぶというケースもある．

一方，クラブやスクール等を有する利益を追求する民間企業内では，独自のプログラムに沿って人材の育成がなされている．OJT（On the Job Training）のなかでは，その目的や意図が明確で，実践に即応できるような学習システムでなくては機能しないから，OJTを仕掛ける側はそのタイミングや費用を吟味し評価することとなる．

社会学者である上野千鶴子は大学院重点化に関する動きに対して「学位インフレ時代」と評した．これに端を発した概念の展開で，「生産財としての学位」と「消費財としての学位」というのがある．スポーツにかかわる学部の「学位」と考え，さらに一歩踏み込んで「学位」を「資格」に置き換えてみると現行の「資格とスポーツ指導者」の問題としてとらえることができよう．

「学校は授業で勝負せよ／『生産財としての学位』と『消費財としての学位』」
　学位をとることがその後の職業の手段となるとしたら，学位は生産財となります．しかし手段とならないとしたら，学位を得ることじたいが自己目的になります．それば消費財の学位です．
　もし，大学院生を教育の消費者，ユーザーだと考えたとき，生産財としての学位と消費財としての学位のどちらのユーザーのほうが，大学院教育にたいする要求水準が高いでしょうか．大学院で学ぶことが将来にたいする投資であれば，たとえ現在がつまらなくてもそれを耐えしのぶことができるでしょう．しかし，大学院に行くことが現在にたいする投資であれば，「いま・ここ」で報酬がなければ耐えられないことになるでしょう．
（上野千鶴子「サヨナラ学校化社会」pp102-103，太郎次郎社，2002年）

世界的なスポーツ・イベントの誘致や国民体育大会の担当都道府県にみる施設などへの投資についてはさまざまな考え方があるが，スポーツの公益性を考えるとき，ひとりの住民に立ち返って公共施設について考えてみるとよいかもしれない．「体育館」，「公園」，「公民館」，「図書館」，「博物館」，「美術館」，「学校」，

「病院」等々の公益性とそこへの投資の関係は，スポーツの公益性を考える上で多様なヒントを与えてくれるであろう．スポーツに資する人材として説明するための理論展開が必要になるように思える．

　市場原理に偏ったスポーツの発展だけが21世紀のスポーツではない．20世紀のスポーツが「経済性」を土台に築かれた産物であるならば，今世紀は「社会性」が求められるのではないであろうか．イベントでの経済効果は金額で測定されるが，便益の波及は金額で示すことはできないのと同様に考えると興味深い．指導者の取り組みが国民医療費の削減，生産性の向上などで示される経済性とともに，スポーツの公益性に着目した社会性という便益にかかわる分析を考えるべきであろう．

　指導者の養成を目的としたさまざまなシステムには，そのシステムを維持するために市場原理が存在し，それゆえに「資格制度」の曖昧さを残さなくてはならないという矛盾が存在していると思われる．資格の必要性について，スポーツの本質的な価値や意味について考えるという姿勢に立ち返ると同時に，スポーツの公益性についてもみつめなおしつつ論議は継続されるであろうが，指導者の存在理由からまず明確にする作業が不可欠である．

　わが国の指導者養成のシステムを再考することは，スポーツ科学やスポーツ政策にかかわってきたあらゆる専門家たちの力不足を明示することとなる．これを容認してきたわれわれの責任は明確である．しかしながら，ここまでの「負け」をどう「勝ち」に結びつけるかが重要である．今世紀の生涯スポーツ社会をリードし，支える人々が高い志をもち続け，自発的に活動することのできるスポーツ環境を整えるためにも，さらには先人たちの努力に報い，成しえなかった夢を実現するためにもチャンスとして意識し，スポーツ環境の進化を演出できる"人財"とならねばならない．

[永松　昌樹]

参考文献

江橋慎四郎（1984）：社会体育指導者の現状と課題．健康と体力，201：5-7.
海老原修（1996）：生涯スポーツへのいばらの道．宮下充正編，スポーツ・インテリジェンス，大修館書店：pp2-13.
五味太郎（1991）：じょうぶな頭とかしこい体になるために．ブロンズ新社．

原田宗彦編（1999）：改訂スポーツ産業論入門．杏林書院．
池田　勝・守能信次編（1998-1999）：講座スポーツの社会科学1-4．杏林書院．
池田　勝（2001）：スポーツと経済．渡邊　融編，現代社会とスポーツ，（財）放送大学教育振興会：pp118-127．
今野浩一郎・下田健人（1995）：資格の経済学．中公新書．
鹿屋体育大学（1991）：21世紀に向けての指導者像―生涯スポーツ指導者の資質向上に関する国際シンポジウム報告書．
イヴァン・イリイチ（玉野井芳郎・栗原彬訳）（1982）：シャドウ・ワーク．岩波書店．
小松隆二（2000）：公益学のすすめ．慶応義塾大学出版会．
前川峯雄他編（1979）：指導者のためのスポーツクラブ．プレス・ギムナスチカ．
松尾哲矢（1997）：生涯スポーツ社会における指導者システムの再構築―スポーツ・レクリエーション指導者のプロフェッション化（専門職化）と資格問題―．厨　義弘監修，生涯スポーツの社会学，学術図書出版社：pp79-96．
ミハイ・チクセントミハイ（今村浩明訳）（1991）：楽しむということ．思索社．
ミハイ・チクセントミハイ（今村浩明訳）（1996）：フロー体験　喜びの現象学．世界思想社．
村上　龍（1999）：あの金で何が買えたか．小学館．
島崎　仁（1998）：スポーツに遊ぶ社会にむけて―生涯スポーツと遊びの人間学．不昧堂．
鈴木由美（1995）：スポーツのもたらすベネフィット．原田宗彦編，スポーツ産業論入門，杏林書院：pp152-162．
田嶋幸三（2000）：日本サッカー協会における指導者制度．日本体育学会第50回記念大会特別委員会編，21世紀と体育・スポーツ科学の発展～日本体育学会第50回記念大会誌～1，杏林書院：pp233-239．
上野千鶴子（2002）：サヨナラ学校化社会．太郎次郎社．
ウラジミール・アンドレフ，ジャン＝フランソワ・ニス（守能信次訳）（1991）：スポーツの経済学．白水社．
山口泰雄編（1996）：健康・スポーツの社会学．建帛社．

5部 生涯スポーツの経営学的研究

18章　運動プログラム参加の促進条件
19章　生涯スポーツにおけるクラブ事業の課題
20章　スポーツ・スポンサーシップ
21章　フィットネス産業動向

18章
運動プログラム参加の促進条件

1. 運動プログラムの重要性

　周知のように，わが国は急ピッチで高齢化社会（the aging society）から，高齢社会（the aged society）へ移行しつつあり，そのことが既存の社会制度にさまざまなインパクトを与えている．医療費問題もそのひとつで，高騰する医療費になんとか歯止めをかけることが，ひとつの重要な，そして最優先すべき政治的，社会的課題となってきている．

　医療費問題に対処するためには，現行の医療費制度の抜本的な見直しと，運動・スポーツ活動を含めた積極的健康づくり対策の両面から取り組んでいく必要がある．前者に関しては，40歳以上の人を対象に，疾病の予防，治療，機能回復訓練等の保健事業を総合的に行なうことを目的とした「老人保健法」（1982年2月施行），さらには医療費削減に大きな成果をあげたとして注目されているアメリカの「診療報酬定額制度」（PPS/DRG）などがある（川原，1986）．

　後者に関しては，人々が運動やスポーツ活動をライフスタイルのなかに積極的に取り組むことによって健康水準が高まり，そのことが医療費に望ましい影響を与えているというデータが数多くみられるようになった．たとえば，ある企業で軽度の高血圧症，糖尿病患者に3カ月の運動教室を実施し，その後の3カ年の医療費動向を追跡した結果，ある一定の運動量を1年以上継続した者は，運動教室実施前と比べて半分以上減少していることが報告されている（菅原，1986）．この例からみても，規則的な運動実施がいかに医療費削減に望ましい影響を与えるかが明らかであるとともに，各個人の健康・体力水準の評価・測定，それに基づく運動処方の提供といったこととあわせて，生活行動のなかに運動プログラムをいかに取り入れるべきか，その具体的な方向づけが重要となってくることがわか

る．運動やスポーツ活動への参加を促す"健康づくり（health promotion）"が現代社会におけるひとつの"社会規範（societal norm）"であるとみなされるならば（Dwore and Kreuter, 1980），そのことを促進する要因，あるいは逆の阻害要因の分析に関する研究が最近数多くみられるようになったことは，ある意味で社会的要請からもたらされた当然の動向といえよう．ここでは，adherenceとcomplianceという運動プログラム参加に関するキーワードを手がかりに，その研究動向を探ってみよう．

2. adherence/compliance（運動プログラム参加のキーワード）

健康づくり運動の究極の目標は，運動プログラムなどへ参加するきっかけを与え，各個人に対して健康に対する自覚を促し，あらかじめ設定された目標に到達するまで継続して参加を促すことにある．したがって，運動・スポーツ活動への単なる参加（participation）を促すのではなく，健康を維持増進するために処方された運動プログラムを納得して受け入れ（compliance），積極的に参加していく（adherence）ことが望まれる．体育学あるいは体力科学のこれまでの知見は，各個人の健康・体力水準に応じた運動処方（プログラム）に関して，ある意味で十分なデータを提供してきた．しかし，一般の人々，とくに日常生活のなかで運動実施が望まれる人々に，その処方箋をいかに受け入れさせるかといったことに対する関心はそれがあまりにも現場（field）の問題であるためか，つい最近までほとんど省みられなかった．また，Godwinら（1983）が健康づくり運動の成果に関する15の論文の方法論を丹念に分析しているが，そのほとんどが厳密な研究計画に基づいていないことを指摘している．

運動プログラムの受け入れ，あるいはドロップアウトに関する社会学的研究を進めてきた数少ない研究者の1人であるDishman（1986a, 1986b）は，この分野の研究ならびにその方法論の確立が緊要であることを訴えている．Complianceとは，心理学用語では「応諾」と訳されているが，「他者の期待に自発的に応ずる傾向」（Longman Dictionary）とあるように，設定された運動プログラムを「ある一定期間内に最低限要求される回数を，継続して参加すること」を意味する．これに対してadherenceとは，「（やり抜くことが）困難にもかかわらず，それに賛同し，実施する行為」（同辞典）であり，complianceと同様の意味をもち，

文献のなかには，この2つの用語を混同して用いるケースもみられるが，その文脈から運動プログラムへの「参加意欲」ととらえた方が適切であろう．

また，drop-outとは，単に「途中で参加を中止する」というのではなく，あらかじめ設定された最低限の回数をみたさなかったことも含まれる（Oldridge）．たとえば，12週間で25日以上の参加が要求されているにもかかわらず，20日だけの参加もドロップアウトとみなされるのである．この考え方は運動が疾病の一次予防あるいは機能回復訓練としてプログラミングされるときに大切である．

3. Complianceに関する研究動向

Complianceに関する研究動向を知る上で，Oldridgeの文献レビューと先に触れたDishman（1986a, 1986b）の文献が最も参考になる．Oldridgeは疾病の一次予防を目的とした運動プログラムのcomplianceに関する文献を調べ，そのなかで，①プログラムの実施期間が6カ月以上であることが明記されている，②40人以上の完全なデータが揃っている，という2つの条件を満たしている文献だけを抽出し，それらの結果を分析・整理している．**表5−1**は，それをまとめたものである．ここでは運動プログラムの実施期間（月）とドロップアウト率を示しているが，プログラムの継続率（compliance rate）はドロップアウト率を裏返したものである．

この結果をみてもわかるように，実施期間とドロップアウト率は必ずしも一致

表5−1　Compliance in primary prevention exercise programs

Source	Duration of program(Months)	Dropoutrate(%)
Mann (1969)	6	41
Massie(1971)	7	53*
		18**
Sime(1978)	6	30
	21	46
	36	75
Teraslinna(1969)	18	13
Oja(1974)	18	14

* : Individual program　** : Group Program
(Oldridge NB, Wicks JR, Hanley C, Sutton JR and Jones NL (1978) : Non-compliance in an exercise rehabilitation program for men who have suffered a myocardial infarction. Can Med Assoc J, 118 : 361−364.)

しておらず，長期間のプログラムでも継続率がきわめて高いケースがみられる．これには，運動プログラムの内容，実施方法，対象者の特性などが関与しているものと思われる．

たとえば，Teraslinna（1969），Oja（1974）らの研究グループは，フィンランドの企業の管理職者1,708人に対して18カ月間の運動プログラム（週3回，1回1時間）を提供したところ，46％が参加を希望し，ドロップアウト率はわずか13～14％であった．これは対象者が企業の管理職者であったことと，運動の実施場所が職場の近くにあったという利便性（accessibility）によるものと思われる．

また，Massie and Shephard（1971）は，日頃あまり運動していない中高年ビジネスマン40人を対象に，28週間のプログラムを提供したところ，個人で実施したプログラムのドロップアウト率が53％であるのに対して，グループで実施した場合には18％の低率であり，いわゆる他者の存在が継続率を高めていることが明らかにうかがえる．

虚血性心疾患患者のリハビリテーション・プログラムとして，4年間（48カ月）にわたる長期間の運動療法プログラムを提供し，その継続率を細かく調べた一連の研究が，スウェーデンとカナダにおいてみられる．

スウェーデンのゲーテボルグ市の病院を退院した患者315名に対して，1968年から1970年にかけて実施した運動療法プログラムでは，4週間以内の初期のドロップアウト率は11％で，その後6カ月後が30％と最も落ち込み，4年後の継続率は14％であった．しかし，ドロップアウト群のなかで，別に自分自身で運動を継続した者が18％いたことを報告している（Sanne and Rydin，1973；Wilhelmsen et al，1978）．

カナダ，オンタリオ州の運動療法研究プロジェクトの結果では，対象者751名の3カ月後のドロップアウト率は12.2％，4年後で45％であった．しかし，医師の照会でプログラムに参加した者の2年後のドロップアウト率は34％で，そうでない者の割合52％と比べてきわめて低く，医師の役割の大きさを示していることが注目される（Oldridge et al，1978，1979）．

Oldridgeは，スウェーデンとカナダのこれら2つの一連の研究結果をまとめて，①4年後の継続率は平均して約40％，②ドロップアウト率の最も高い時期は6カ月後で約30％，③2年間継続した者は，その後のドロップアウト率はきわめて低い．したがって，④長期の運動療法プログラムにおいては，最初の6カ月

間が最も重視すべき時期（critical period）であるとしている．

4. 参加意欲（adherence）に影響する要因

Dishman（1986a）は運動プログラム参加者のadherence（参加意欲）に影響する要因として，①生物学的要因（肥満度，有酸素能力等），②心理的要因（健康観，性格特性等），③社会的要因（重要な他者の支持，職種，レクリエーション活動の特性等）の3つをあげている．

社会的要因に関してDishman（1984）は，小グループで実施する運動プログラムの方が大グループよりも参加意欲を高めるとしている．小グループといっても何人位の規模が適当なのか，あるいはどのようなグループ構成が望ましいのかは明らかにされていない．また，職場や地域における利便性をあげているが，これに関しても，所要時間，距離等も明らかでない．さらに，学校時代の運動経験は，成人の参加意欲ととくに関係がないことを報告している．

「配偶者の励まし」が，参加意欲を高める大きな要因であることは，この種の文献の多くが認めるところである（Andrew et al, 1981; Nye and Poulser, 1974）．逆に配偶者の否定的な態度や無関心が，ドロップアウトの要因となっていることが，同様の文献で指摘されている．

先のOldridgeのComplianceに関する文献レビューでは，運動プログラムのドロップアウト者の特性として，「喫煙者」（5文献：以下文献数のみ記載），「消極的なレジャー活動」（5），「配偶者の理解不足」（7）といった項目が多く言及されている．さらに，ドロップアウトの理由として，「プログラムの不適切」（12），「交通の不便」（7），「心理的社会的理由」（9），「健康上の理由」（8）があげられている．

また，運動プログラム志願者の特性として，「実施場所が自宅もしくは職場に近い」（5），「ホワイトカラーの職種」（5），「積極的なレジャー活動」（3）等の社会的要因を言及している文献が多くみられる．

5. 参加意欲を高める方法

参加者の参加意欲を高める方法（ストラテジー）については，現在関係者の大

きな関心事であるが，これまでのところ，社会的強化（social reinforcement）や社会的促進（social facilitation）といった最近の社会心理学の理論的枠組に頼るだけで，厳密な実証的研究はほとんどみられない．わずかに，Pollockら（1982）がミルウォーキーYMCAの企業フィットネス・プログラム参加への費用負担と参加継続率の関係を分析した研究が注目される程度である．すなわち，会社が参加費を全額負担（参加は個人の自由）する場合の参加率が62.2％なのに対して，参加者と会社が同額負担の場合は83.7％，参加率が75％以上の場合に会社が参加費を返済してくれるケースが80.6％と，「すべて会社持ち」よりも20％高くなっている．こうした研究データは，現場サイドにおいて大いに歓迎されることであるが，残念ながらまだ研究者の強い関心事となってない．

むすび

はじめにも述べたように，これからの社会において，一般成人の運動プログラムの社会経済的意義はきわめて大きく，運動・スポーツ活動の参加が，ひとつの「社会規範」として認められるようになってきた．体力科学の知見で得られた運動プログラム（処方）の成果を最大限に求めるためにも，一般の人々がそれを受け入れ，意欲をもって参加することを促すことが大切であり，その意味でadherenceやcompliance，さらにはdrop-outをキーワードとする研究がもっと注目され，中味が深められることが望まれる．そのためには，社会体育の現場の関心事やニードをもう少し理解する必要があろう．

［池田　勝］

この論文は，「体育の科学」第37巻第3号1987年　pp231-235に掲載されたものである．

参考文献

Andrew G, oldridge NB, Parker JO, Cunningham DA, Rechnitzer PA et al (1981) : Reasons for dropout from exercise programs for the post coronary patient. Med Sci Sports Exerc, 13 : 164-168.

Dishman RK (1984) : Motivation and exercise adherence. In : Silvia JM and Weinberg RS (eds), Psychological Foundations of Sport, Human Kinetics : pp420-434.

Dishman RK (1986a) : Participant adherence. In : Guttman LR et al (eds), Implementaing

Health/Fitness Program, Human Kinetics : pp210-220.

Dishman RK (1986b) : Exercise compliance ; a new view for public health. Phys Sports Med, 14 : 127-145.

Dwore RB and Kreuter MW (1980) : Reinforcing the case for health promotion. J Neurosci Methods, 2 : 103-119.

Godwin G and Shephard RJ (1983) : Physical fitness promotion programmes : effectiveness in modifying exercise behavior. Can J Appl Sport Sci, 8 : 104-113.

川原邦彦（1986）：アメリカの病院革命．日本経済新聞社．

Mann GV, Garrett HL, Farhi A, Murry H and Murray H (1969) : Exercise to prevent coronary heart disease,An experimental study of the effects of training on risk factors for coronary heart disease in men. Am J Med, 46 : 12-27.

Massie JF and Shephard RJ (1971) : Physiological effects of training-A comparison of individual and gymnasium programs, with a characterization of the exercise "dropout". Med Sci Sports, 3 : 110-117.

Nye ER and Poulsen WT (1974) : An activity programme for coronary patients : A review of morbility,mortality and adherence after five years. N Z Med J, 79 : 1010-1013.

Oja P,Teraslinna P, Partanen T and Karava R (1974) : Feasibility of an 18 months physical training program for middle aged men and its effect on physical fitness. Am J Public Health, 64 : 459-464.

Oldridge NB, Wicks JR, Hanley C, Sutton JR and Jones NL (1978) : Non-compliance in an exercise rehabilitation program for men who have suffered a myocardial infarction. Can Med Assoc J, 118 : 361-364.

Oldridge NB (1979) : Compliance of post myocardial infarction patients to exercise programs. Med Sci Sports, 11 : 373-375.

Pollock ML et al (1982) : Effects of a YMCA starter fitness program. Phys Sports Med, 10 : 98-112.

Sanne H, Elmfeldt D, Grimby G, Rydin G and Wilhelmsen L (1973) : Exercise tolerance and physical training of non-selected patients after myocardial infarction. Acta Med Scand Suppl, 551 : 1-124.

Sime WE, Whipple IT, Stamler J and Berkson DM (1978) : Effects of long-term (38months) training on middle-aged sedentary males : Adherence and specificity of training. In : Landry F and Orban WAR (eds), Exercise Physiology vol 4, The International Congress of Physical Activity Sciences Simposia Specialists, pp457-464.

菅原紘悦（1986）：健康保険組合の健康投資．体育の科学，36：193-199．

Teraslinna P, Partanen T, Koskala A and Oja P (1969) : Characteristics affecting Willingness of executives to partiicipate in an activity program aimed at coronary heart disease prevention. J Sports Med Phys Fitness, 9 : 224-229.

Wilhelmsen L, Sanne H, Elmfeldt D, Grimby G, Tibblin G, Wedel H (1978) : A controlled trial of physical training after myocardial infarction. Effects on risk factors nonfatal reinfarction and death. Prev Med, 4 : 491-508.

19章
生涯スポーツにおけるクラブ事業の課題

1. 変化するスポーツの推進母体

　わが国における戦後のスポーツ振興政策を振り返ってみると，そこには社会体育からコミュニティ・スポーツ，そして生涯スポーツへという一連の流れが存在する．社会体育政策が重視されたのは1950年代から1960年代にかけてであるが，この時期，行政が体育・スポーツ施設を整備し，スポーツをする場所とプログラムを提供する等，行政主導型のスポーツ振興によって戦後日本のスポーツは復興した．その一方で，企業は職場スポーツや実業団スポーツに力を注ぎ，社員の求心力と生産性を高めようとするとともに，日本スポーツ界の競技力向上に貢献した．終戦後から東京オリンピックにかけて，わが国では「行政」と「企業」が主たる担い手となってスポーツは発展したのである．

　その後日本ではさらなる工業化と近代化が進み，高度経済成長によって空洞化した地域社会の再編のために，コミュニティ形成による人間性の回復や連帯感の高まりが強調され，スポーツにその役割の一端が求められた．公的文書のなかでコミュニティ・スポーツがはじめて使われたのは，「経済社会基本計画」（1973年）のことである．コミュニティ・スポーツの特徴は，社会体育にみられる「上から与えられる体育・スポーツ」ではなく，「下から押し上げるような住民主導型のスポーツ振興」という考え方である．たとえば1970年代に神戸市垂水区の団地に生まれた垂水スポーツクラブは，住民主導型のコミュニティ・スポーツの典型であり，現在も活動を続けている．したがって，コミュニティ・スポーツが強調された時代においては，「行政」と「企業」に加え，「住民」がスポーツ発展の主たる担い手となって活躍することになる．

　1980年代になると，スポーツを取り巻く状況は大きく変化し，幼児から高齢

者，そして障害者を含めた誰もがスポーツを楽しむ環境をつくるスポーツ・フォア・オールの考えが浸透し，それに裏付けられた「生涯スポーツ」という新しい概念がスポーツ振興の主役となった．この時代の背景には，スポーツの商業化やメディア化，そして個人をベースとした健康的なライフスタイルの追求といった要因が介在し，さらに「するスポーツ」だけでなく，スポーツイベントのビジネス化による「みるスポーツ」の隆盛と，Ｊリーグの理念である地域密着型スポーツへの関心の高まりといった特徴がある．スポーツ振興基本計画の核の一つである総合型地域スポーツクラブづくりは，Ｊリーグが唱える「地域密着」という理念の延長線上に位置付けられる．

生涯スポーツの発展とともに，1980年代にはじまった健康志向のエアロビクスやエクササイズの流行は，商業フィットネスクラブという新たなビジネスを生み，現在では総売上が3,000億円，クラブに所属する会員が国民の2.3％を占める一大産業に成長した．同時にプロ野球やＪリーグ，そして大相撲といったプロスポーツ，そしてオリンピックやワールドカップといったメガ・スポーツイベントがメディア価値をともなって発展するとともに，スポーツファンの存在がクローズアップされるようになった．

生涯スポーツの時代は，スポーツの商業化やビジネス化と軌をひとつにするところがあり，参加者や観戦者にもスポーツを消費するという意識が強まった時代でもある．ここに至って，従来のスポーツを支える「行政」「企業」「住民」という三位一体の構造に，ビジネスや事業としての生涯スポーツを活性化する触媒としての「消費者」や「生活者」としての「個人」が加わることになった（原田，2000）．その背景には，ウォーキングやエクササイズ等個人で参加できるスポーツの普及がある他，民間スポーツクラブのように，個人がいつでも自由に使うことのできるトレーニング施設や屋内プールといった施設の増加がある．さらに本章で考察する生涯スポーツにおけるクラブ事業についても，クラブ参加から得られるベネフィットを意志決定の基準とする「個人」についての考察が重要な仕事となる．

表5-2 スポーツクラブ事業を行なう組織

組織	法人格	営利・非営利	特徴
任意団体	なし	非営利	スポーツ愛好者が自由意志で集まって組織する法人格を持たないクラブで，小規模なものが多い．一般に，地域の小中学校や公共体育・スポーツ施設を借りて，比較的よく似た年齢集団のクラブ員が単一のスポーツを楽しむといった形態をとる．
NPO（特定非営利活動法人）	あり	非営利	ボランティア活動をはじめとする市民が行なう自由な社会貢献活動としての特定非営利活動を促進するためのNPO法によって認められた非営利設置の組織．概念的には公益法人の一種である
公益法人	あり	非営利	非営利営利でなく社会全般の利益をはかることを目的とする社団法人や財団法人で，歴史のあるゴルフクラブなどがその一例である．
株式会社	あり	営利	営利商業フィットネスクラブや，Jリーグクラブのような営利設置の会社組織であり，株主によって組織される会社である．株式会社大分フットボールクラブ，株式会社福岡ダイエーホークス，そして有限会社日光アイスバックスとちぎ，といったクラブがある．

2. 生涯スポーツ時代のクラブ事業

1）クラブ事業とは何か？

　生涯スポーツの時代は，特に「クラブ」という囲い込まれた会員組織に注目が集まった時代でもある．現在のスポーツに関するクラブとしては，非営利セクターにおける地域スポーツクラブ，営利セクターにおける商業フィットネスクラブ，そしてテニス，ゴルフ，スイミングといった，各種商業スポーツ施設をベースとした会員制クラブ，そして企業のなかで同好の士が集まってつくる企業内スポーツクラブ等がある．

　クラブはある目的をもつ組織であり，組織が行なう活動は，「クラブ事業」として経営（マネジメント）されなければならない．クラブ事業とは，一定の目的と計画に基づいてクラブを経営する活動であり，目的によって非営利と営利に分けられる．非営利のクラブ事業においては，目的が「使命」（ミッション）に置き換わり，事業内容は営利を追求しない非経済的活動となる．スポーツに関するクラブ事業を行なう組織は，その多くが法人格をもたない任意団体であり，クラブメンバーにも事業をしているという感覚は乏しい．それゆえ，クラブ事業とい

う概念に対する共通認識も十分に育っていないのが現状である．

スポーツに関するクラブ事業を営む組織は，表5－2に示すように，任意団体，NPO，公益法人，株式会社の4つに分類される．以下では，これらを非営利目的と営利目的のクラブ事業に分けて説明しよう．

2）非営利目的のクラブ事業

非営利クラブ事業の大半を占めるのが，スポーツ愛好者が集まって組織した「任意団体」が経営する地域スポーツクラブである．このタイプは，スポーツ愛好者の自由意志で組織されており，法人格はなく，したがって登録義務もない．ただし体育館やグランド等の社会教育施設を利用する場合は，地域の小・中学校や体育館といった施設管理組織に団体登録し，施設使用許可を得る必要がある．

最近数が増えているNPOは，法人格をもつ特定非営利法人であるが，厳密には公益法人の一種である．ただし財団法人，社団法人，医療法人，社会福祉法人，学校法人，宗教法人といった一般的な公益法人に比べると，法人格の取得ははるかに簡単で，費用も安く済むという利点がある．スポーツに関するNPOは数を増やしており，従来の公共・民間サービスを補完するような領域での事業が期待される．ただしNPOといえども，事業を展開する限りは営利を追求しなくてはならないのであるが，営利は企業のように，儲けとして組織外の主体に配分されるのではなく，将来の成長と経営資源の充実のために活用される．

NPO以外の公益法人に属するスポーツクラブの大部分は，社団法人の形式をとっている．この形式のクラブにはゴルフクラブが多く，霞ヶ関，我孫子，西宮，宝塚といった名門コースが社団法人制ゴルフクラブとして大正時代から昭和初期にかけて設立された．社団法人制の場合，利潤追求を目的としないため，会員権は一代限りか直系継承で譲渡不可の場合が多い．それゆえ，会員権の譲渡には厳しい制約があり，利潤追求を目的とした会員権売買は禁止されている．ゴルフ以外には，神戸レガッタ＆アスレチッククラブ（1870年社団法人化）や東京乗馬倶楽部（1924年社団法人化），そして神戸フットボールクラブ（1965年社団法人化）等の伝統あるクラブが多いが，その数は多くない．

3）営利目的のクラブ事業

営利を目的とした株式会社には，代表的なものとして，「するスポーツ」事業

を営む商業フィットネスクラブと,「みるスポーツ」事業を営むJリーグに含まれるクラブ(以下Jクラブとする)とプロ野球の球団が含まれる.

商業フィットネスクラブの場合,形は会員制クラブであるが,会員が財産としてのクラブを共同所有するのではなく,クラブから会員権を購入し,施設運営者が提供する「会員だけに保証された権利」や,「施設運営者から提供されるサービス」を購入するといったシステムが一般的である.すなわち,会員間の凝集性は低く,クラブに対する忠誠心(ロイヤリティ)が芽生える機会も少ないというのが現状である.それゆえ,これらのフィットネスクラブでは,会員相互に生まれる横のネットワークよりも,個々の会員と施設との縦の関係を維持することをクラブマネジメントの中心に置いている.会員の関心事はサービスの質にあり,それが低下し不満を感じればクラブを簡単に退会することもある.

Jクラブに関しては,J2の山形だけが公益法人で,他はすべて株式会社である.そのため,クラブの経営状況は株主に対して透明でなければならない.最近はJクラブの経営努力もあり,単年度決算において黒字を計上するクラブが増えてきたが,なかには多額の累積債務を抱えるクラブもあり,株主に配られる配当金はゼロ(無配当)である場合が多い.ただしJクラブの場合,事業の基本は営利追求であるが,Jリーグの理念には,地域密着型プロスポーツの拡大による豊かなスポーツ文化の振興というきわめて公益的な使命が掲げられており,パブリック・スピリット(公共心)を反映することによってホームタウン自治体の支援を引き出すことが可能である.

Jリーグに比べてプロ野球の場合,収支状況を公表している球団は,福岡ダイエーホークス以外皆無である(小林至,2002).すなわち,球団の経営は親企業の経営から独立しておらず,広告塔としての役割を担っており,赤字決算を外部に公表したくない親会社の意向を受けて,球団は収支の公表を避ける傾向が強いのである.よってプロ球団の場合,クラブ事業というよりは,企業スポーツ的な性格が強く前面に押し出されていると言えよう.

3. クラブ事業のマネジメント

1)人材の活用について

従来の任意団体を中心としたクラブ事業では,経営と呼ぶほどの専門的知識も

経営技術も必要とされなかったが，今後，NPO の法人格を取得する場合や，総合型地域スポーツクラブのように何百人という会員を擁するクラブになると，組織のあり方から収益の確保まで，かなり骨太なマネジメントが必要とされるようになる．たとえば今後，クラブ事業を展開する非営利組織の多くは，人材不足と専従者不在という問題を抱えることが予想される．そして活動ではボランティアが中心となるため，事業方針や検討を行なう専門家が必要となる．このような時は，ある種の委員会を設け，外部メンバーによって事業の方針や検討を行なうか，マネジメント能力の秀でたボランティアを有給スタッフとして雇用することが望ましい．

2）事業競争力について

クラブ事業の基本は，クラブの使命や目的に賛同する会員の囲い込みと仲間づくりにあり，一定数会員の維持，増加が大きなマネジメント課題とされる．そのためクラブ側は，会員に対して満足（あるいは感動）を与え，会費を支払い続けるに足るメリットを提供しなければならない．

たとえ非営利事業であっても，優れたサービスや製品が提供できなければその事業は競争力を失い淘汰されてしまう．サービスが競争力をもつには，フィリップ・コトラーが指摘した「フォーマル・プロダクト」（正式な商品）だけでなく，競争力の源泉となる「コア・プロダクト」（中核製品）に力を注ぐべきであろう．たとえば非営利クラブ事業の場合，フォーマル・プロダクトはミニバスケットボールやママさんバレーといったスポーツ種目であるが，コア・プロダクトには，全国大会を目指す厳しい練習や，親も参加する遠征旅行やBBQといった「楽しい集い」や「社交」，「仲間づくり」といった核となる便益（ベネフィット）が必要であろう．

結局，「Aクラブは他のクラブと違って楽しいイベントが多い」，「Bクラブはすごくいい指導者いて技術の上達が早い」，「Cクラブは全国大会によく出ている」といった，消費者がクラブに何を求めているのかという中核ベネフィットをセールスすることが重要となる．コトラーは，女性が口紅を買うのは，色や形といった化学的・物理的属性（正式商品）を買うのではなく，「希望」という中核ベネフィットを買うのであると指摘したが，クラブ事業も同様に，クラブの活動から派生する中核ベネフィットをセールスしなければならない．

3）サービスについて

　嶋口は，サービスの属性を，基本性能や耐久性，そして安全性といった，最低限充実させておくべき「本質サービス」と，雰囲気や挨拶，親切や信頼といった顧客の満足度を高めていく「表層サービス」に分けることを指摘した．これは，達成されることが当然であるとする「不満足要因」と，それらが満たされた時に出現する満足の中立地帯，そしてその上に出現する「満足要因」の考えかたと共通する（原田，1997）．

　たとえば会員制フィットネスクラブの場合，スタジオやマシン・エクササイズといった施設の清潔さや美しさ，室温や湿度，そして照明といった物理的，環境的なサービスは，「充実されるべき最低限のサービス」であり，これらが満たされることによって顧客の不満足はゼロになる．しかしながら，本質サービスの満足には限界があり，多くの資源を注ぎ込んでも，顧客の満足を無限大に上昇することはできない．顧客の満足はある一定のレベルで平衡状態になり，それ以上の投資効果は無駄になる可能性が高い．顧客が本当に満足を感じるのは，本質サービスの充足の上に展開される表層サービスであり，顧客が得る満足の量は表層サービスの充実度とともに急上昇するのである．

　クラブ事業においても，会員同士のにこやかなあいさつや許容的な雰囲気，優れた指導者やプログラム，クラブのロゴやイメージ，そしてスタッフの親切さや気軽さといった表層サービスが，全体的なサービス満足度の向上を高める．特に華美な施設をもたない非営利クラブ事業の場合，満足度の向上に一定の限界のある本質サービスよりも，人間が介在する表層サービスの向上が効果的であることを認識すべきであろう．

4）マーケティングについて

　クラブ組織はまた，使命の達成と事業の拡大を念頭に置いた攻めの経営を行なうマーケティング組織であらねばならない．武藤（2002）は，NPOがマーケティングを行なう対象として，「サービス対象としての顧客」「スポンサー」，そして一緒に活動する「仲間」の3つを挙げている．クラブ事業の場合，「顧客」はお金を払ってサービスを購入してくれる会員であり，「スポンサー」は事業理念に共感し活動を支援してくれる資金提供者である．そして3つ目の「仲間」とは，ともにNPO事業に取り組むボランティアや専従のスタッフといった仲間の

ことであり，クラブ事業の成否にかかわる重要な人々である．顧客，スポンサー，仲間は，いわばクラブのステークホルダー（利害関係者）であり，非営利事業の使命達成という共通のベクトルをもっていなければならない．

総合型地域スポーツクラブの場合，顧客（すなわち会員）に対してクラブは，支払った会費に見合うサービスを提供し，会員であり続けたいと思わせるだけの魅力を維持しなければならない．またクラブの行なうスポーツ教室等の事業を告知する場合，インターネットを存分に活用することができる．インターネットはコストが安く，時間的ロスもなく，直接利用者と対話することができるという具合に，非営利のクラブ事業には適したメディア媒体である．

5) クラブ事業の収支について

表5-3に示したのは，黒字化したJリーグクラブを想定した仮想の決算報告書である．四捨五入されている数字は架空のものであるが，項目別の金額は，あるクラブの過去の決算報告を参考にしたもので，現実の金額に近い数字が示されている．

まずクラブの年間の収入であるが，入場料，広告料，販売，Jリーグ配分金等を合わせて18億7,000万である．これに対して，使ったお金としての営業費用は，トップチームの人件費や遠征費を始め，ユースチーム費，興行費，一般管理費を含めて19億4,000万となり，営業利益（損失）は差し引き7,000万の赤字となった．しかしながら，募金や後援会費，そして補助金や寄付金といった営業外損益が2億6,000万円の黒字となり，その結果1億9,000万円（2億6,000万－7,000万円）の経常利益を得ることができた．そこから特別利益（損益）や法人税をマイナスして，最終的に1億5,900万円の当期利益が確保されたのである．

ただしこのクラブには，これまでに累積した9億円の損失があり，これを累積損失の補填に使い，その額を7億4,100百万円にまで圧縮したことがわかる．Jクラブにおいては，単年度の黒字化を達成するクラブが増えてきているが，クラブ立ち上げ当時の借金を解消できないまま，多額の負債を抱えているクラブも多い．当面は，単年度黒字を継続しながらクラブの累積損失をゼロに近づけ，無借金の安定経営に転換することがクラブ事業の課題とされている．

そのためには，Jクラブの事業においては，上位の成績が残せるクラブを育て，ロイヤリティの高いファンを確保することによって，一定の入場料と広告料収入

表5-3 Jクラブ事業における決算報告書例

	勘定科目名	決算(単位:千円)	内容
営業収入	入場料収入	710,000	チケット販売
	広告料収入	520,000	スポンサー収入,ロイヤリティ収入,その他広告収入
	販売収入	270,000	クラブグッズ,競技場での販売手数料,その他商品
	Jリーグ配分金収入	230,000	公式試合出場料,商品化権料,放映権収入
	その他収入	140,000	出演料収入,ファンクラブ会費,ユースチーム会費,その他
	収入合計	1,870,000	
営業費用	トップチーム費	1,020,000	人件費,合宿費,遠征費,練習費,用具費,備品費,医療費,その他
	ユースチーム費	120,000	人件費,合宿費,遠征費,練習費,育成普及費,その他
	興行費	540,000	試合運営費,その他興行費
	一般管理費	260,000	人件費,宣伝・広報・景品費,業務委託・手数料,諸会費,その他
	費用合計	1,940,000	
	営業利益(損失)	-70,000	
営業外損益	雑収入等	280,000	募金,後援会,補助金,寄付金,その他
	雑費用等	20,000	支払利息,その他雑損益
	営業外損益合計	260,000	
	経常利益(損失)	190,000	(営業利益+営業外損益合計)
	特別利益(損失)	-30,000	契約金等償却損(その期だけ臨時に発生した利益・損失を意味する)
	税引き前当期利益(損失)	160,000	(経常利益+特別利益)
	法人税等	1,000	
	当期利益(損失)	159,000	(税引き前当期利益-法人税等)
	前期繰越損失	-900,000	
	当期未処理損失	-741,000	(前期繰越損失-当期利益)

を得ることを経営の根幹に置かなければならない.また同時にJリーグは,リーグの資産価値を高めることによって多額の放送権料を獲得し,それを各クラブの配分金に反映させるという重要な仕事を担っている.Jリーグが行なう先端的なクラブ事業の方法は,今後,不振を極める企業スポーツから脱出を図り,NPOや株式会社としてのクラブ事業の展開をはかる,他の競技スポーツの範となるものである.

[原田 宗彦]

参考文献

原田宗彦（1997）：レジャー・スポーツサービス論．健帛社．
原田宗彦（2000）：地域スポーツ振興における新しい民間セクターの役割．体育の科学，50：194-198．
小林至＆別冊宝島編集部編著（2002）：プロ野球ビジネスのしくみ．宝島社新書．
武藤泰明（2002）：NPOの一歩進んだ経営．中央経済社．
嶋口充輝（1994）：顧客満足型マーケティングの構図．有斐閣．

20章
スポーツ・スポンサーシップ

1. スポーツ・スポンサーシップとは

　今日，テレビ，競技場，ポスター等スポーツに関するいろいろな場面において，企業名や商品・サービス名を目にする．また，スポーツイベント会場には数多くの企業名や商品・サービス名の看板が並び，選手のユニフォームにもそれらをみることができる．これは競技会場に訪れる観客だけでなく，それ以上にテレビ中継をみている多くの視聴者の目に留まるように工夫されている．これらの企業は「スポンサー」と呼ばれ，企業が企業目的やマーケティング目的の達成を全般的にサポートするために，スポーツ組織やスポーツイベントに投資する活動を「スポーツ・スポンサーシップ」という．

　スポーツ・スポンサーシップとは，スポーツイベントやクラブ，チームを経営するスポーツ組織と，それらに資金や資源を投資または支援する企業との相互交換（mutual exchange）関係といえる（Copeland et al, 1996 ; McCarville and Copeland, 1994）．つまり，両者の関係はともに同等の価値を交換する交換理論で説明でき，スポーツイベントを通してスポーツ組織とスポンサーがお互いにメリットを供給・享受できる関係を意味する（Stolar, 2001）．

　これは，オリンピックやプロスポーツ等のビッグ・スポーツイベントの考え方と捉えられる傾向があるが，生涯スポーツ関連事業も決して例外ではない．スポーツ組織は，運営資金，製品・サービス提供，メディアサポート等を求め，スポンサーとなる企業は，企業や商品・サービスの認知度やイメージの向上，イベント会場での直接販売の機会，関係者をもてなすためのホスピタリティ機会の確保等を期待している．生涯スポーツ関連事業においても，スポンサー企業に対してスポンサー料に相当する「見返り（スポンサーメリット）」を提供していこう

とする姿勢と努力が不可欠である．スポンサー企業と長期的なパートナーシップを構築・維持し，安定したイベント事業費を確保するための手法は，プロスポーツやビッグ・スポーツイベントと生涯スポーツ関連事業との間で違いはない．

2. スポーツ・スポンサーシップの発展と動向

　スポーツイベントへ投資することへのビジネス価値を最初に見出したのは，交通産業であった（Brooks, 1990）．1885年，ニューイングランド鉄道はハーバード大学とイェール大学の試合の移動とそのプロモーションを支援することによって，ファンに対して数千枚の鉄道チケットの販売に成功して利益を得た．また，1890年代後半には，アメリカの多くの都市において路面電車や鉄道会社がプロ野球チームファンのスタジアムまでの移動に注目し，サービス網の拡大と充実を図って収益を伸ばした（Howard and Crompton, 1995）．しかし，当時は現在ほどメディアが発展していなかったこともあって，スポーツ組織がロゴ，キャッチフレーズ，看板等，主催スポーツイベントの価値を見出し，それらを利用する権利を「販売」する形ではなかった．

　現在のスポーツ・スポンサーシップの形成に大きなインパクトを与えたのは，1984年のロサンゼルス・オリンピックである．元来，オリンピックの運営は開催国の公的資金を用いて準備・運営されてきた．しかし，この大会において公的資金の援助が得られなかったため民間企業の活力が導入されたのである．当時の組織委員長であるピーター・ユベロスは，オリンピックのもつパブリシティに注目し，テレビ放映や五輪マークの使用等の権利を独占的に認めることによって企業から資金援助を得る「権利ビジネス」を完成させ，財源確保を可能にした．この大会を契機に，このシステムはスポーツ界に積極的に導入されるとともに，企業のスポーツイベントへの投資が盛んに行なわれるようになった．

　現在，オリンピックやワールドカップサッカー，Jリーグ，メジャーリーグ，NBA等をはじめとする国内外のプロスポーツから，カレッジスポーツ等のアマチュアレベルのスポーツまでスポンサーとなる企業は多い．たとえば，2001年J1リーグ所属クラブ平均収入の50％以上がスポンサーを中心とする広告収入である（Jリーグ，2002）．また，アメリカ国内のプロスポーツリーグのスポンサーシップ収入は1995年以降4倍に増加し，特にNFLでは1995年から1998年の間

に10倍にも成長している（Stotlar, 2001）．さらに，アメリカオリンピック委員会の1992年から1994年の資金の40％は，スポンサーシップと権利販売による収益で，アメリカのNCAAで上位に位置する大学のうち，90％がスポンサーシップによる有益を得ている（Irwin, 1993）．現在では，企業がスポンサーとして投資するイベントの68％がスポーツイベントとなっている（Stotlar, 2001）．スポンサーシップの収益は，運営費，施設管理費，プロ選手年俸等諸経費の高騰に伴ってより重視されてきており，今後もスポーツ組織に貴重な財源確保の手段として発展していくと思われる．

3. スポーツ・スポンサーシップの効果

　スポーツ組織に投資する企業は，スポンサーとなることによって，「気づき・認知度の向上」，「イメージの改善と向上」，「試験販売や直接販売の機会確保」「ホスピタリティ機会の確保」等のベネフィット（見返り）を期待している（Howard, 1996）．スポンサーは，スポーツイベントから得られるこれらのベネフィットを利用してビジネスを展開できるが，その究極の目的は，商品・サービスの販売促進を通じての経済的利益の確保にある．企業や商品・サービスのイメージがどんなに向上しても，ターゲットとなる消費者がそれらを購入しなければ企業の利益には結びつかない．それでは，スポンサーがスポンサーシップから得られるこれらの便益は，具体的にどのように消費者購買行動に影響を与えるのであろうか．

　図5－1は，消費者の商品・サービス採用プロセスと企業が期待する4つの便益との関係を示している．企業名や商品・サービス名の認知度向上を目指すスポンサーは，それらの名前を知らない消費者を購買行動の最初のステップである「気づき・認知度」のレベルに導くことができる．また，イメージ改善と向上を目指すスポンサーは，消費者の関心を高め，さらにすでに購入している消費者によいイメージを再認識させることによって，消費者との結びつきをより強めることができる．試験販売や直接販売の機会確保を目的とするスポンサーは，イベント会場での商品・サービスの販売や無料提供によって消費者の購買欲求を刺激し，意思決定と定期購入に影響を及ぼすことができる．さらに，ホスピタリティ機会の確保を通して，社員や関係会社，顧客との関係を深めることができる．企業は，スポンサーとなり消費者の商品・サービス採用プロセスに刺激を与えるこ

図5-1 スポンサーシップのベネフィットと消費者の商品・サービスの採用プロセスの関係

消費者の商品・サービス採用プロセス

- 気づき・認知（詳しい情報ではなく、存在のみを知る）
- 関心（イメージの評価と購入による便益を探る）
- 購買欲求・意図（情報や試し購入によって購入するかどうかを検討する）
- 意思決定（購入することを決める）
- 定期購入（愛着が生まれ繰り返し購入する）

スポンサーシップのベネフィット

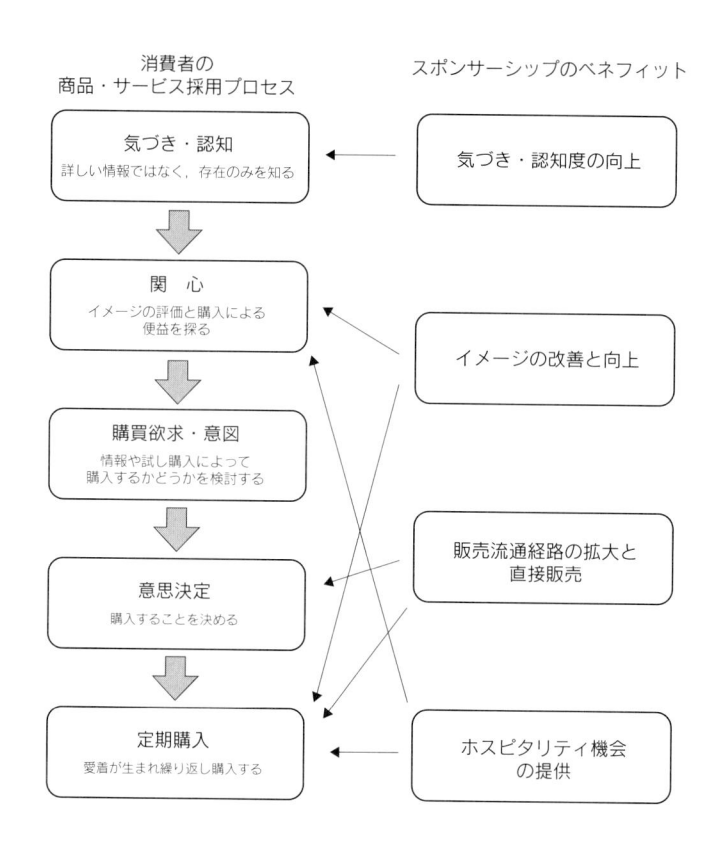

- 気づき・認知度の向上
- イメージの改善と向上
- 販売流通経路の拡大と直接販売
- ホスピタリティ機会の提供

（Howard DR and Crompton JL (1995): Financing Sport. Fitness Information Technology, Inc: p244より引用改変）

とによって，商品・サービス購入を誘発することができるのである．

また，最近では，スポーツ・スポンサーシップ効果の新しい視点として，企業や商品・サービスのブランド資産（brand equity）構築に対する効果が注目されている．ブランド資産とは，「ブランド，その名前やシンボルと結びついたブランドの資産と負債の集合」であり，ブランド認知，知覚品質，ブランド・ロイヤリティ，ブランド連想等で構成される（アーカー，1994）．スポーツ・スポンサーシップがスポンサーのブランド資産構築に及ぼす影響については，実証的研究への取り組みがはじまっている．たとえば，Shilbury and Berriman (1996)は，ファンのスポンサー名の想起と認知をシーズン前後で比較し，スポンサーによって差があるものの全体的に効果が高まることを示した．また，Cornwellら

(2000) は，長期的なスポンサードがスポンサー・ブランド想起や認知に効果を及ぼすことを示すとともに，スタジアム内の広告が「多数かつ乱雑に配置された状態（clutter）」は想起や認知にネガティブな影響を与えることを指摘した．さらに，McDaniel and Kinney (1999) は，オリンピック・スポンサーが他の同業種企業と比べてブランド認知水準が高く，よいブランドイメージがもたれていることを示した．そして，藤本（2001）は，プロスポーツのオフィシャル・スポンサーは同業種の競合企業と比べて，ファンのブランド認知水準が高いことを指摘している．

スポーツ・スポンサーシップは，単なる広報活動ではなく「商品・サービス（product）」，「価格（price）」，「場所（place）」そして「プロモーション（promotion）」等のマーケティング・ミックスを駆使した統合戦略である（Cornwell, 1995）．したがって，企業が得られるベネフィットは，企業名や商品・サービス名の露出（exposure）という可視的ベネフィット（tangible benefit）だけでなく，認知度やイメージの向上，そしてブランド資産の構築という不可視的ベネフィット（intangible benefit）のウェイトが大きいこともスポーツ・スポンサーシップの特徴である．企業や商品・サービスのブランド価値が消費者の購買行動に大きな影響を与えるため，ブランド資産の構築は，企業が最も注目する経営戦略のひとつとなっている．スポーツ・スポンサーシップがスポンサー企業または商品・サービスのブランド資産構築に与える影響の解明へのより一層の取り組みが望まれる．

4．スポンサー獲得の考え方

すでに述べたように，スポーツ・スポンサーシップは単なる広報活動ではなく，統合的なマーケティング戦略である．したがって，スポンサーの獲得は，一連のスポンサーシップ・マネジメント・プロセスによって行なうことが望ましい（図5-2）．

このプロセスで重視すべき点は，まず，獲得しようとするターゲット企業の選定・分析・決定である．スポンサーシップ契約を通してパートナーを組むのに適した企業は，その企業が自社製品やサービスを販売しようとするマーケットと，スポーツイベント来場者やスポーツファンのマーケットが一致している企業であ

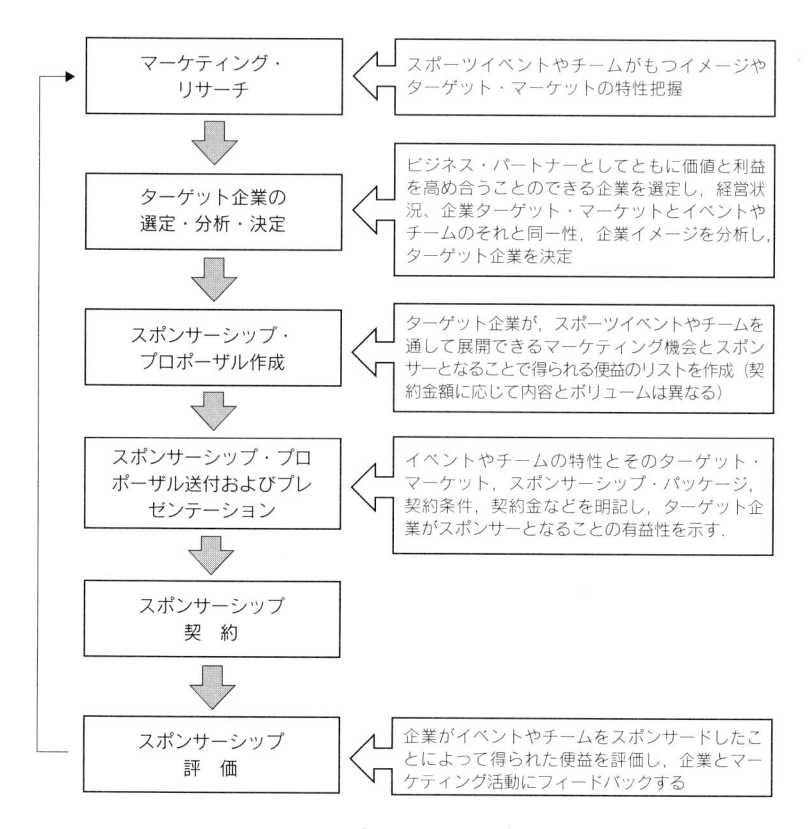

```
マーケティング・リサーチ  ← スポーツイベントやチームがもつイメージやターゲット・マーケットの特性把握
        ↓
ターゲット企業の選定・分析・決定  ← ビジネス・パートナーとしてともに価値と利益を高め合うことのできる企業を選定し，経営状況，企業ターゲット・マーケットとイベントやチームのそれと同一性，企業イメージを分析し，ターゲット企業を決定
        ↓
スポンサーシップ・プロポーザル作成  ← ターゲット企業が，スポーツイベントやチームを通して展開できるマーケティング機会とスポンサーとなることで得られる便益のリストを作成（契約金額に応じて内容とボリュームは異なる）
        ↓
スポンサーシップ・プロポーザル送付およびプレゼンテーション  ← イベントやチームの特性とそのターゲット・マーケット，スポンサーシップ・パッケージ，契約条件，契約金などを明記し，ターゲット企業がスポンサーとなることの有益性を示す．
        ↓
スポンサーシップ契約
        ↓
スポンサーシップ評価  ← 企業がイベントやチームをスポンサードしたことによって得られた便益を評価し，企業とマーケティング活動にフィードバックする
```

図5-2　スポンサー獲得のプロセス

る．たとえば，大阪体育大学スポーツ経営学研究室の調査（1999）によると，グリーンスタジアム神戸でのプロ野球観戦者のなかで，アルコール飲料を飲む人の78％はビールを好んで飲む．また，Ｊリーグ観戦者の66％がインターネットを利用している（Ｊリーグ，2001）．これは，ビール会社やインターネット関連会社にとっては，「狙ったマーケットがそのスタジアムに集まっている」ことを意味し，スポーツ組織はこの2つの業種の企業がパートナーとしてより適していると判断できる．

また，スポーツ組織やスポーツイベントがもつイメージと，企業が追求するイメージの一致も重要である．図5-3は，カー・レーシングチームのスポンサーである運送企業FedExが訴求したいイメージと，カー・レーシングそのものがもつイメージの一致を示している．FedExは，カー・レーシングのもつイメー

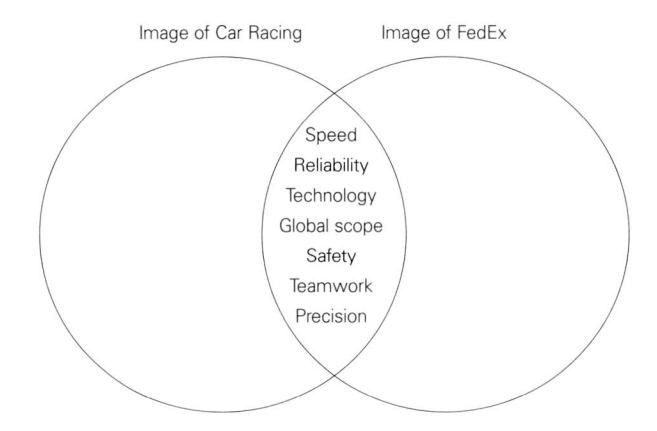

```
        Image of Car Racing      Image of FedEx

                      Speed
                      Reliability
                      Technology
                      Global scope
                      Safety
                      Teamwork
                      Precision
```

図5−3 **FedEx**が追求するイメージとカー・レーシングがもつイメージの一致
(Sport Business Journal, May3-9, p15, 1999の記事より作成)

ジを借りることによって訴求したいブランド・イメージを消費者に印象づけることができる．スポーツ組織は，そのスポーツや組織自身のイメージを把握することのよって，パートナーにより適した業種や企業を絞ることができるのである．その他，企業のマーケットシェアや競合企業の存在，スポーツ・スポンサーシップ契約の経験，近年の経営戦略の動向等，その他の潜在的ターゲット企業に関する情報を集めることによって，パートナーとしてもっともふさわしい企業，すなわち，スポーツ組織が最も大きなベネフィットを提供できる企業の選択をすべきである．

　次に，このプロセスで重視すべき点は，スポンサーシップ・パッケージの作成である．スポンサーシップ・パッケージには，企業がスポンサーとなることによって得られるベネフィットやマーケティング機会のすべてが含まれる．たとえば，テレビ中継の有無と頻度，会場内看板の数と大きさ，プログラム冊子への広告，予想退場者数，無料チケット数，駐車場チケット数等である．これらは，スポンサーがマーケティング・ミックスを最大限に活かしたマーケティング戦略と展開できるように考える必要がある．

　また，スポンサーシップ・パッケージは，獲得を試みる企業の特性に応じて独自に開発すべきである．企業が関心を示すスポンサーシップ・ベネフィットやマーケティング機会は，企業の業種，取扱商品・サービス，ターゲット・マーケッ

トによって異なる．たとえば，飲料メーカーであれば施設や会場内での独占販売に関心を示し，新規サービスを開発した企業であればそのサービス名の露出の程度を重視するかもしれない．

　以上，スポンサー獲得のプロセスのなかで特に重要と思われる2点を示した．このプロセスからわかるように，スポンサーは積極的に獲得するものであり，その手法はパートナーとしてふさわしい業種や企業にねらいを絞ったターゲット・マーケティングである．狙いを定め，企業が求めるベネフィットを把握し，その企業のためのパッケージを開発し，スポンサーシップ・パッケージ（企画書）を用いて，投資額に対して十分な見返りが期待できることを説明する，という一連のプロセスが重要である．

　現代においては，「企業の義務としての地域・社会貢献」という大義名分の基に，企業からスポーツ組織やスポーツイベントへの支援を期待するのは難しい．企業は，投資する価値があるものに投資し，見返りを求める．つまり，スポーツ組織やスポーツイベントに価値がなければスポンサーを獲得することは難しいのである．ここで示したスポンサー獲得の考え方は，スポーツ組織やスポーツイベントがもつ価値の把握・確認と価値創造の考え方であり，スポンサーとしてふさわしい企業にその価値を理解してもらい，ともに価値を供給・享受できる関係を構築する手法である．

5. 生涯スポーツにおけるスポーツ・スポンサーシップ

　一般に，生涯スポーツ関連事業は地域レベルが中心で事業規模も小さいものが多い．このような地域レベルのスポーツ・スポンサーシップは，グラスルーツ・スポーツ・スポンサーシップ（Grassroots Sport Sponsorship），あるいはコミュニティベースド・スポーツ・スポンサーシップ（Community-Based Sport Sponsorship）と呼ばれる．

　わが国では，地域レベルでテレビ中継もない小さなイベントにはスポンサーが付かない，小さなスポーツ組織やスポーツイベントには企業は関心を示さない，という認識が強い．しかし，海外では企業が地域スポーツ組織へのスポンサーシップ投資を増やす傾向にあり，一方，地域スポーツ組織はその投資の見返りを提供する力をつけてきている（Greenwald and Fernandes-Balboa, 1998）．さらに，

企業の関心は，大きな集客力をもつ伝統的なスポーツイベントだけではなく，参加者や観戦者数は少なくても確実にメッセージを伝え，消費者との関係づくりに有効なその他のスポーツへの関心も高まっている（Sport Business Journal, 2000）．地域レベルのスポーツ組織やスポーツイベントのスポンサーとなる企業は，その地域において消費者と直に接することの方が全国レベルのスポンサーとなるよりも効果が高いことに気づいているのである（Stotlar, 2001）．

スポーツ・スポンサーシップやスポンサー獲得の考え方は，国際レベル，全国レベル，そしてグラスルーツ・レベルにかかわらず同様である．地域スポーツ組織とスポンサーは，両者の関係はともに同等の価値を交換し，お互いにメリットを供給・享受できる相互交換（mutual exchange）関係にある．また，スポンサー獲得においては，「寄付をお願いそして期待する」のではなく，自らの価値を把握，確認，そして創造し，その価値に見合った企業からの投資（資金や商品・サービス等）と積極的に交換していく，という姿勢が重要である．

これまで地域レベルのスポーツ組織やスポーツイベントへの企業の関与は，企業メセナ，あるいはフィランソロピーのような寄付行為的意味合いもので，スポーツ組織もそのような「寄付金」を期待する傾向があった．しかし，企業に対して，企業の義務や地域・社会貢献の一貫として，スポーツ組織をスポンサードしてもらうことを期待するのは難しい．地域スポーツ組織においても，スポーツ・マーケティングの手法を導入し，戦略的にスポンサーを獲得するとともに，パートナーとしての関係を構築していく努力が望まれる．

［藤本　淳也］

参考文献

アーカー DA（陶山計介ら訳）（1994）：ブランド・エクイティ戦略－競争をつくりだす名前，シンボル，スローガン－．ダイヤモンド社．
Brooks C (1990)：Sponsorship：Strictly Business. Athletic Business, December：59-62.
Copeland R, Frisby W and McCarville R (1996)：Understanding the Sport Sponsorship from a corporate perspective. Journal of Sport Management, 10 (1)：32-48.
Cornwell TB (1995)：Sponsorship-Linked Marketing Development. 4 (4)：13-24.
Cornwell TB, Relyea GE, Irwin RL and Maignan I (2000)：Understanding Long-Term Effects of Sports Sponsorship：Role of Experience, Involvement, Enthusiasm and Clutter. International Journal of Sports Marketing and Sponsorship, 2：127-143.

藤本淳也（1999）：スポーツ・スポンサーシップとは何か．原田宗彦編著，改訂スポーツ産業論入門，杏林書院：pp97-111.
藤本淳也（2000）：企業とスポーツの関わり―スポーツ・スポンサーシップの理論―．喜多野乃武次編，日本広報学会1999年度「企業スポーツ広報」研究会中間報告書，pp1-11.
藤本淳也（2001）：スポーツ・スポンサーシップ効果に関する研究―スポンサーのブランド認知に影響を及ぼす要因について―．スポーツ産業学会第10回学会大会号，pp56-59.
藤本淳也（2002）：生涯スポーツイベントとスポンサーシップ．川西正志・野川春夫編，生涯スポーツ実践論，市村出版，pp45-55.
Greenwald L and Fernandes-Balboa JM (1998) : Tends in the Sport Marketing Industry and in the Demographics of the United States : Their Effect on the Strategic Role of Grassroots Sport Sponsorship in Corporate America. Sport Marketing Quarterly, 7 (4) : 35-48.
Howard DR and Crompton JL (1995) : Financing Sport. Fitness Information Technology, Inc.
Irwin RL (1993) : In search of sponsors. Athletic management, May : 11-16.
Jリーグ公式ウェブサイト：http://www.j-league.or.jp
Jリーグ（2001）：Jリーグ観戦者調査リポート．
McCarville R and Copeland B (1994) : Understanding Sport Sponsorship through Exchange Theory. Journal of Sport Management, 8 : 102-114.
McDaniel SR and Kenney L (1999) : Audience Characteristics and Event Sponsorship Response: The Potential Influence of Demographics, Personal Interests and Value on Brand Awareness and Band Image. International Journal of Sports Marketing and Sponsorship, 1 : 125-145.
大阪体育大学スポーツ経営学研究室（1999）：1999年オリックスブルーウェーブ観戦者調査．
Shilbury D and Berriman M (1996) : Sponsorship Awareness : A Study of St. Kilda Football Club Supporters. Sport Marketing Quarterly, 5 (1) : 27-33.
Sport Business Journal (2000) : May, 22-28.
Stotlar D (2001) : Sport Management Library. Developing Successful Sport Sponsorship Plans. Fitness Information Technology, Inc.

21章
フィットネス産業動向

はじめに

　米国におけるフィットネス産業は，1970年代初頭までおもに男性中心のボディービルジムやテニス，そしてラケットボールを主体とした施設が主だった市場を形成していた．しかし，この時期フィットネス産業を台頭させる3つの技術開発が進行していた．ひとつはフリーウエイトでないウエイトトレーニング機器開発，2つ目はコンピューター制御による固定式自転車の開発，そして3つ目はジャッキー・ソレンソン等よる音楽に合して楽しく踊るエクササイズの考案である．こうした技術開発はその後ジェーン・フォンダによって1970年代後半のエアロビクスブームがおこり，1980年代，スタジオとジムを中心とした会費制のフィットネスクラブが主流となり今日の成長の基盤となった．これには1964年ケネス・クーパー博士が「エアロビクス理論」を発表し，その後医学界から運動に対する継続的な啓蒙活動が大きな後ろ盾になったことはいうまでもない．市場として女性顧客の取り込みに成功したことが米国フィットネス産業を大きく飛躍させた大きな理由である．それまでの男性中心の顧客だけではこの産業の拡大は実現しなかったといえよう．

　こうした米国でのフィットネス産業の発展の影響を受け，現在，世界のフィットネスクラブ会員数は約5,700万人といわれ，その6割弱が米国とカナダの約3,300万人，ヨーロッパでは約1,200万人，アジア・オセアニアでは約600万人，ラテンアメリカでは約400万人，そして，アフリカでは約200万人である（**表5－4**）．本章は，市場規模が1兆円を超えた米国フィットネス産業を中心に日本のフィットネス産業動向も含め世界のフィットネス産業の動向について示す．

表5-4 世界のクラブ会員数推定
(HSBC Health & Fitness Conference 2001)

地域名	会員数
北アメリカ	3,300万人
ヨーロッパ	1,200万人
アジア・オセアニア	600万人
ラテンアメリカ	400万人
アフリカ	200万人
合計	5,700万人

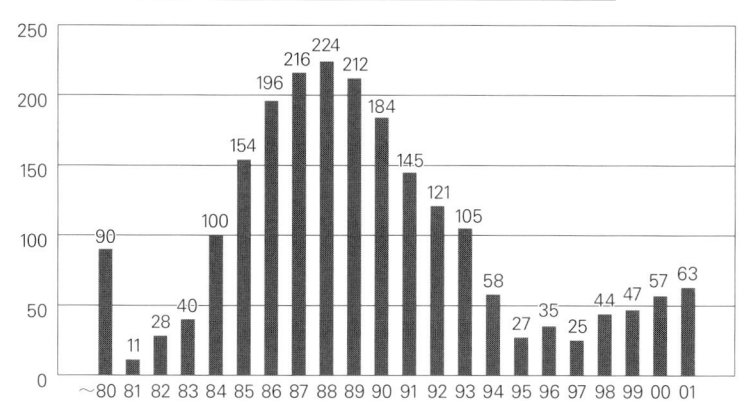

図5-4 日本の民間クラブ新規出店数推移
(1997年までは体力健康新聞,1998年以降はクラブマネージメント社)

1. 日本のフィットネスクラブ市場

図5-4は日本の民間フィットネスクラブの新規出店数推移である.バブル経済期にあたる1987年から1989年には年間200店舗を越えたが,1997年に100店舗を下まわり,1997年には25店舗まで落込んだ.その後わずかに増加し2001年の新規出店数は63クラブに増えたが,この中から継承物件を差引くと実際の新店は55店舗である.フィットネスクラブ関連会社のなかで売上高が100億円を超える企業は6社ある.このうち5社は東京オリンピック後のスイミングブーム,それに続く1970年代のジョギング,テニスブームにあわせ1979年までに設立された会社である.その後,1983年に都度利用料金がなく,月会費を払えば何回でも利用できる会員制フィットネスクラブがはじめて東京青山でオープンし,そ

の後のバブル期の年間200店舗を超える出店ラッシュにつながった．売上高の最近8年間の伸びは図5-5に示すようにコナミスポーツ（旧名ピープル）が他を圧倒しており，その売上の業界シェアでは20％を超え，2位のセントラルスポーツが10％，以下は5％に満たない．こうしたなか，コナミスポーツは1996年に店頭公開，東証2部上場を経て1999年東証1部上場を果たしている．また，セントラルスポーツは2000年11月に店頭公開を果たした．

　図5-6はクラブ会員の年齢構成比の推移を示したものである．1992年と1998年を比べると19歳以上30歳未満は6.4％減少しているが，一方では，50歳以上の会員が7.3％伸び，30歳以上50未満はわずかではあるが1.9％伸びている．こうした中高年齢層の増加の背景には健康意識の向上，個人の生活リスクの増大，自己投資型活動の増加等がある．業界ではこのような社会の変化に応じて，営業時間の延長，夜9時以降に利用できるナイト会員，スイミングプールで水泳だけでなく各種のプログラムがいつでも受けられるアクアクラブ等，ライフスタイルの多様化にあわせた時間帯別商品導入，それに伴う多種にわたるプログラムを提供し，集客に成功した．また，多種の風呂がある温浴施設付きフィットネスクラブも開発，温浴需要に応えている．

　しかしながら，最近では集客そして収益が伸び悩むクラブもあり，利用できる時間や施設を制限する一方で会費を割安にした「限定会員」の募集を中止したり，種類を絞り込んだりする動きが出てきている．フィットネスクラブ正会員獲得を軸足に価格競争が沈静化に向かっている（日経産業新聞，2000）．

　市場規模そのものはこの数年間それほど増加しなかった一方で，業界の再編が進んでいる．たとえば，ダイエーがオリンピックスポーツの22店舗を継承（1997年），ディックルネッサンスとトリムが合併（2000年12月），ティップネスとレヴァンの合併（2001年4月）等である．2001年2月，コナミ㈱は日本の公開買付市場最大の683億円で業界最大手の㈱ピープルを買収し，また，2001年3月日本リロケーション社長の個人ファンドであるササダ・ファンドがNASを買収した．さらに，2002年2月にはコナミスポーツがダイエー・オリンピックスポーツの63施設を買収し，日本市場におけるシェアをさらに上げ，わが国ではじめて施設数200を超える運営会社が出現した．また，再編ではないが，民間投資会社のフィットネス産業への本格的な融資として，2001年1月，東京海上キャピタルがフィットネスベンチャーのフィットネスフレックスに4年間で140億

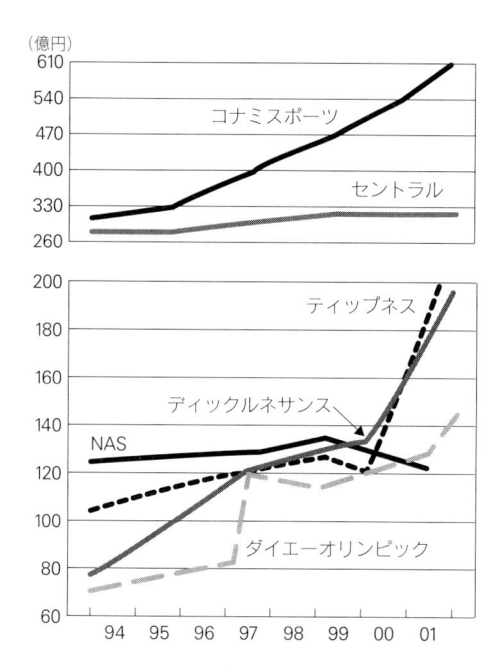

図5−5　日本の大手フィットネス企業売上高推移
（各社公表数字）

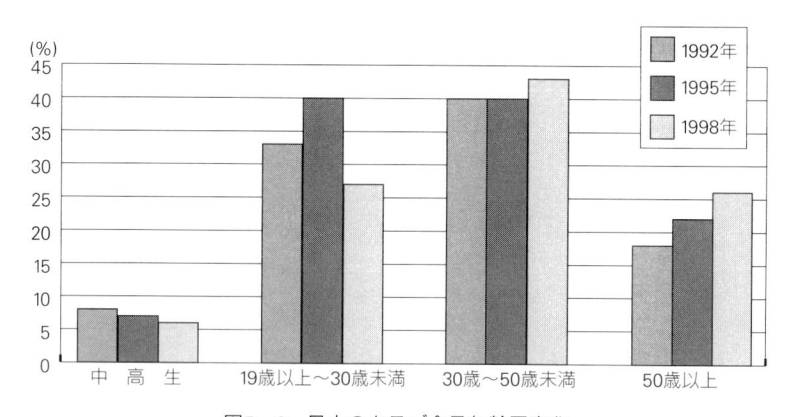

図5−6　日本のクラブ会員年齢層変化

表5-5 米国のクラブ会員数推移（1988年，2000年）

年齢層	1988年		2000年				
	会員（万人）	構成比	会員（万人）	対1998比	構成比	構成比差	年成長率
18歳以下	145	8%	425	294%	14%	6%	9.3%
18～34歳	910	53%	933	103%	30%	－22%	0.2%
35～49歳	527	30%	1,170	222%	38%	8%	6.8%
50歳以上	152	9%	532	351%	17%	9%	11.0%
合計	1,732	100%	3,060	177%	100%	－	4.8%

(McCarthy J (2000): IHRSA/Life Fitness FYI - NOV. 4-5, 2000)

円を供給，M&A等を支援すると発表した．

2. 米国フィットネスクラブ市場

　アルバイトを含めた雇用者数は70万人を抱える米国のフィットネス業界は（IHRSA，2001a），売上規模が2000年12月で約1兆3,340億円，会員数は2002年1月現在3,380万人となった（IHRSA，2002）．これは1988年の会員数1,732万人から14年間で1.95倍に伸びた計算になる．世代別でみると（**表5-5**），18歳から34歳を除く世代で大きな伸びを示し，18歳以下で2.9倍，35歳から49歳で2.2倍，50歳以上で3.5倍となっている．一方，18歳から34歳の構成比は53%から30%に落ちたことになる．また，年平均成長率は全体で4.8%，18歳以下で9.3%，35歳から49歳で6.8%，50歳以上で11.0%であった．米国の場合，ジェネレーションYと呼ばれる1977年から1995年生まれの人口は7,400万人で，ベビーブーマー次世代（通称ジェネレーションX）よりも75%も多く，この世代もフィットネス業界の今後10年のさらなる成長の機会を与えてくれるといわれている．

　クラブ数の伸びを示したのが**図5-7**である．クラブ数は1年間で1,611増加し，2000年7月からの半年間では1,073クラブ増え，1987年に集計をはじめて以来過去最高となった（McCarthy，2001a）．

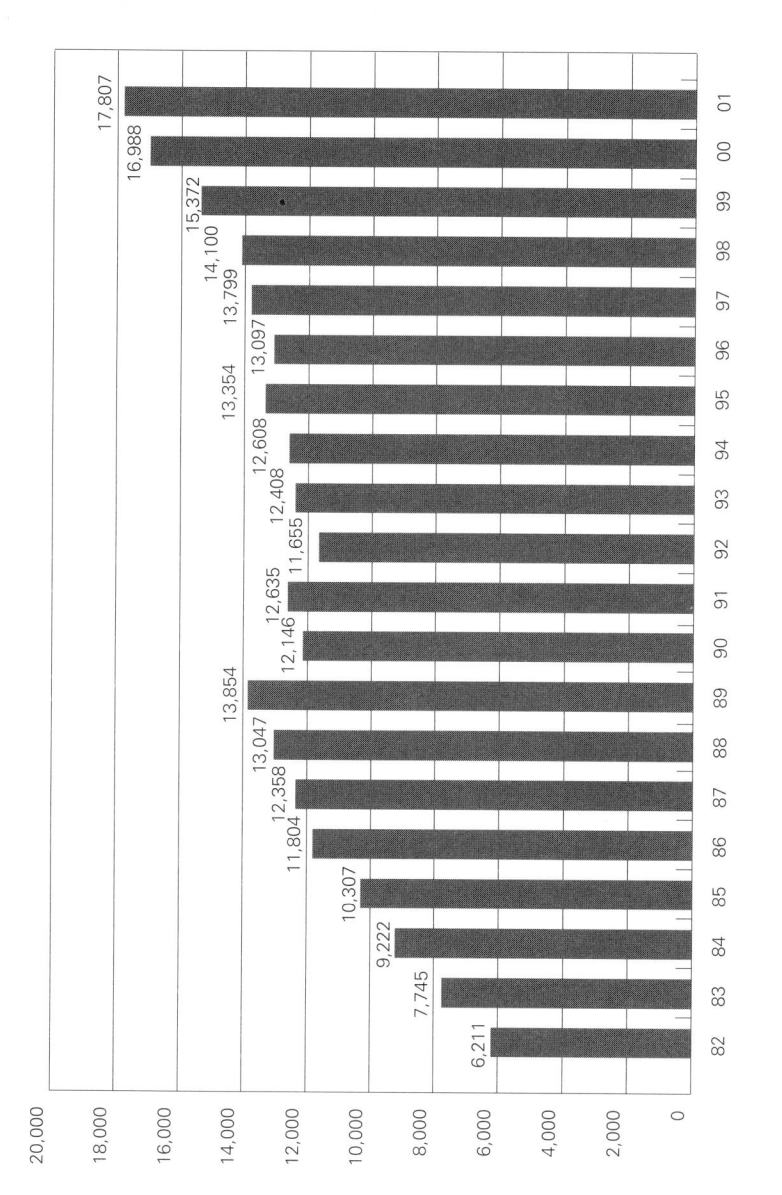

図5-7 米国のクラブ数推移
(IHRSA 2001)

年	クラブ数
01	17,807
00	16,988
99	15,372
98	14,100
97	13,799
96	13,097
95	13,354
94	12,608
93	12,408
92	11,655
91	12,635
90	12,146
89	13,854
88	13,047
87	12,358
86	11,804
85	10,307
84	9,222
83	7,745
82	6,211

3. 世界のフィットネス市場

　米国のボストンに本部のある国際健康ラケット＆スポーツクラブ協会（IHRSA）の理事長であるジョン・マッカーシーによると，米国，英国，日本のフィットネスクラブ会員数は，米国が3,000万人強である一方，英国は約240万人，日本は約290万人となっている（表5-6）．人口をクラブ数で割った数字，つまり1クラブを形成できる人口は日本では米国の約4倍必要である．すなわち，米国では約1万6,000人で1クラブができるが，日本では7万4,000人が必要ということになる．18歳から65歳の人口に対する参加率では，米国は日本の4.8倍，英国でも1.9倍である．また，特にここで注目すべきは英国の2000年のクラブ会員数成長率が26％と大変増加したことである．

　表5-7は日・米・英国のフィットネスクラブ市場を比較したものである．米国が最も大きな市場を形成しており1兆3,920億円（以下1ドル115円で計算），続いて日本が約3,000億円，英国が約2,400億円となっている．クラブ数は米国約1万7,000クラブ，英国と日本は約1,700クラブで，英国と日本の規模は米国の約10分の1である．多店舗を運営する企業の市場を占める割合は，日本と英国がそれぞれ30％，35％であり，米国の10％と比べると約3倍となっている．米国では個人オーナーによるクラブ運営が市場の大部分を形成しているが，日本と英国はチェーン展開する企業の市場に占める割合が大きい．株式公開企業数は，英国が9社あり，米国の3社，日本の2社に比べて多い．

　一方，その他のヨーロッパ諸国の市場は，英国市場より4, 5年遅れているといわれている（表5-8）．これまでヨーロッパでは，個人オーナーにより運営されている男性中心のウェイトジムが主流であったが，今後は新しい心肺系の機器，スタジオクラス，そしてリラックスができるエリアを備えた奇麗で清潔な施設を提供でき，しかもブランド・イメージをもったフィットネスクラブが女性の需要に適合し，成長するといわれている．資金力のある英国上場企業あるいは米国企業は，こうしたフィットネスクラブに対する新しい需要がヨーロッパでも高いと判断し，すでにヨーロッパでの多店舗展開を開始している（Reed and Popham, 2000）．

　南アメリカのブラジルもある程度のフィットネスクラブ市場を形成している．IHRSA国際担当部長ジョン・カーシュ氏によると，その市場規模は約1,750億円

表5-6 日英米比較（会員数）

地域名	会員数 (万人)	1クラブ当たりの人口	参加率（対全人口）	参加率 (18-65才)	成長率
米国	3,060	16,546	10.8%	10.8%	4.8%
英国	240	32,269	4.1%	4.1%	26.0%
日本	290	73,770	2.3%	2.3%	3.1%

(HSBC Health & Fitness Conference 2001)

表5-7 日英米比較（市場規模）

地域名	市場規模（億円）	クラブ数	多店舗展開率**	上場企業（専業）*
米国	13,920	16,983 (2001.1.1)	約10%	3
英国	2,400	1,687 (2001.1.1)	約30%	9
日本	3,000	1,708 (1998)	約35%	2

*：フィットネスクラブ運営専業企業，**：運営店舗が25店舗以上

(HSBC Health & Fitness Conference 2001)

表5-8 ヨーロッパの民間ヘルスクラブの現状

国名	人口	参加率	現状
ドイツ	8,100万人	5.3%	6,000クラブ．96%が小規模クラブ
フランス	5,900万人	2.5%	多数が小規模クラブ．ジムナス社（176クラブ），ジムナジアム（45クラブ）
スペイン	3,900万人	5.0%	散在．地元小企業の経営
ベルギー	1,100万人	2.6%	散在．地元小企業の経営．
イタリア	5,700万人	6.0%	6,000クラブ．大多数が小規模クラブ
オランダ	1,600万人	6.0%	1,900クラブ．小規模クラブ．多数が平均施設規模600平米

(Mark R and Nigel P (2000) Leisure Secter Health Clubs Review, Teather&Greenwood Limited)

で，国別では世界で4番目である．また，参加率は人口1億8,000万人に対して1.3〜1.5%で，クラブ数は3,600以上あり，ほとんどが個人オーナーによるものである．おもにサンパウロ市に集中していて約2,000クラブある．

今後のフィットネス産業の伸びは，米国が会員数で年4〜7%の割合で増加するといわれている（Roukis, 2001）．2010年までに5,000万人という目標をIHRSAは掲げているが，この目標は，年成長率5%で達成する計算になるので，この目標の到達は現実的である．英国市場は2003年までに参加率が8〜9%になると予測され，8%の場合，130万人会員が増加し，新たに約760億円，市場が

表5-9 2000年世界ヘルスクラブ売上高ランキング

ランク	会社名	本社所在国	売上高(百万ドル)	クラブ数	会員数(千人)
1	クラブ・コーポレーション・インタナショナル	米国	1,070	227	200
2	バリー・トータル・フィットネス	米国	1,007	390	4,000
3	フィットネス・ホールディング	米国	943	431	2,700
4	コナミスポーツ	日本	473	147	608
5	セントラル・スポーツ	日本	265	150	350
6	タウン・スポーツ・インターナショナル	米国	225	110	300
7	ウィトブレッド社デヴィットロイド部門	英国	201	44	230
8	ウエルブリッジ	米国	181	47	200
9	ディック・ルネッサンス	日本	150	50	170
10	キャノンズグループ社	英国	133	52	非公開
11	レディーオブアメリカフランチャイズ	米国	130	240	非公開
12	ホルムスプレイス	英国	128	66	191
13	エスポルタ	英国	116	29	147
14	ティップネス	日本	107	21	90
15	ダイエーオリンピック	日本	106	65	148
16	ライフタイムフィットネス	米国	102	20	270

(IHRSA月刊誌CBI2001年9月号,Club Industry誌ホームページ,各社公表資料より作成)

拡大することになる.また,ヨーロッパ市場は,英国企業を中心に,今後かなりの速度で成長し,滞在的に1〜1.4兆円の市揚であるとみられている(Reed and Popham, 2000).

4. 主要企業の海外進出

2000年に世界のフィットネスクラブ運営企業で年間売上が1億ドルを超える企業は,表5-9に示すように16社あった.国別では米国が7社,日本5社,英国4社である.施設数が100を超える企業は12社,会員数が20万人を超えるのは14社である.100億円以上の売上ランクには入らないが施設数で100クラブを超え,かつ会員数が20万人を超える企業は3社,また,売上および施設数ランクには入らないが会員数が20万人を超えるのは2社であった(IHRSA, 2001b)

表5-10は2002年5月24日時点の公開株式の時価総額世界ランキングを示し

表5-10　公開株式時価総額ランキング（2002年5月24日現在）

会社名	本社所在地	時価総額（億円）
コナミスポーツ	日本	1,069
バリーフィットネス	米国	859
フィットネスファースト	英国	792
エスポルタ	英国	248
セントラル	日本	90
スポーツクラブ	米国	58

（ヤフーファイナンスおよび各社ホームページ）

ている．日本のコナミスポーツが1位，以下米国のバリートータルフィットネス社，英国のフィットネスファースト（FF）社の順で，この3社が時価総額500億円を超えている企業である．また，2001年他業種による大規模な買収が2つあった．ひとつは日本のゲームソフト会社のコナミ㈱による㈱ピープル社の買収で，もうひとつは，フランスの地中海クラブによるジムナス社の買収である（Roukis, 2001）．

　上記の企業のなかで国外に施設を展開している企業は，自国での出店モデルで実績を残し資金調達に成功した企業で，他の国では既存のクラブを買収して国際的な多店舗化を進めている．米国のフィットネスホールディング（FH）社は3大陸，10カ国に431クラブを有しており，米国ではおもに24アワーズ・フィットネスセンターのブランドで282カ所，ヨーロッパ（スウェーデン，ノルウェー，デンマーク，ドイツ，スペイン）で138クラブ，アジア（韓国，台湾，シンガポール，香港，タイ）ではカルフォルニア・フィットネスクラブのブランドで11クラブ運営している．一方，フィットネスファースト（FF）社は，2001年1月時点で，英国79，ドイツ32，ベルギー8，オランダ1，スペイン2，オーストラリア11，東南アジア7の合計140カ所クラブを展開し，2001年10月には190カ所まで到達する見込みである．また，英国のヴァージン社は，ヴァージン・アクティブ社という子会社で1999年にフィットネス産業に参入し，2000年に南アフリカの85クラブを買収している（Reed and Popham, 2000）．

　こうした国際企業が出現している背景としては，英米を中心とした民間投資会社よる積極的な投資がある．FH社やFF社への投資等はその例である．民間投資会社がこうした投資をする理由としては，参加率の上昇，会員定着の改善，会

費の値上げ傾向，会費以外の売上の増加等により，毎年施設に再投資してもキャッシュフローが十分残り，他の産業と比較しても投資リターンがあることと，大企業による大規模経営にまだ余地があり，経営規模の拡大によるスケールメリットによりさらにリターンが期待できるからである（Waters, 2001）．ちなみにFF社はプールをもたない600坪の施設展開をしており，開発投資が約2億円，会員1人からの売上53,000円，目標会員数約2,800名で，金利，税，償却費前利益の初期開発投資に対するリターンを1年目26%，2年目27%，3年目27%という英国で実績を残した出店投資モデルが投資家に評価されている（Reed and Popham, 2000）．

5. 米国を中心としたフィットネス業界におけるIT

　フィットネス業界におけるIT（情報技術）分野として，運営管理，会員の運動履歴管理，施設内でのオーディオ・ビジュアル関連，ホームページやeメールを中心と会員と見込み会員サービス等がある．管理分野では，米国で約260クラブを運営するフィットネスホールディング社は集中事務管理（IT）センターに2年間で約20億円を投資し，単独のPPPサーバーによる一括管理，店舗アプリケーションも本部で動かすWEB管理のもと，インターネットによる入会受付，給与支払，一括購入等を処理している．50万人の会員をもつフィットネス・ウェブ・サイト・シンバと1999年6月に提携し，相互の会員が利用できるようにしている．また，フランチャイズを中心に1,000店舗を展開するゴールドジムでも総合的なウェブサイトの管理と会員向サービスをアウトソーシングしている．

　会員運動管理では運動履歴をメンバー，インストラクター，ドクターがネット上どこからでもみられるシステムがある．この会社はフィットリンクス社といい，ウェイトトレーニング機器にセンサーと小型コンピューターを取付け，クラブ内の心肺系機器とオンラインして，ウェイトと心肺トレーニングの履歴を自動的に記録し，負荷と可動域の設定を会員に指示できる．このシステムは米国の器具関係のおよそ9割に後付けでも設置できる．

　クラブ施設内でのオーディオ・ビジュアル関連では，心肺系機器の置いてあるエリアにテレビ画面を設置してイヤホンで聞くシステムがある．ブロードコースヴィジョン社は米国の約5,000クラブおよび2,700の関連市場の施設で取引を行

なっており，最近，60カ国を目標として海外進出を図っている．また，カーディオシアター社は，米国内で6,500クラブに，それ以外では1,500クラブにシステムを設置している．

さらに，固定自転車にモニター画面を付けて，会員にインターネット・アクセスしてもらいビデオオンデマンドやクラブ情報等を提供する会社ネットパルス社，イーゾーン社，ジストス社の3社が2000年9月に合併して北米に1,100万人のクラブ会員のネット網が出現したが，インターネットのバナー広告に収入を頼るビジネスモデルが破綻し，2001年3月には倒産した．しかし，その後3社とも資産を違った枠組みで継続させ，サービスを継続している．

クラブコム社は，最近市場に参入してきた企業のひとつである．クラブにミュージックビデオを配信するシステムは，すでにゴールドジムやパワーハウス社，そして24時間フィットネス社とも契約を結んでいる．同社は70,000を超えるミュージックビデオを供給し，顧客に合わせて「独自のテレビネットワーク」を構築している（IHRSA, 2001c）．

そのプログラミングは15分単位で放映され，全国・地元広告（クラブはその売上を分配できる）や，クラブのプロモーションを交互に放映している．2001年8月には上記のカーディシアター社とイーゾーン社を配下に入れ，この分野で地位を固めつつある（McCarthy, 2001b）．

クラブコーポ社は5大陸に230の施設を展開している売上世界No.1の会社であるが，インターネットを使用した遠隔教育のプロバイダーのクリアーディレクションを買収し2001年末までに1,750人のマネージャーが遠隔教育を受ける予定である（McCarthy, 2001c）．

まとめ

1980年代初頭に台頭を開始したフィットネス産業は，新たな運動種目ではなくひとつの産業として20年間発展を遂げてきた．その背景には，生活習慣の近代化による運動不足，ストレスの上昇，食生活の変化，人口の高齢化等の社会的な要因がある．一方，そうしたニーズを適切にとらえ，簡単に楽しくエクササイズができるプログラム，指導者，器具，価格，施設等を提供するとともに開発，改良，改善等を継続してきた民間を中心とした企業努力が大きな要因となっている．今後ともフィットネス産業が，こうした民間企業間の激しい競合を通してさ

らに発展し続けるのか，その動向に注目したい．

[小倉　乙春]

参考文献

IHRSA (2001a)：GLOBAL REPORT, pp17-23.
IHRSA (2001b)：Club Business International. Sept：50-60.
IHRSA (2001c)：Club Business International. June：50-55.
IHRSA (2002)：IHRSA/American Sports Data Health Club Trend Report.
McCarthy J (2001a)：IHRSA/LIFE FITNESS FYI-JAN. 12：2001.
McCarthy J (2001b)：IHRSA/LIFE FITNESS FYI-SEPT. 24, 2001, IHRSA, 2001
McCarthy J (2001c)：IHRSA/LIFE FITNESS FYI - APRIL. 6, 2001, IHRSA, 2001
日経産業新聞（2000）：2000年8月15日
Roukis P (2001)：CBI April 2001, 52.
Reed D and Popham N (2000)：Leisure Sector-Health Clubs Review, Teather & Greenwood Ltd：pp5-15.
Waters C (2001)：Club Business International, Sept. 2001, IHRSA, 47.

あとがき

　池田勝先生が亡くなられて，はや三回忌を迎える．この度，大阪体育大学の原田宗彦先生らが中心となり，池田先生から教えを受けた研究者が一堂に会して，単に先生の遺稿集を追悼編纂するという形にとどまらず，こうしてテーマごとに池田論文を核に据えながらの新たな研究論文集を上梓するに至ったことは，まこと意義深い記念の企画として，同慶の念に絶えない．これによって池田勝先生の遺された研究業績の範囲と位置づけと意義とを改めて確認できることはいうまでもないが，同時に本書は，先生の生前になされた指導が新たな地平に向けて着実な広がりをみせながら受け継がれていることの証しそのものに他ならず，これに勝る霊前供養はないように思われるからである．

　思えば池田先生は日本国内はいうにおよばず，常に世界に向けて高くアンテナを張りながら，諸外国における生涯スポーツの実態や政策視点や研究動向に関する時々の新鮮な情報を逸早く収集し，広く紹介し，そして分析を進める人であった．アクティヴな研究者，という形容がまさにぴったりのお方で，まことその時々において先生が口にされる研究テーマはその先進的な性格のゆえに，間近でそれを耳にするとき眩さに似たようなものを感じるのを，とくにわたし等は禁じえなかったものである．そして，本書の柱に据えられた5つの主要テーマのそれぞれは，そのまま，いまにして思えば池田先生の率先提唱により，日本の関連学界において重要な研究課題として手がけられたものばかり，といっても過言ではないであろう．スポーツ・フォア・オールの視座強調しかり，スポーツ・フォア・エブリワンの提唱しかり，生涯スポーツをめぐる国際比較政策研究の推進しかり，健康づくりの経済効果分析しかり，あるいはまた，生涯スポーツの産業的分析とマネジメント研究しかり，である．

　そして，これはもういわずもがなのことであるが，そうした池田勝先生は多くの有能な研究者を育てるという分野においても，如何なく力を発揮された．フォーマルなものであれインフォーマルなものであれ，先生の回りにはいつも，たとえば池田塾と呼んでしかるべき研究者の集団が形づくられ，生涯スポーツをめぐるあれこれの課題について議論が交わされたものであった．わたしもときにそうし

た仲間に入れていただき，若い魅力ある研究者と身近に接する機会をいただいたが，そのたびに深く感じ入ったのは，池田先生でなければできないであろう研究指導にかかわる水先案内役について，であった．それは本書の執筆者をはじめ，先生の指導を直接受けた多くの研究者にとってのことだけでなく，わたしのような不肖の後輩にとっても，大きな意味をもつものとしてあった．

いまも懐かしく思い出されるが，たとえば大学院時代のわたしにとり，池田勝先生はすでに先端を歩むパイオニアとしてあった．当時，われわれ池田先生の後輩の間では，いかにして海外留学を実現させるかが，日常の会話で交わす熱いテーマのひとつとしてあった．しかも1ドル360円の時代，まさにそれは夢物語の部類に属しかねない話題でもあっただけに，すでにイリノイ大学への留学を果たしておられた池田先生は，眩しい限りの存在としてわたしにはあった．そして，これはもう限りなく私事にかかわることがらであるが，後年，わたしがその留学機会を現実に手にしたとき，選んだ国がアメリカでも英語圏の国でもなかったのは，わたしの意識のどこかに，自分が池田先生と同じことをしても意味がない，という思いがあってのことであった．あるいは鹿屋体育大学を立ち上げる運営委員会に池田先生とともに参加しながら結局はこの大学へは赴任しなかったのも，あえて池田先生と同じ道を歩む必要はあるまいとの考えが頭のどこかにあったからである．そうして煎じ詰めれば，スポーツ研究にかかわることで池田先生が右へ行けばわたしは左，あるいはその逆に，という風に，これまでわたしはやってきたように思う．それははっきり意識してそうしたというより，気がついたらそうなっていたといった程度の話かも知れず，また要するにわたしという人間の性格がそうさせたといえばそれまでの話でもあるが，ともあれ池田勝という研究者は，わたしのような人間にとってもそうした意味で，大いなる道案内の先達であったことに変りはなかった．ある種，池田先生のそれとは対になるような行き方をしたかも知れないわたしは，それゆえにこそ上述したような，先生の生涯スポーツ研究その他にみられるパイオニア的あるいはパイロット的性格に深い敬意を表さずにはいられないのである．

お亡くなりになる数年前，池田先生からわたしに，『講座：スポーツの社会科学』（杏林書院刊）の共同編集に関する提案をいただいた．そのときの先生の具体的な言葉をここに記すことは遠慮したいが，同シリーズ刊行に向けての固いご決意のなかに，先生なりの「死への予感」が籠められているのを知って驚かされ

たが，わたしはあえてそれを，池田先生一流の諧謔であろうと聞き流してしまった．それだけに，その後の短時日のなかで先生に起きたことはまさに急逝と表現するしかなく，また21世紀の生涯スポーツ振興に果たしたであろう池田先生の役割を考えるとき，まこと早逝に過ぎたと悔やまれてならない．

上のシリーズの刊行後，それに関してわたしは自分のホームページに，次のような一文を書いた——

「（このシリーズの）編集過程において目撃した，池田勝先生の強烈なバイタリティーには脱帽する思いであった．私も編集者として名を連ねているが，この仕事が完成できたのはほとんど90％，池田先生の奮闘努力に負っている」．

これは直接には池田勝先生の最期の仕事を評した文章であるが，しかしその前段の部分はそのまま，池田先生の生前の業績全体に関するわたしの偽りのない感想でもある．

守能　信次

索 引

[あ]
アクティブ・スポーツ　33, 35, 36
　——人口　15
アクティブ・リビング　140
アスリート・ボランティア　183, 184, 187
アスレティック・トレーナー　153, 194
アマチュアスポーツ　106
アメリカ・スポーツ医学会　152
アメリカ美容整形協会　173
アンチ・ドーピング　104
暗黙知　12, 13
一般ボランティア　186
イベント・ボランティア　183, 184, 185, 186
医療費　11, 12, 56, 57, 58, 66, 67, 208
ウォーキング　8, 16, 35, 73, 142, 178
運営ボランティア　187
運動処方　209
運動専門指導士　153
運動不足　12, 57, 63, 162
運動プログラム　59, 60, 61, 62, 66, 67, 68, 69, 140, 208, 211, 212, 213
　——参加　209
　——ディレクター　153
運動療法プログラム　211
運動履歴　245
エクササイズ　165
欧州連合条約　106

[か]
会員向サービス　245
開発投資　245
価格競争　237
可視的ベネフィット　229
学校開放　47
学校体育　123, 193, 200
　——施設　119
　——・スポーツ　107, 128, 130
カレッジスポーツ　226
観戦者調査　84
観戦者暴力行動　100
観戦者暴力対策　104
観戦者暴力対策規制　94
企業内運動プログラム　62
企業内健康づくり　59, 68
企業フィットネス　68, 70
　——・プロジェクト　69
喫煙習慣　12
キャンペーン効果　147
キャンペーンシナリオ　144
キャンペーン政策　144
キャンペーン・パッケージ　148
競技スポーツ　88, 117, 123, 128, 130
競技力向上　83
巨大施設　82
クラスター分析法　47
クラブ運営　241
クラブ事業　217, 219, 221
クラブ・団体ボランティア　183, 184, 187
クラブマネジメント　26, 219
経営資源　126
経済効果　78, 79, 80
形式知　12, 13
結果志向　21
健康維持　163, 178
健康環境　73
健康管理　60
健康至上主義　174
健康増進　63, 144, 153
　——行動　72
健康・体力水準　208
健康づくり　56, 57, 63, 65, 66, 67, 70, 152, 155, 194, 196, 197, 208, 209

健康日本21　130, 132, 139, 195
健康保持増進　15, 197
権利ビジネス　226
コア・プロダクト　220
広域スポーツセンター　126, 127, 134
　　──育成モデル事業　134
公共スポーツ施設数　119, 126
公認臨床運動生理士　153
高齢社会　120, 163, 208
高齢者　59, 66, 74, 127, 140, 141, 142
　　──スポーツ　49, 67
　　──ボランティア　140
呼吸循環系疾患　61
国際スポーツ団体総連合　80
国際体育・スポーツ憲章　22, 24
国際チャレンジ・デー　27
国際比較体育スポーツ研究委員会　103
国際美容整形協会　174
国際ワールドゲームズ協会　80
国民医療費　63, 65, 164, 205
国民キャンペーン　4
国民スポーツ　22
　　──振興計画　57, 65
個人スポーツ行動　49
子ども　74
　　──スポーツ　35, 40
　　──体力低下　126
個のスポーツ　2, 7, 8
コミュニティ　50, 51, 74, 200
　　──活動　72
　　──スポーツ　47, 215
　　──スポーツリーダー認定制度　157
　　──ベースド・スポーツ・スポンサーシップ　232
コンディショニング・コーチ　194
コンパス・プロジェクト　16

[さ]
再形成理論　51
サッカーくじ　136
参加意欲　212
Jリーグ構想　188
参与観察　45
ジェネレーションX　239

ジェネレーションY　239
資格制度　197, 205
資格の商品化　199
自己管理能力　172
疾病予防　153
指導効果　197
指導者　144
　　──育成制度　204
　　──資格　152, 197, 198, 200
　　──資格制度　152, 195
　　──養成　155, 199, 203, 205
　　──養成システム　202
社会化　10, 47
　　──状況　194
社会資本整備　72
社会体育　43, 46, 48, 51, 99, 193
　　──指導者　195
　　──振興　48
　　──中央審議会　157
社会の融合　10
自由時間社会　120
終身在職教育職　154
重要なる他者　191, 194
受益者負担　199
生涯学習社会　192
生涯稼働額現価　61, 69
生涯教育　43
生涯教育単位　154
障害者　74
　　──スポーツ　127
　　──スポーツ基金　137
生涯スポーツ　2, 20, 22, 24, 40, 43,
　　49, 51, 79, 88, 113, 123, 128, 130,
　　193, 200, 215, 216, 232
　　──キャンペーン　126
　　──行政　126, 132, 134, 137
　　──研究　9, 12, 14, 44, 47, 52
　　──コンベンション　126
　　──社会　205
　　──振興　114, 133, 195
　　──振興政策　139
　　──政策　138
　　──団体　27, 28
　　──プラン　134

——予算　135
生涯体育　62, 117
生涯福祉　62
商業スポーツ施設　126
商業フィットネスクラブ　216, 217, 219
少子化　193
情場学会　18
消費者購買行動　227
情報支援　150
情報提供　202
勝利至上主義　97
初期開発投資　245
職場スポーツ　96
職場体育　62
女性スポーツ　49, 51
女性ボランティア　186
身体運動　161, 162, 167, 171, 172, 174, 175, 177
身体活動　20, 43, 60, 161, 163
身体発達　63
新体力テスト　25
人的ネットワーク　192
新ヨーロッパ・スポーツ憲章　93, 95
水中歩行プログラム　75
スポーツイベント　34, 78, 80, 82, 184, 225, 227, 229, 230, 232
スポーツ移民　100
スポーツ外交　100, 102
スポーツ・カウンシル　4, 5
スポーツ科学研究　20
スポーツ環境　72, 97, 120, 129, 195, 197, 202, 205
スポーツ基本法　94
スポーツ・キャンペーン　5
スポーツ行政　123, 137
スポーツクラブ　8, 25, 26, 47, 96, 143, 193, 195
　——事業　218
スポーツ・健康プログラム　73, 74
スポーツ憲章　97
スポーツ行動　46, 49, 143, 144
　——指標　143
　——論　51

スポーツ産業　79
スポーツ参与　47, 51, 194
スポーツ事業化　76
スポーツ施設　72, 116, 117, 120, 135, 144, 192
スポーツ実施　38, 39, 140
　——者　142
　——人口　89
　——率　113, 119, 128, 150
スポーツ指導　185, 191, 195
　——者　116, 126, 158, 191, 193, 197, 201, 202, 204
スポーツ集団　47, 49
スポーツ消費　201
スポーツ振興　49, 79, 93, 108, 118, 169, 192
　——委員会　93, 105
　——活動　95
　——基金　137
　——基本計画　7, 16, 19, 29, 113, 115, 123, 128, 129, 130, 137, 139, 195, 216
　——キャンペーン　145, 149
　——くじ　123, 135, 136
　——計画　127, 130
　——国家予算　135
　——事業　148
　——施策　114
　——審議会　130
　——政策　115, 139, 149, 215
　——投票（サッカーくじ）法　110, 122, 123
　——投票券　113
　——費　136
　——法　97, 114, 115, 116, 119, 120, 122, 127
スポーツ人口　4, 8, 139, 193
　——増加　148
スポーツ・スポンサーシップ　225, 226, 228, 229, 231
スポーツ政策　95, 100, 101, 102, 103, 104, 105, 107, 110, 115, 118, 122, 137, 205
　——システム　127

スポーツ政治化　110
スポーツ宣言　106
スポーツ担当専任職員　120
スポーツ・データベース　105
スポーツ・トレンド　34
スポーツの公益性　203, 204, 205
スポーツ非実施者　142
スポーツ・ビジネス　194
スポーツ・フォア・オール　22, 93, 99, 216
　──憲章　113, 114
　──政策　103
スポーツ文化　32, 37, 41, 42
スポーツ・ベネフィット　203
スポーツ法　24
スポーツ・ボランティア　183, 184, 188, 189
スポーツ・マーケティング　233
スポーツ・マスタープラン　29
スポーツマンシップ　96
スポーツ倫理　95
　──綱領　93, 96, 97
スポンサーシップ・パッケージ　231, 232
スポンサーシップ・マネジメント・プロセス　229
スポンサーメリット　225
するスポーツ　115, 183, 202, 216, 218
　──体験　88
生活習慣　11, 246
　──病　56, 162, 172, 200
世界ウォーキング・デー　27
セキ理論　13
専門ボランティア　184, 185
総合型地域スポーツクラブ　16, 29, 113, 118, 119, 126, 127, 128, 132, 135, 137, 188, 195, 216, 220, 222

[た]
ターゲット・マーケティング　232
体育行政　99
体育嫌い　193
体育指導委員　116

体育・スポーツ　43
　──活動　117
　──社会学　43, 44, 51, 52
　──振興体制　124
　──政策　99
ダイエット　165, 166, 167
大学体育　48
大衆スポーツ　117
大統領体力・スポーツ審議会　169
体力・運動能力調査報告書　38
体力向上　63, 200
体力崇拝　174
体力つくり　59, 135
　──関係予算調　135
体力づくり　22, 161, 163, 169, 174, 177, 178
体力テスト　25, 142
単一種目型クラブ　26
地域　46, 47
　──イベント　187
　──開発　29
　──クラブ　192, 197
　──社会研究　47
　──住民参画型　138
　──スポーツ　116
　──スポーツクラブ　187, 189, 218
　──スポーツ振興　113, 150
　──スポーツ組織　232, 233
　──スポーツ・フィットネス施設　140
　──密着　216
　──密着型プロスポーツ　219
抵抗理論　51
テレビネットワーク　246
ドイツ・スポーツ連盟　159
ドーピング　97, 100, 107, 166
　──コントロール　94
　──政策　108, 109
トリム　3, 4, 99, 159
　──アクション　3
　──運動　56, 58, 65, 115, 159
トレーニング　172
　──プログラム　196
ドロップアウト　209, 210, 212

――率　210, 211

[な]
内面化　14
ナレッジマネジメント　12, 13, 18
二極化現象　38
二極劣化現象　38, 40
ニュースポーツ　5
認定プログラム　155
ねんりんピック　80, 127

[は]
パブリックコメント　19, 127
反映理論　51
非営利クラブ事業　218, 221
非営利事業　220, 222
比較体育・スポーツ学　100
非政府団体　29
表出化　14
表層サービス　221
費用便益　62
　　――分析　58, 61, 62, 68, 69, 70, 73
ピンポン外交　103
フィットネス　99, 166, 167, 176, 180, 201
　　――運動　56
　　――革命　169
　　――活動　203
　　――キャンペーン　155
　　――クラブ　195, 196, 221, 235, 237, 241
　　――クラブ運営企業　243
　　――クラブ市場　236, 239, 241
　　――産業　235, 237, 242, 246, 247
　　――市場　241
　　――指導者　155
　　――スポーツ　26
　　――ブーム　170, 171
　　――プログラム　60
フェアプレイ　96
　　――憲章　96
フォーマル・プロダクト　220

不可視的ベネフィット　229
不可視便益　196
ブランド・イメージ　231, 241
　　――資産構築　228
プロスポーツ　107, 226
ベネフィット　220, 227, 228, 231
ヘルス・フィットネス・インストラクター　153
ヘルス・フィットネス・ディレクター　153
ヘルスプロモーション　143
　　――政策　148
便益　220
放映権問題　104
放送権販売　85
暴力行為　97
保健体育審議会　115
　　――答申　113, 117
ボスマン判決　100, 106
ボランティア　25, 96, 144, 220
　　――活動　95
　　――行動　203
　　――指導者　184
　　――情報　186
　　――ムーブメント　96
本質サービス　221

[ま]
マーケティング組織　221
マーケティング・ミックス　229, 331
マスメディアキャンペーン　148, 149
みるスポーツ　183, 202, 216, 219
　　――イベント　79
　　――体験　88
民間投資会社　245
民間ヘルスクラブ　242
民間ボランティア　87, 88
みんなのスポーツ　2, 56, 93, 114, 156
みんなのフィットネス・スポーツ国民会議　57
モディファイゲーム　5

[や]
ヨーロッパ・スポーツ閣僚会議　92, 93
ヨーロッパ・スポーツ憲章　96
ヨーロッパ・スポーツ・フォア・オール憲章　21, 24, 94, 103

[ら]
ライフスタイル　52, 75, 168, 176, 208, 237
ライフライン　73, 74
　――スポーツ　76
リハビリテーション・プログラム　211
レクリエーション　22
　――指導　197
レジャー行動　72
老人保健法　208
ロードス憲章　94

[わ]
ワールドゲームズ　80, 81, 82, 86, 88

[欧文索引]
ACSM　152
Active Australia　141
adtherence　209, 213
AFAC　156, 157
AIDA　201
APOSA　26
ASFAA　26, 27
AT　154
CCPR　157
CDDS　105
CDDS　94
CEスポーツ情報誌　106
Combination　14
COMPASS　16, 17, 108
compliance　209, 210, 213
CSLA　158
DSB　158, 159
Externaliation　14
GAISF　80
IANOS　23, 26
ICCPES　103
ICSSPE　24
IWGA　80, 86, 88
Kino-Quebecプログラム　141
KOM運動　57
Life be in it　5, 6
NATA　153, 154
NFLAC　156
NPO法　123
Particip ACTION　5, 6, 155
PCPFS　169
QOL　5
SECI　13
SIB　105
Socialization　10, 11, 13
Sport for All　3, 5, 7, 9, 20, 21, 26, 93
Sport for Everyone　3, 9
TAFISA　22, 23, 26, 29
VIACTIVE　140
World Leisure　2

編著者略歴

池田　勝（いけだ　まさる）

1940年4月2日兵庫県生まれ．1970年3月東京大学大学院教育学研究科博士課程満期退学．1972年イリノイ大学大学院レジャー研究科研究員．大阪体育大学助教授，筑波大学助教授，鹿屋体育大学教授を経て1992年より大阪体育大学教授．2000年10月逝去．専門は社会体育，スポーツ政策論．文部科学省のスポーツ関係の各種審議会委員などを歴任．日本スポーツクラブ協会理事，笹川スポーツ財団理事．生涯にわたって多くの弟子を育てる．

生涯スポーツの社会経済学
定価（本体2,300円＋税）

2002年11月3日　第1版第1刷　　　　　　　　　　　　　検印省略

　　　　　　　編著者　池田　勝
　　　　　　　発行者　太田　博
　　　　　　　発行所　株式会社　杏林書院
　　　　　　　　　　　〒113-0034　東京都文京区湯島4-2-1
　　　　　　　　　　　Tel 03-3811-4887（代）
　　　　　　　　　　　Fax 03-3811-9148
　　　　　　　　　　　http://www.kyorin-shoin.co.jp

ISBN 4-7644-1567-4　C3037　　　　　　印刷所・モリモト印刷
Printed in Japan　　　　　　　　　　　　製本所・坂本製本

・本書の複製権・翻訳権・上映権・譲渡権・公衆送信権（送信可能化権を含む）は株式会社杏林書院が保有します．
・JCLS＜(株)日本著作出版権管理システム委託出版物＞
　本書の無断複写は著作権法上での例外を除き禁じられています．複写される場合は，その都度事前に（株）日本著作出版権管理システム（電話03-3817-5670，FAX 03-3815-8199）の許諾を得てください．